商业模式创新理论与实践系列

Internet Thinking：Cloud Computing，
Internet of Things，Big Data

互联网思维

云计算、物联网、大数据

余来文　封智勇　林晓伟　编著

经济管理出版社

ECONOMY & MANAGEMENT PUBLISHING HOUSE

图书在版编目（CIP）数据

互联网思维：云计算、物联网、大数据/余来文，封智勇，林晓伟编著. —北京：经济管理出版社，2014.9（2016.4重印）

ISBN 978-7-5096-3320-5

Ⅰ.①互…　Ⅱ.①余…②封…③林…　Ⅲ.①互联网络—应用—企业管理　Ⅳ.①F270.7

中国版本图书馆 CIP 数据核字（2014）第 201428 号

组稿编辑：申桂萍
责任编辑：宋　凯
责任印制：司东翔
责任校对：张　青

出版发行：经济管理出版社
　　　　　（北京市海淀区北蜂窝 8 号中雅大厦 A 座 11 层　100038）
网　　址：www. E-mp. com. cn
电　　话：(010) 51915602
印　　刷：三河市海波印务有限公司
经　　销：新华书店
开　　本：720mm×1000mm/16
印　　张：17
字　　数：257 千字
版　　次：2014 年 9 月第 1 版　　2016 年 4 月第 4 次印刷
书　　号：ISBN 978-7-5096-3320-5
定　　价：45.00 元

序　顺势而为

最近比较有意思的是，新技术一个接一个粉墨登场。2012 年，突然冒出个云计算；2013 年，物联网又开始扑面而来；2014 年，大数据又火了。真的让人有种眼花缭乱的感觉。不仅如此，互联网又焕发新颜，智能化、移动互联网接踵而来。这些技术都在向我们预示着：互联网时代已经到来。

互联网时代，消费者个性化需求越发明显，传统企业要想制胜就必须具有互联网思维。这就难怪出现了两次对赌：一个是万达与阿里巴巴，一个是格力与小米。表面来看，这是 IT 高科技企业对传统企业的挑衅行为，但本质上反映的是原有商业模式与新商业模式的比拼。一方面可以看到时代在变，企业商业模式也要改变；另一方面，企业互联网化是未来企业的发展路径。互联网思维开始吸引我们的眼球。

民间针对"互联网"的一系列衍生名词演绎出一系列段子来调侃互联网时代转型：化缘的改叫众筹了，算命的改叫分析师了，八卦小报改叫自媒体了，统计改叫大数据分析了，忽悠改叫互联网思维了，做耳机的改为可穿戴设备了，IDC 的都自称云计算了，办公室出租改叫孵化器了，圈地盖楼改叫科技园区了，放高利贷改叫资本运作了，借钱给朋友改叫天使投资了……这不禁让我们套用一句经典台词：借我借我一双慧眼吧，让我把这世界（互联网思维）看得清清楚楚，明明白白，真真切切。

其实，对于互联网思维的解读，也因人而异。但是，有一些确实让人有所误解。有人认为，互联网思维就是企业也在网上开个店，搞个电子商务，实现网络销售而已。还有人认为，微信、微博营销就是网络营销，网上开店就是电子商务，信息化就是互联网化等。这些看法太过于肤浅。我们不得不承认，这也太小瞧互联网的威力，更是对互联网思维产生根本性的认知错误。互联网思维不是简单地搞个电子商务，微信、微博更不是简单的网络营销，互联网思维的本质是重新回归用户。在传统的经济里，企业没有"用户"概念，只有"客户"概念，即谁买了我的东西，谁就是我的客户。但在互联网上，所有成功的商业模式都不仅仅是考虑"客户"，而更多的是在考虑"用户"。这就是用户至上的思维。企业非常重视用户，与用户互动，让用户参与，通过与用户互动，实现产品和服务销售，让用户真正满意。互联网思维就是，通过自己做到极致的产品，利用互联网这一平台，与用户互动，让用户参与其中，进而实现产品销售，进而对企业商业模式产生颠覆性作用。

鉴于互联网思维热度非凡，热浪扑面而来，我们应该更理性地去看待。不要为争一时之勇、图一时之快搞互联网思维的大赌局，那样未免有点作秀之嫌，而应该换个思维，改变点什么。企业因时而变，因需定制，这才是正道。发展才是硬道理。用发展的眼光去看待互联网思维。互联网思维作为新生事物，很多人对它的理解更多的是"盲人摸象"——有些人摸到的是头，有些人摸到的是脚，有些人摸到的是身体。可以想象，摸到不同部位的人，自认理解也就大相径庭。所以我们现在也不要对互联网思维下一个定论。因为随着互联网思维的普及应用，互联网思维一定要结合企业、行业来加以创新。例如，小米科技用互联网思维卖手机，就颠覆了手机零售销售的格局。

同样，我们也要看清楚，很多人将互联网作为包治百病的神药，这个更不靠谱。有些传统企业使用互联网思维来颠覆，而有些企业则还要有自知之明，不要太作秀。关注用户思维才是硬道理。互联网思维只是企业宣传的一种策略，不是运用互联网思维，企业就有救。要相信，了解你的消费者，洞察他们的需求，企业才有出路，否则一切都是枉然。

互联网时代，企业互联网化或者互联网企业化，这些都是必然的结果。对此，企业要顺势而为，抓住一切机会，与用户沟通，做大做强企业。但也要明确很多东西不要过于强求，俗话说"强扭的瓜不甜"。我们要有自知之明，学会抓住机会，利用一切机会，大力发展企业。

　　顺祝任何企业都能借互联网思维之东风去颠覆也好，去融合也罢，将企业互联网化进行到底！

目　录

第一章　互联网思维：颠覆或融合

互联网思维：真正的互联网思维是对传统企业价值链的重新审视，体现在战略、业务和组织三个层面，贯穿"产供销研"价值链的各个条环节，并且将传统商业的"价值链"，改造成了互联网时代的"价值环"。也可以这样认为，在（移动）互联网、大数据、云计算等科技不断发展的背景下，是对市场、对用户、对产品、对企业价值链乃至对整个商业生态进行重新审视的思考方式。

商业模式创新决定思维模式创新。

一、互联网引发的思维革命

"互联网思维"一词已经被各种吐槽。因为每个人的思考出发点和理解深度不同，所以认知有分歧不足为奇。但是，互联网思维作为一种思维方式，能够收到这么多评论，也真是蔚为大观了。

1. 互联网大赌局唤起的思维激荡

说起互联网思维，我们不由会想起 2012 年和 2013 年先后两次中国经济年度人物颁奖现场的两场"赌局"。一场是 2012 年万达集团董事长王健林与阿里巴巴集团董事会主席马云就"2020 年电商是否取代实体零售占领市场 50%"的 1 亿元的对赌。王健林称："电商再厉害，但像洗澡、捏脚、掏耳朵这些业务，电商是取代不了的。跟马云先生赌一把：2020 年，也就是 10 年后，如果电商在中国零售市场占 50%，我给他一个亿，如果没到他还我一个亿。"在电商是否取代传统店铺经营命题上，马云认为电商必胜。王健林则折中表态"双方都能活"。对此，马云说："电商不想取代谁，摧毁谁，而是要建立透明、开放、公平、公正的商业环境。真正创造一万亿的不是马云，而是你今天可能不会回头看的店小二，在街上不会点头的快递人员，他们正在改变今天的中国经济。所以我不是取代你，而是帮助他们取代你。"而王健林认为，所有新的商业模式必然对传统形成冲击，但是 2000 多年的历史证明，传统产业生命是最强的，否则也不会存在2000 多年。"所以我一定要坚守传统产业，但是在传统产业基础上尽可能去创新，也包括向马云学习。"可以说，正是这场亿元的豪赌，让我们第一次看到了互联网思维给我们带来的巨大惊喜，也从中发现了其无限的魅力。

另一场对赌的双方是小米科技创始人、董事长兼首席执行官雷军和格力集团董事长董明珠。雷军认为："小米模式能不能战胜格力模式，我觉得看未来 5 年。请全国人民作证，5 年之内，如果我们的营业额击败格力的话，董明珠董总输我一块钱就行了。"而心直口快的董明珠，迅速点火，并进一步将战火烧大，"我告诉你说，一块钱不要在这说，第一，我告诉你不可能，第二，要赌不是1亿，我跟你赌10个亿。为什么？因为我们有23年的基础，我们有科技创新研发的能力，而且我们保守了过去传统的模式，把马总请进来，世界就属于格力，你只有一半，不行的。马总你说呢？"雷军拉上了边上观战的马云与王健林，跟董明珠的赌局接上了，"刚才董总跟我挑战10亿人民币，你们觉得打不打赌。好，我们请马云担保，请支付宝担保。"这场赌局直接将战火烧到了传统家电制造业，一方面给我们更多的传统企业敲响警钟，是坚持还是改变发展路径，选择拒绝还是拥抱互联网，这是一个必须要抉择的问题；另一方面无形之中为互联网思维起到了绝佳的宣传效果，添油加醋也好，煽风点火也罢，一时间互联网思维仿佛成了传统企业转型升级良药秘方。这就不得不引起我们对互联网思维的高度关注。

2013年，小米公司估值高达100亿元，用了仅3年时间就开始赶超互联网三大龙头企业——BAT（B指百度，A指阿里巴巴，T指腾讯）。无独有偶，2013年余额宝的横空出世，仅上线5个月就实现规模突破1000亿的佳绩。这都堪称互联网思维的绝佳典范。不仅如此，互联网思维毫无悬念地成了2013年互联网搜索最有热度的首要词汇。在中国经济结构调整、企业转型升级的当下，互联网思维让我们眼前一亮，给我们带来了新的曙光，用互联网思维去颠覆和改造中国传统企业，让这些企业又能枯木逢春，升级成功。

2014年伊始，有关互联网思维的报道与书籍更是如雨后春笋般扎堆冒了出来。只要在当当网上搜索一下互联网思维，2014年版的互联网思维相关书籍就不下10本，几乎以一个月两三本的速度出来。这也让我们更加会对互联网思维产生好奇之心，甚至《互联网思维:商业颠覆与重构》与《互联网思维独孤九剑》更是位列当当网畅销书之列。可见，人们对互联网思维不仅停留在炒作概念的层面，而是开始思考如何运用互联网思维去改造我们的传统企业。

【专栏 1-1】   雷军忠告：用互联网思维颠覆自己

2014 年 2 月 11 日，万科总裁郁亮亲赴小米取经，雷军给郁亮等传统大佬要拥抱互联网的一句血泪忠告：颠覆自己。"在 15 年前，1999 年、2000 年那时候，我非常纠结，绝不亚于今天的大家，因为我的行业已经被颠覆了，我的人都被挖走了，我们怎么能够活下去？我过去的 10 多年一直在主持金山软件的互联网改造，我觉得到今天为止，才心里踏实了一点，其实互联网改造是一件很难的事，说起来很容易，做起来非常难，因为它要颠覆自己，你没有遇到巨大的外部压力的时候，你很难颠覆自己，你的公司很赚钱怎么颠覆自己？是颠覆不了的。这就是为什么看到互联网击败一个又一个的传统企业，是因为它们太赚钱了……"

雷军认为之所以要自我颠覆，是因为惯性是传统企业实现互联网转型的最大敌人。雷军在创办金山软件 10 多年后又创立小米，莫非也是由于对自我的一种颠覆吗？雷军有三大自我颠覆的思路，即归零思维、用互联网思维颠覆自己和口碑为王。具体如下：

第一，归零思维。归零就是创始人思维的转变。雷军最大的转变就是，过去十几年在金山时代是专注一个事情，拼命踢一个石头，踢不动也猛踢。现在在小米时代，则是同时踢十几个石头，哪个滚得快，就加大力气猛踢，踢不动的就不踢了。

第二，用互联网思维颠覆自己。互联网思维就是用户思维，就是"一切以用户为中心，其他纷至沓来"。实现这种用户思维需要一个产品经理机制，雷军就是用产品经理的思维来生产小米产品。

第三，口碑为王。核心是口碑，把用户当朋友，不要把用户当上帝；怎么做口碑？靠的是专注，只做一款产品，在每一款产品上下的工夫比别人大；专注还不够，还要做到极致，不给自己留退路，全力以赴，"极致就是把自己逼疯，把别人逼死"。

雷军给郁亮团队介绍红米手机时，拆开塑封，说这个塑封都是世界一流的，富士康生产的；掀开包装盒，说它是用进口纸浆做的，因为不用进口纸浆它会掉屑，你打开以后上面全是屑；拿起充电线袋子，说用磨砂袋子装的，国内一般会搞个透明塑料袋就完了；充电线是用橡胶圈套的，国内会用一个铁丝缠住……

互联网时代已经来啦！希望雷军的自我颠覆能给大家带来别样的思维。

2. 大互联时代已经到来

2014 年 4 月 20 日正好是中国互联网诞生 20 周年的日子。20 年前的今天，中国第一条向社会公众开放的互联网线路开通运行。20 年来，网络发展极为迅猛，互联网已经完全普及了。互联网不仅渗透到人们的日常生活中，而且还开始改变我们的思维和意识。人们通过互联网搜索如百度一下来获取知识，人们通过互联网社交网络如腾讯 QQ、微信和新浪微博进行交流，人们还通过电子商务如淘宝、天猫和京东网购给生活带来便利。还有利用微信、微博买手机等，这些都已经告诉我们互联网时代就在眼前。

当今时代正处于第三次工业革命的"后工业化时代"，意味着工业时代正在过渡为互联网时代。从 1997 年开始，中国互联网开始进入商业时代。发展至今，历经 Web1.0、Web2.0、Web3.0 三个发展阶段。

第一阶段，Web1.0（1996~2003 年）：门户时代。这个阶段互联网初步形成了以新浪、搜狐和网易为代表的三大门户网站。在 Web1.0 阶段，网站进行信息发布，还是多对一的传播。从门户这个中心点出发，基本实现的是一个单向互动。

第二阶段，Web2.0（2003~2011 年）：搜索/社交时代。这个阶段出现了百度搜索、腾讯 QQ、博客中国、新浪微博、人人网等搜索和社交网站。相比门户时代，用户可以生产信息内容，进而实现人与人之间的双向互动。

第三阶段，Web3.0（2012 年至今）：大互联时代。该阶段是基于物联网、大

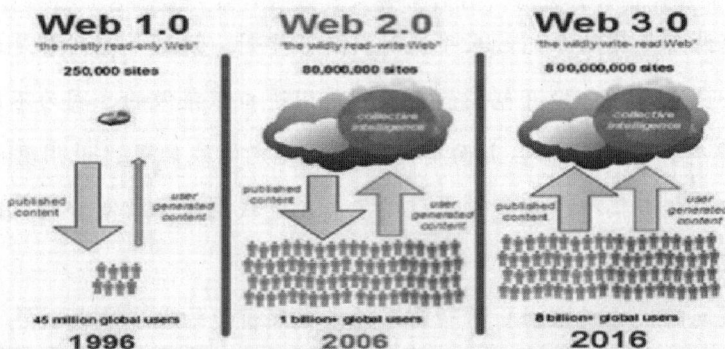

图 1-1　Web1.0、Web2.0、Web3.0 发展阶段

数据和云计算的智能生活时代。Web3.0 时代典型特点是多与多的交互，包括人与人、人机互动以及终端间交互。大互联是相比传统互联而言的。传统互联网主要是指桌面互联和刚刚兴起的移动互联。而作为新一代互联网，大互联建立在物联网基础上，是一种"任何人、任何物、任何时间、任何地点、永远在线、随时互动"的存在形式。

　　可以说，通过 Web1.0、Web2.0、Web3.0 的演变，互联网与我们越来越"互""联""网"了。不远的将来，互联网就会成为生活中的"水和电"，与我们融为一体。

【专栏 1-2】　　　　　　　　互联网能满足你哪种需求

　　马斯洛在 1943 年发表的《人类动机的理论》一书中提出了需求层次论，他提出，人有一系列复杂的需求，按其优先次序可以排成从低到高的梯式层次，包括生理需求、安全需求、社交需求、尊重需求和自我实现需求五类。联系到给我们的学习和工作带来巨大改变的互联网世界，从这五种需求中，可分别找到与网民需求分析、互联网产品设计的契合点。

1. 生理需求：基础服务掀起了互联网热潮

　　这是人类维持自身生存的最基本要求，包括衣、食、住、行等方面的要求，这类需求的级别最低，人们在转向较高层次需求之前，总是尽力满足这类需求。

网民使用互联网时的最基本需求包括浏览信息、收发邮件、传输文件以及信息查询。这些需求产生于互联网出现之初，对应地满足这些需求的功能是电子邮件、即时通信软件以及搜索工具。针对电子邮件，产生了如网易、263 通信等专业或非专业的电子邮箱服务商；对于即时通信工具，则在一场混战之后剩下 QQ 与 MSN 这两家中国市场的"双枪将"了。

2. 安全需求：网络安全不可或缺

在互联网上，安全需求表现为要求网络使用流畅、安全，比如网页是否含有病毒、流氓软件、弹出广告，以及是否含有色情、暴力等垃圾内容。同时，网站响应速度、内容质量与更新及时性、网站访问的稳定性等，都构成互联网的安全需求。围绕这一层次的需求，诞生了一批杀毒软件厂商。

一个比较有意思的现象是，自从《纽约人》杂志刊登出"在互联网上，没有人知道你是一条狗"的黑色漫画式幽默之后，大部分网民一直认为网络的虚拟性会让传统社会的隐私在网络虚拟世界得到最大的满足与保护，然而事实却似乎并非如此。一方面，目前大部分私人信息在未得到当事人允许的情况下被曝光，如热卖的企业老板名录、投资人名录等。另一方面，也有很多网友自愿将私人信息发布在网上，供虚拟联络与交往所用，这种需求即是下面将要讲到的社交需求。

3. 社交需求：迎接 Web2.0 的到来

网民对网络的需求提升到"社交"层面，就是 Web2.0。Web2.0 从 2005 年开始大规模诞生，比如融合即时通信、BBS、博客、交友等为一体的平台，以及六度交友的盛行。这一层次需求的满足比友谊与交往的达成要难得多，一方面要求网络平台的用户体验做到位，另一方面在这个平台需要形成一个社区，让网友能够在社区里面获得相应的社会地位或者社会价值。

要实现这两点，有两个问题必须得到解决，一是网站所构建的社会体系要较为成熟，能够通过内容、话题及互动引导大家建立一个社会体系；二是要求网友相互间能够更多更深层次地沟通。目前大多 Web2.0 网站都在倾注力量构建一个虚拟的网络社会，无论是群、组、圈、部落等概念，还是社区的早期叫法，都是为了吸引一批有着某种共同诉求的用户，要么带来人气，要么从中挖掘价值。

不过，这些群、圈或者组，其内部成员形成的关系或者同其他群、圈之间的沟通并不牢固，或者说尚陷于一种苍白的状态，还无法达成像线下的沙龙、论坛等聚会那样的效果。比如，众多网友在写博客时，多半是在自己的圈子发表一些观点与感悟；BBS 则更为松散，网友间的交流往往限于帖子层面，过渡到更深层次的交流比如网上沟通、邮件交流，甚至达成某种合作，其间的障碍目前尚未有效地解决。

4. 尊重需求：虚拟与现实相融合的网络社会

在互联网上，尊重需求则是以"互动"、"体验"、"个性化"为核心的 Web2.0 的一大体现，网民无论是作为组织还是个体，在网络上活动都不会被歧视。如何能够引导网友在网站里面获得地位，这个是最关键的。无论是文章还是视频，现在在国内制作者都很少，能够做得精致而且有价值的博客则更少。

尊重需求得到满足具体体现为：用户在他们的社会性网络圈子内与人交流，因为网络的匿名性，使得那些在现实中默默无闻的平凡人，也同样有可能成为舆论领导者，获得他人尊重。

5. 自我实现的需求：物质与精神价值的双重实现

人们对网络的使用一直以来局限于信息获取、沟通交流、发表观点等"玩"的层面，却很少涉及自我价值在物质或精神层面的实现。自博客、专栏、个人门户或其他面向用户设计的互联网产品诞生以来，网友在精神层面的自我实现出现了令人鼓舞的突破，但在更现实层面的，比如管理等专业能力塑造、网络活动的物质价值实现等，除电子商务外，尚未出现显著的突破。

比如企业在互联网方面的使用，尚未提升到管理、财务、法律这样的层次，简单来说，即企业还无法通过互联网这种工具了解客户在用什么、在想什么、还需要什么、有哪些是显性需求、有哪些是可以激发的潜在需求等。

这种现象也就导致了从事专业服务的网站一直在艰难地前行，然而道路虽艰，这些服务商们并没有停下脚步，网民数量的持续增长、互联网应用上逐渐普及与熟悉，这些都为这些要在专业领域掘金的新势力提供了"破壳"机会。

3. 所有的企业都是互联网企业

伴随着互联网的兴起，互联网企业开始崛起，中国出现了互联网三巨头（BAT）的三足鼎立态势。这三家互联网行业翘楚是伴随互联网的发展在各自的领域迅速做大做强的。百度的李彦宏，垄断中文搜索市场多年；阿里巴巴的马云先后推出阿里巴巴、淘宝、天猫等，称雄中国电子商务市场；而腾讯凭借即时通信软件 QQ 和微信更是独霸社交网络数十载。可以说，互联网在中国的发展已经是大行其道。

互联网已连接一切，真正实现了互联。从企业互联发展到个人互联，互联网真正做到了一切互联。互联网可以帮企业消除在空间、时间上的界限，不管对方在何时何地，都可以实现企业之间的零距离沟通。此外，互联网还适用于个人用户，让人与人之间的无界限沟通不再是问题。当下，互联网几乎无处不在，无论是有线的还是无线的，无论是桌面的还是移动端，互联网就在你我身边。甚至互联网还在延伸自己的发展空间，开始对很多传统行业如银行、制造业产生影响。

关于互联网企业，百度百科是这样定义的：是以网络为基础的经营，一般包括 IT 行业、电子商务、软件开发。在中国互联网刚兴起的时候，中国也出现过一批最早的互联网企业，如百度、阿里巴巴、腾讯、新浪、搜狐、网易等。后来这些互联网企业不断扩张版图，开始涉足传统行业，如阿里巴巴马云新投资成立的菜鸟公司。与此同时很多传统企业也开始触网，做起电子商务，如苏宁电器发力电商，成立苏宁易购，实现云商模式。正如马云所说，没有传统的企业，只有传统的思想。可以想象，未来将没有"互联网企业"和"传统企业"的区别，所有的企业都是互联网企业！

二、互联网思维

不是因为有了互联网，才有了互联网思维。不是因为你在互联网公司你就有互联网思维。不是说你是传统企业就没有这种思维。简单地说，互联网思维就是一种思考方式，是一种基于商业模式的创新思考方式。只是互联网科技的发展，以及对传统商业形态的不断冲击，导致了这种思维得以集中式的爆发。

1. 互联网思维的起源

说起"互联网思维"一词的起源，我们可能会提及百度的李彦宏。他在2011 年《中国互联网创业的三个新机会》的演讲中就谈到，当时与优卡网 CEO聊天时不经意中被问到，为什么那些时尚杂志不自己做一个网站，而是将很多时尚杂志内容集成到一个网站上。李彦宏认为，这主要还是那些时尚杂志没有互联网思维，这不是一个个案，是在任何传统领域都存在的一个现象或者一个规律。自此，"互联网思维"一词得以诞生。只是李彦宏的描述非常碎片化，当时并没有引起重视。

2012 年，小米的雷军与李彦宏有点不谋而合，推出了一个类似的创新词语——"互联网思想"。在 2012 年的所有公开演讲中，雷军都毫无例外地使用"互联网思想"这个词。不仅如此，雷军还专门发表题为"用'互联网思想'武装自己"的文章。但起初小米影响力有限，除了众多米粉十分推崇外，并没有引起其他人的关注与跟进。

2013 年，随着小米的网络热卖和雷军的曝光度提升，一些如罗振宇等自媒体人士开始频繁提及"互联网思维"，这个时候，又好像从"互联网思想"变回了"互联网思维"，一些记者也开始引用这个词，其实两者并无二致。2013 年 11

月 3 日，新闻联播发布了专题报道：互联网思维带来了什么；没过几天的 11 月 8 日，马化腾提到：互联网已经改变了音乐、游戏、媒体、零售和金融等行业，未来互联网精神将改变每一个行业，传统企业即使还想不出怎么去结合互联网，但一定要具备互联网思维。这个时候互联网思维方开始吸引了人们的眼球，引来关注。笔者认为，李彦宏口中的互联网思维，雷军心中的互联网思想，大众眼中的互联网思维，其实差别并不大。

自此之后，无论是新闻报道，还是行业领军人物口中，互联网思维都一直处于风口浪尖，热度迅速爆棚。近年来，有关"互联网思维"一词在百度的热度如图 1-2 所示。对于互联网思维的解读也更是五花八门，让人眼花缭乱。

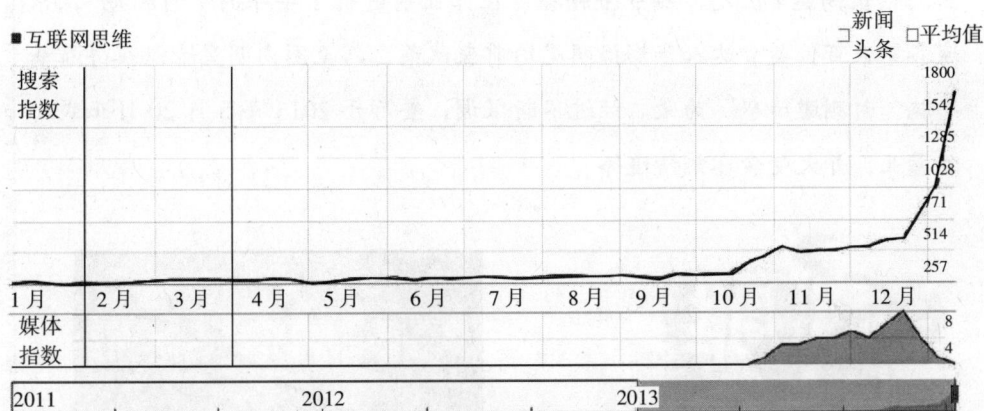

图 1-2 互联网思维的热度

【专栏 1-3】　　　　　　雕爷牛腩 PK 黄太吉煎饼

最近"互联网思维"像是着了火似的，让小米这些具有互联网基因的企业一下子受到无数粉丝的追捧。有两个来自传统领域的餐饮企业，却能运用互联网思维开展别样的互联网营销，并且将生意做得风生水起。这两家公司，不用猜，那就是跟小米一样疯传网络的雕爷牛腩和黄太吉煎饼。

1. 雕爷牛腩

雕爷牛腩餐厅是中国第一家"轻奢餐"餐饮品牌，其烹饪牛腩的秘方，是向周星驰电影《食神》中的原型人物——香港食神戴龙——以500万元购买而得。戴龙经常为李嘉诚、何鸿燊等港澳名流提供家宴料理，他还是1997年香港回归当晚的国宴行政总厨，所以他的代表作——一道"咖喱牛腩饭"和一道"金汤牛腩面"，成为无数人梦寐以求之舌尖上的巅峰享受。

在淘宝平台上已做到化妆品第一的阿芙精油的创始人雕爷却杀入了餐饮行业，创办了一家名为雕爷牛腩的餐厅，开始了他的二次创业。作为一个毫无餐饮行业经验的外行，雕爷牛腩开业仅两个月就实现了所在商场餐厅单位平效第一名。而且，仅凭两家店，雕爷牛腩就已获投资6000万元，风投给出的估值高达4亿元。雕爷牛腩餐厅在开业前进行了半年的"封测期"，京城各界数百位美食达人、影视明星均前来试菜，乃至圈内明星皆以获得雕爷牛腩"封测邀请码"为荣。经过不断微调，餐厅于2013年5月20日正式对外营业，并大受食客热情追捧。

图 1-3　雕爷牛腩

图 1-4　黄太吉煎饼

2. 黄太吉煎饼

黄太吉改写传统美食的新传奇，北京城里难得一见的地道煎饼果子、现吃现炸的无矾手工油条、独门秘制的醇厚卤汁豆腐脑、现磨醇豆浆为本店四大金刚！再配有赫氏风味大卷饼和源自成都的麻辣凉面与麻辣烫，让传统美食焕生新容。

在黄太吉创始人赫畅看来，要用互联网的思维颠覆传统行业，其根本就是要颠覆传统行业的成本结构。赫畅还分享了如何将黄太吉从1元做到100亿元的过程。

1：我们的第一家店，只有20平方米，13个座位，这是刚起步的状态。

10：我们家有10款最重要的核心产品。比如第一个就是煎饼果子，接下来就是卷饼、豆腐脑、凉面、南瓜羹、紫薯，还有最近推出的猪蹄。

100：现在有100个员工，我们都是"90后"。互联网公司都在讲团队，我们在内部也是打造类似于互联网公司的交流和学习态度。在早晨，我们有一个很重要的仪式，每个人要握着对方的手，大喊对方名字跟加油，这是我们每天坚持的，365天，我们现在已经做了500多天了，每一天都是这么坚持下来的。

1000：黄太吉现在有了4家分店，第5家旗舰店于2013年12月22日开业，现在5家店的面积已经有1000平方米。每一家店都有自己的特点，从品味、趣味和人情味3个方面提供新型的吃传统美食的体验空间。

1万：我们现在每天卖出1万个煎饼果子。在各家店前都可以看到排队的场景。这说明我们不用养店，这才是颠覆传统行业。其实颠覆其他行业就4个字：成本结构。如果不能颠覆传统行业的成本结构，什么都是浮云。我们的房租占整体销售额的比例可以压到6%以下，这才是改变成本结构。

10万：黄太吉拥有10万个粉丝，包括微博的8万人和微信上的2万人。我们有专门的微信订阅号，专门用来发自己的原创文章。粉丝贡献了什么？我们有6个当家，其中六当家已经是纯美国人了。我们把高管团队打造得像一个乐队，每一个粉丝都可以在这个团体里找到某种共鸣。比如很多粉丝喜欢老六，因为他长得帅，许多女粉丝中午来吃煎饼就为了看他。

为了和粉丝互动，我们做了很多好玩的事情。比如我个人有一个研究外星人的爱好，所以经常以公开课的形式和粉丝在店里互动。在2013年12月31日，我们要开一场1000人的会，就是听我来分享外星人的故事。这说明我们不仅能卖煎饼，还能卖门票。6个小时听我讲讲外星人的故事，这就是我们今天在做的方法，10 万名粉丝后面的力量特别大。

100 万：我们有 100 万个可以影响的人。比如大家会在朋友圈和微博上分享我的内容。甚至这一年我们参加了很多互联网会议，吸引了很多媒体。当我们把自己经营的内容分享出去时，这些东西慢慢积累起来就会让更多人看到黄太吉。比如我们参加了江苏卫视的节目，这个节目至少有 100 万人可以看到。我们就是用这样的方式不断让自己的品牌影响力慢慢扩大，而且完全没有成本。

1 亿：未来 6 个月的时间内，我们将成为全世界第一个年销售额超过 1 亿元的煎饼果子品牌。这个销售额当然不能光靠店面，还要靠外卖。用互联网思维改变成本结构，只有更多的外卖才可以。比如 2014 年 3 月，我们收到了 Kabam 公司的 2450 元的外卖订单，当时很兴奋。后来他们又点了 4650 元的外卖。

但为了争当外卖单冠军，百度点了 5045 元的外卖。更夸张的是，后来唯品会点了 1.76 万元的一单外卖。一单煎饼的外卖可以卖出 1.76 万元，这就是我们很快可以成为第一个销售过亿的煎饼果子品牌的关键底气。现在点黄太吉外卖已经成了企业文化的宣传方式。

100 亿：这是我们未来的市场前景。怎么算出来的呢？未来中国的餐饮市场总量会从 2.7 万亿膨胀到 10 万亿，如果我们能占 10 万亿中的千分之一，只做中国餐饮市场 0.1% 的份额。在一年中卖掉 100 亿的煎饼，这就是我们想要做的一件事情。

2. 企业家眼中的互联网思维

一般来说，互联网思维之所以火，主要还是基于行业领先人物和知名企业家，特别是 IT 企业家们率先注意到互联网思维的价值所在。对互联网思维有比较大贡献的企业家有雷军、马化腾、周鸿祎之流。他们将互联网思维与自己的企业转型相结合，用成功的思维来引领企业的未来。

小米科技的崛起让互联网思维大行其道，它的经营思路可用"专注、极致、口碑、快"来概括。奇虎周鸿祎认为互联网时代的关键词为"用户至上、体验为王、免费的商业模式、颠覆式创新"。马化腾总结了通向互联未来的七个路标，即为："连

图1-5　企业家眼中的互联网思维

接一切、互联网+创新涌现、开放式协作、消费者参与决策、数据成为资源、顺应潮流的勇气、连接一切的风险。"

（1）雷军的互联网"七字诀"。

雷军总结了做互联网企业的一些心得，将其概括为"七字诀"：专注、极致、口碑和快，如图1-6所示。

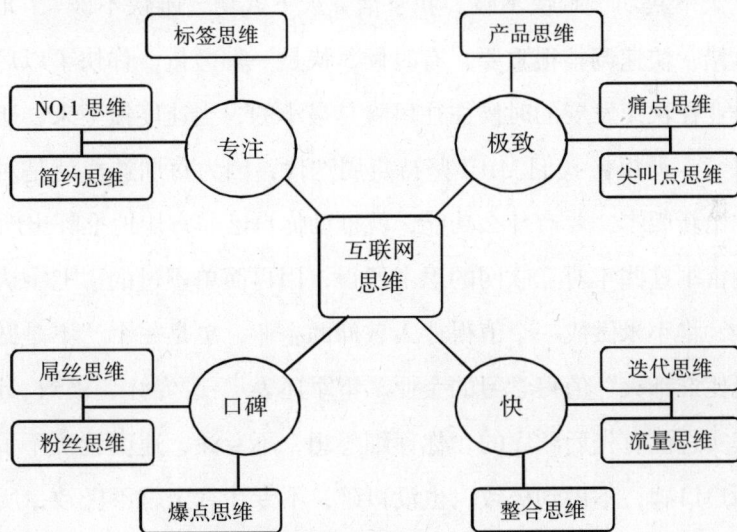

图1-6　雷军的互联网七字诀

● 专注：少就是多，大道至简。其实苹果和乔布斯给我们的第一个启发就是专注。苹果到今天为止，5年只出过5款手机。所以，当我做手机时，高度认同"大道至简"，越简单的越难做。但少就是多，专注才有力量，专注才能把东西做到极致。

● 极致：做到自己能力的极限。极致，就是做到你能做得最好，就是做到别人达不到的高度。这方面，苹果做得最成功。小米第一次做手机，上来就是双核1.5G 处理器，用高通、夏普、三星、LG 的元器件，还要找英华达、富士康代工，只有这样，才能做到别人达不到的高度。

● 口碑：超越用户预期。很多人说口碑就是好，口碑就因为便宜。其实不是，口碑的真谛是超越用户的期望值。因为海底捞都开在很一般的地方，当我们走进去的时候，它的服务超越了我们所有的期望值，我们觉得好。所以，口碑的核心是超越预期，当我明白这一点的时候，我在小米创业的初期，强调我们一定要保密，一定要足够低调。我说这玩意大家一看雷军做的期望值就高。当我们第一个产品出来的时候，我们就是在几个论坛里发了几个帖，就是靠"米粉"口口相传，甚至传到全世界去了，被翻译成 20 多个国家版本。

● 快：天下武功，唯快不破。我坚信"天下武功，唯快不破"，尤其是在今天。快速试错，快速调整很重要。有时候，快是一种力量。你快了以后能掩盖很多问题，企业在快速发展的时候往往风险是最小的，当速度慢下来，所有的问题都暴露出来了。所以，我们 MIUI 坚持每周迭代，因为每周迭代就是对自己很大的冲动，你出新版本，要有什么功能，就推动你自己非常快地推陈出新。

这就是雷军这些年对互联网的思考所得，用再简单不过的"七字诀"的这种互联网思维，将小米做成一个值得让人敬仰的企业，更是一个"不是做手机的企业却卖手机比谁都火"值得学习的企业。雷军还表示："专注、极致、口碑、快"这 4 个词其实是没有先后顺序的，你仔细想想，不专注，速度就快不了，改得不快，就没用户口碑，不做到极致，也没口碑，不专注肯定就不极致，所以它们是这么一个关系。我们终极目标是要形成口碑，不做到极致就没口碑，改得不快也没口碑，不专注也没口碑，口碑是我们的核心。

（2）马化腾的"马七条"。

2013 年 11 月 10 日，在腾讯"WE 大会"上，腾讯董事会主席兼 CEO 马化腾作了题为"通向互联网未来的七个路标"的演讲（见图 1-7）。马化腾谈到互联网未来的 7 个观点：连接一切、互联网+创新涌现、开放式协作、消费者参与决策、数据成为资源、顺应潮流的勇气、连接一切风险。这个后来被称为"马七条"实录被大量转播。

图 1-7　通向互联网未来的七个路标

（3）周鸿祎：用户至上、体验为王、免费的商业模式、颠覆式创新。

2014 年 1 月 18 日，周鸿祎在"信息时代的创新与企业家精神"的演讲中指出，对互联网思维与模式的理解是用户至上、体验为王、免费的商业模式、颠覆式创新。第一，用户至上。客户不是最重要的，用户是最重要的，用户至上是基本的价值取向。第二，体验为王。互联网有了一个新的价值，即它有什么体验，怎么定义这个体验，体验一定是用户可以感知的超出预期的情感认同。第三，免费的商业模式。通过免费的手段来颠覆传统商业模式。第四，颠覆式创新。互联网企业带来的颠覆主要有两种，一种是通过免费的商业模式的颠覆，另一种是通过用户体验的颠覆。

3. 互联网思维之华山论剑

"互联网思维热"带来了许多关于互联网思维的畅销书（见表 1-1），虽然作者站的角度不同，但共性是互联网思维重新回归用户这一中心，都注重以人为本。

表1-1 当前互联网思维主流观点一览

作者	著作	主要观点	时间
陈先锋	《互联网思维:商业颠覆与重构》	标签思维、简约思维、NO.1思维、产品思维、痛点思维、尖叫点思维、屌丝思维、粉丝思维、爆点思维、迭代思维、流量思维、整合思维	2014年1月
赵大伟	《互联网思维独孤九剑》	用户思维、简约思维、极致思维、迭代思维、流量思维、社会化思维、大数据思维、平台思维、跨界思维	2014年3月
黄海涛	《互联网思维赢利模式》	用户思维、屌丝思维、粉丝思维、服务思维、爆点思维、社交化思维、产品思维、极致思维、痛点思维、简约思维、微创新思维、迭代思维、颠覆式创新、流量思维、免费思维、信用思维、跨界思维、整合思维、开放思维、平台思维、顺势思维、移动互联网思维、大数据思维、智慧地球时代物联网思维	2014年6月
钟殿舟	《互联网思维》	创造让用户尖叫的产品，诱发、引爆和吸纳用户的尖叫，互联网思维=熟人社会思维？用互联网思维改造企业	2014年5月
项建标	《互联网思维到底是什么：移动浪潮下的新商业逻辑》	消费者主权时代；是体验，不是产品；是用户，不是客户；是传播，不是营销；不一样的盈利模式；是管理，更是协同	2014年4月
王吉斌	《移动互联网商规28条：思维重构与生存新法则》	找到用户痛点，向产品注入情感，让产品更有黏性，重新认识互联网原住民与细分群族、快速试错，与消费者一起寻找最终需求，把产品做到极致，避免陷入价格竞争的泥潭，简化你的产品信息，聚焦聚焦再聚焦、抓住核心，回归商业本源，持续让用户尖叫，不要让用户用脚投票、赋权比丰裕更重要，个性比规模更重要，友善大于聪明，信任大于资产，责任大于市场，参与好于边界，群体优于个体，免费超过收费，关系好于广告，优客优于工业，品牌不再只属于你，与用户共同创造价值，为品牌构建社群关系，形成品牌粉丝的新部落，寻找驱动用户参与的根本力量，拥有粉丝军团，情感联系比直接接触更重要，全程体验比单个节点更重要，用户价值比商业价值更重要，长远体验比短期任务更重要，持续改进比单次互动更重要，现在就启动你的社会化战略，构建立体社交矩阵，随时与你的用户保持互动，随时随地保持与用户相连，有黏性的内容才能引爆，传统营销已死，新的营销已崛起，再小的个体也应该建立自己的品牌	2014年6月

作者	著 作	主要观点	时间
比尔顿	《翻转世界：互联网思维与新技术如何改变未来》	食性动物的新时代，让人备受惊吓的新科技，锚定社群与内容过滤器，互联网上的信托市场，新刺激让大脑更强大，将控制权握在自己手中，多工族的新工作方式，一个充满新鲜和不同体验的新世界	2014 年 3 月
戴夫·格雷	《互联网思维的企业》	互联式企业之道：争论不休的复杂度、"团组化"的未来、团队的命运由自己把控、团组需要平台的支持、互联式企业如何学习、网络中的权力与控制等	2014 年 5 月

资料来源：笔者整理。

（1）《互联网思维：商业颠覆与重构》。

这是九元购创始人陈先锋系统化阐述互联网思维的力作。本书以雷军互联网"七字诀"——"专注、极致、口碑、快"为核心精髓，结合马化腾的"马七条"讲话精神，系统化提炼出互联网 12 大核心思维：标签思维、简约思维、NO.1 思维、产品思维、痛点思维、尖叫点思维、屌丝思维、粉丝思维、爆点思维、迭代思维、流量思维、整合思维。该书对互联网思维的简单概述如下：

●标签思维：现在想一想，你的产品的标签是什么？如果没有，很不幸，这款产品离成功还很遥远。对于产品来说，有自己的品牌标识只是个开始，在用户的脑海中形成一个记忆关键词才叫成功。

●简约思维：简约不是从最近才兴起的一种新鲜事物，而早在谷歌、百度的产品设计里，就透出这种极简思维的魅力。少即是多，简约即是美，简约而不简单！看看 Hao123 网站是如何年收入 20 亿元的。

● NO.1 思维：所谓不想当将军的士兵不是好士兵，谁都希望能够在互联网上独占鳌头，取得第一。而数据也说明，第一的产品和第二的产品之间往往存在绝对的市场占有比例差，互联网只有第一，没有第二。

● 产品思维：很多成功的项目之所以被津津乐道都离不开产品的优秀。也就是说，无论营销推广的能力有多么优秀，在产品面前都是被动的，只有产品才是主动的，好的产品自己会说话！

● 痛点思维：痛点是一切产品的基础，挖掘痛点不要相信用户的嘴，要相信用户的腿，不要靠感觉，而要靠数据，把解决痛点的方案用放大镜放大100倍，让用户由"痛"变"痛快"。

● 尖叫点思维：所谓尖叫点，不是那种让人听了说："哇，这么好！"的产品，而应该是那种让人听了说："你再说一遍，我没听错吧?"的产品。

● 屌丝思维：当屌丝为网络娱乐（包括手机和电脑）付费的时候，就已经被包含在屌丝经济中。不管是10元、20元，还是10万、20万，都是屌丝经济的体现。虽然一个屌丝的力量是有限的，但是众多屌丝的力量却是无限的。

● 粉丝思维：只要有粉丝，就会有口碑。苹果的粉丝叫果粉，小米的粉丝叫米粉，跨越了互联网和娱乐圈。无论是大品牌还是小品牌，都开始将"粉丝"重视起来，让粉丝有三"感"：参与感、尊重感、成就感。

● 爆点思维：不仅要给产品包装卖点，还要刻画产品性格，形成引爆点，借势利用微博、微信、IM、博客、论坛、朋友圈、视频等引爆社会化营销。

● 迭代思维：天下武功，唯快不破。迭代就是产品不断进步和发展的过程。十年磨一剑OUT了，小步快跑，没有什么能经得起迭代，想了就说，说了就干，错了就改，持续试错微创新。

● 流量思维：我们处在一个"酒香也怕巷子深"的时代。因此，流量是用户量的基础。本质上，互联网生意实际上就是流量生意。

● 整合思维：整合不仅仅是资源的整合，它可以是企业内部的重组，也可以是不同企业之间的合作。打造开放可掌控的产业生态链，当大企业无法在短时间内取得某个领域的地位时，不如选择并购领域内最好的产品或企业。

（2）《互联网思维独孤九剑》。

该书指出：互联网思维是移动商业时代的思维革命，有9大思维、22个法则。其中9大互联网思维是指用户思维、简约思维、极致思维、迭代思维、流量思维、社会化思维、大数据思维、平台思维、跨界思维。之所以称为"独孤九剑"，主要强调"无招胜有招"，重在剑意，意味着互联网思维就像"独孤九剑"一般能破解天下各派武林功夫，去重塑和颠覆任何行业，包括传统制造和银行业。

- 用户思维：指对经营理念和消费者的理解。用户思维贯穿企业运营的始终。在"以用户为中心"的互联网时代，消费者的话语权日益增大，并且影响着企业各环节的决策，以小米为代表的新经济企业，使得用户越来越广泛地参与到产品研发和品牌建设环节之中。

- 简约思维：指对品牌和产品规划的理解。以往品牌厂商多习惯大而全，产品线显得冗长，产品包装也恨不得全列上产品卖点。而苹果、小米这类互联网思维下的企业，给人的感受往往是极简元素。

- 极致思维：指对产品和服务体验的理解。只要产品和服务给消费者带来的体验足够好，才可能真正地抓住消费者，真正赢得人心，这就是一种极致思维的体现。

- 迭代思维：指对创新流程的理解。传统企业推进新品多有一个长达 2~3 年的新品上市周期，而互联网企业的产品开发采用迭代方式，在与用户不断地碰撞中把握用户需求，进而完善产品，让产品在用户参与中得以完善。

- 流量思维：指对业务运营的理解。互联网企业都有很典型的流量思维，"流量即入口"、"流量就是金钱"等理念推动着互联网企业流量为先的策略。

- 社会化思维：指对传播链、关系链的理解。社会化商业模式已经到来，企业面对的员工和用户都是以"网"的形式存在，所以企业经营必须要融入社会化思维。

- 大数据思维：指对企业资产、核心竞争力的理解。大数据成为企业的核心资产，数据挖掘与分析了企业的关键竞争力乃至核心竞争力。大数据思维同样贯穿在企业经营的整个价值链条。

- 平台思维：指对商业模式、组织形态的理解。互联网三大巨头分别构建了搜索、商务、社交三个领域的生态体系，分别成为各自领域的战略平台。

- 跨界思维：指对产品边界、创新的理解。随着互联网和新科技的发展，纯物理经济与纯虚拟经济开始融合，很多产业的边界变得模糊，互联网企业的触角已经无孔不入。

（3）《互联网思维盈利模式》。

该书深度揭秘了互联网24大核心互联网思维。这24大互联网思维包括用户思维、屌丝思维、粉丝思维、服务思维、爆点思维、社交化思维、产品思维、极致思维、痛点思维、简约思维、微创新思维、迭代思维、颠覆式创新、流量思维、免费思维、信用思维、跨界思维、整合思维、开放思维、平台思维、顺势思维、移动互联网思维、大数据思维、智慧地球时代物联网思维。

三、互联网思维：传统企业的颠覆与融合

我们身处在一个大变革时代，无论是互联网企业，还是传统企业，都必须寻求变革，适应发展。互联网已经深深地改变人们生活的方方面面，传统企业要么主动变革，要么被其颠覆。笔者认为，传统企业互联网转型已迫在眉睫，不是要不要转型的问题，而是怎么转型的问题。

在这个大背景下，很多已经先知先觉的传统企业开始"触网"，做起电子商务，走上了转型之路，如苏宁的云商模式就是其中最好的例子。但传统企业虽然意识到转型势在必行，但真正做转型又谈何容易。这就是我们为什么要换个思路，用互联网思维去寻找传统企业转型的成功路径。从2013年起，互联网思维已经席卷大江南北！小米用互联网思维颠覆了手机，黄太吉煎饼、雕爷牛腩和IT男肉夹馍等就是用互联网思维做餐饮，90后美女情趣店马佳佳运用互联网思维做成人用品……可以说，越来越多的人都试图用互联网思维来颠覆传统行业。有些传统企业已经成功转型，但这样的企业还是略显有点少，而更多的还是有大批在苦苦寻觅转型良方的传统企业。敢问传统企业的转型之路在何方？互联网思维能否拯救这些传统企业，让他们度过眼前这一劫，实现自己企业发展的又一春。

互联网思维改变着时代，也拷问着传统产业。正当我们对传统企业转型而处

于迷茫的时候，让我们眼前一亮的是《人民日报》推出的"颠覆还是融合——互联网思维拷问传统产业"系列报道，对话企业家，探讨互联网思维。第一个对话的是联想的柳传志：不是颠覆，是改善。第二个对话的是海尔的张瑞敏：互联网思维，颠覆了什么。第三个对话新奥的王玉锁："互联网能源"还有多远。第四个对话的是东风汽车的朱福寿：不惧冲击，顺势而为。有些企业家认为融合转型最重要，有的则强调必须进行脱胎换骨的改造。互联网思维对传统产业最终会带来什么样的改变，是颠覆还是融合，我们须进一步观察，但有一点毋庸置疑，无论传统企业愿不愿意，互联网冲击已无可回避。

华为公司轮值 CEO 胡厚崑认为，在互联网时代，传统企业遭遇最大的挑战就是基于互联网的颠覆性挑战。为了应对这种挑战，传统企业首先要做的是改变思想观念和商业理念。要敢于以终为始地站在未来看现在，发现更多的机会，而不是用今天的思维想象未来，仅仅看到威胁。我们要明确的是，不是互联网企业淘汰传统企业，而是新商业将必然会淘汰旧商业。未来，也将不会存在所谓的互联网企业和传统企业，而只有一种，那必然就是互联网企业。因为所有的企业都终将是互联网企业。

下面就跟大家分享一下来自 IT 业、传统家电制造、能源和汽车领域四位杰出企业家，他们是如何看待互联网思维，并用互联网思维去颠覆和融合现自己掌控的企业，如何拥抱互联网，与时俱进的。

1. 互联网思维对话一：不是颠覆，是改善

柳传志被认为是中国最具影响力的商业领袖之一。20 多年来，他致力于高科技产业化的探索和实践，不断引领企业开展自主创新，走出了一条具有中国特色的高科技产业化道路，使联想集团的技术实力和市场份额都跻身世界同行的前列。他还积极推动中国高科技产业化事业的发展，通过和中国科学院一起创办"联想之星"项目，以及在投资业务中复制和输出联想的经验，促进科技成果转化和科技企业管理人才的培养，帮助更多中国的科技企业实现更大的发展。

在他的领导下，联想高举民族计算机产业大旗，立足中国本土，不断研究摸索行业规律，在与国外强手的竞争中一举胜出，不仅确立了在中国市场的领先地

位，而且带动了一大批民族 IT 企业的发展。联想集团通过并购 IBM 个人电脑业务走出国门，成为全球领先的电脑公司之一，证明了中国企业的能力，也为中国企业实现国际化积累了宝贵的经验。

（1）与西方发达国家相比，中国在互联网应用的某些方面占着"便宜"。

传统行业到底能跟互联网发生怎样的关系，换句话说，应该怎么通过互联网应用把传统业务发展得更好。柳传志认为，与西方发达国家相比，中国在互联网应用的某些方面占着"便宜"。

图 1-8 联想 柳传志

众所周知，经过几百年的发展，西方发达国家传统制造业、服务业都已比较成熟，要实现传统业务与移动互联网崭新业务模式的对接，肯定会不太自然，也存在一定困难。而在中国，传统行业做得并不成熟，崭新的互联网模式的涌现，正好为我们转型发展提供了难得的机会。

联想控股的农业板块——佳沃集团，就是看到了我国传统农业向现代农业转型发展中的巨大机遇。我们借鉴了联想 30 年来在 IT 互联网行业积累的成功经验，结合大数据、云计算、物联网、移动互联网等先进理念和技术手段，从果业切入，搭建起了一套全新的农业发展模式。这套模式核心有三个：一是质量全程可追溯；二是生产种植过程分析；三是电子商务以及与之配套的高效冷链物流系统，让从田间到餐桌这一过去复杂的供应链大大简化。

（2）互联网思维与传统产业的对接，将产生长尾效应、免费效应、迭代效应和社交效应。

互联网思维的定义、内涵，可谓仁者见仁、智者见智。换一种角度，从结果的角度来解读，互联网思维与传统产业的对接，会改变传统的商业模式。从结果看，大致会产生这么几个效应：长尾效应、免费效应、迭代效应和社交效应。

互联网尤其是移动互联网开放、互动的特性，以及大数据、云计算等技术手段的应用，使得大量的中小企业和注重个性化需求的个别消费群体，成了商业中的主要顾客。以联想集团为例，过去每当微软推出一个新的操作系统，或者英特尔上市了一款新的 CPU，我们就会根据自己对中国客户消费需求的调查，推出一款或几款主打的个人电脑产品。尽管我们比竞争对手做得好，也就是我们做了一款电脑，大家使用而已。现在，互联网思维将有助于企业将产品做得更加柔性化，更加适合个体的个性化需要。以图书为例，印刷 5000 册甚至更少的书能够在 Kindle 电子书上阅读，这就是长尾效应最直观的体现。

● 免费，一直都是互联网的基因之一。比如车载导航，过去高德、四维图新等地图供应商采用收费模式，但伴随着地图成为移动互联网的入口级服务，阿里、百度等争相布局，免费就成为大势所趋。如今，无论是百度还是高德，都已经宣布了永久免费，并在短时间内聚集了大批用户，接下来就是全新商业模式的孕育。

● 迭代效应，是互联网思维的另一个结果。从项目的草稿版本开始，一直到最终版本结束，中途随着逐步完善而产生的各个版本称为迭代。互联网思维的迭代效应指的是全新的研发思路，通俗地说，就是原型设计尽快上线，通过用户互动、反馈迅速调整设计，持续微创新，不断完善。让用户参与产品试验、验证，并倾听用户的反馈进行改进，这样的产品研发模式，以往是很难操作的。互联网思维让它变成了现实，更重要的是，它还可以与粉丝营销相结合。

● 社交效应。过去做产品推广靠的是新闻发布会、广告攻势，如今，思路要转换。比如佳沃蓝莓上市后，除了传统的推广方式外，还通过社交圈子加大了对孩子妈妈这一群体的推广，让她们知道蓝莓对孩子眼睛好，了解佳沃蓝莓的高品质等，市场效果就很好。

（3）用好互联网思维，制造业链条上的研发、生产、物流、市场、销售、售后等都要顺势而变。

对传统产业而言，互联网思维的最大作用不是颠覆，而是改良和改善。联想控股眼下思考的是，旗下 IT、房地产、消费与现代服务、化工新材料、现代农业五大支柱行业如何善用互联网思维，抓住互联网时代的发展机遇。我们认为，互联网思维开放、互动的特性，将改变制造业的整个产业链。因此，用好互联网思维，制造业链条上的研发、生产、物流、市场、销售、售后服务等环节，都要顺势而变。

互联网思维的互动特性，与云存储、大数据叠加，使得制造业企业真正实现对客户需求的直接了解，这将对企业的研发模式带来深刻的变革。那些充分把握个性化市场需求、灵活、高效、低成本的研发流程和体系，将迸发出更大的活力，并越来越得到市场的认同和接受。

研发流程和体系的变化，将改变100多年来一直占主导地位的工业化大生产模式。通过企业管理信息化与物联网、射频、传感技术相结合，传统制造业的自动化、柔性化、模块化程度将大幅提升，进而让低成本的定制化生产成为可能。接下来，就是市场营销体系的深刻变革。一方面，互联网尤其是移动互联网的普及，让信息的获取与传播变得更加容易，生产方与消费者之间的信息不对称被打破，由此带来的信息的开放、消费者话语权的增强，让过去单纯依靠媒体新闻发布、刊播广告树立品牌、推广产品的模式，无法适应市场的需要。另一方面，长尾效应带来的定制化、个性化需求，也要求企业主动与消费者搭建起沟通的桥梁。无论借助现有电商平台，还是自己搭建全新的O2O销售体系，都将对传统的渠道概念、分销模式带来冲击。小米的互联网营销模式，尤其是它成功的粉丝营销、圈子营销，都值得传统企业认真研究借鉴。

2. 互联网思维对话二：互联网思维，颠覆了什么

28年创业创新，张瑞敏始终以创新的企业家精神和顺应时代潮流的超前战略决策引航海尔，持续发展。2013年，海尔集团全球营业额1803亿元。据消费市场权威调查机构欧睿国际（Euromonitor）统计，海尔已连续四年蝉联全球白色家电第一品牌；并进入美国波士顿管理咨询公司（BCG）评选的2012年度"全球最具创新力企业"前十名，排名消费及零售类企业第一。

图1-9 海尔 张瑞敏

在海尔持续创新不断壮大的过程中，张瑞敏确立的以创新为核心价值观的企

业文化发挥了重要作用。在管理实践中，张瑞敏将中国传统文化精髓与西方现代管理思想融会贯通，"兼收并蓄、创新发展、自成一家"，从"日事日毕、日清日高"的 OEC 管理模式，到每个人都面向市场的"市场链"管理，张瑞敏在管理领域的不断创新赢得全球管理界的关注和高度评价。"海尔文化激活休克鱼"案例被写入美国哈佛商学院案例库，张瑞敏也因此成为首位登上哈佛讲坛的中国企业家。

张瑞敏认为，没有成功的企业，只有时代的企业，所谓成功只不过是踏准了时代的节拍。在互联网时代，张瑞敏的管理思维再次突破传统管理的桎梏，提出并在海尔实践互联网时代的商业模式——人单合一双赢模式，让员工在为用户创造价值的过程中实现自身价值；通过搭建机会公平、结果公平的机制平台，推进员工自主经营，让每个人成为自己的 CEO。西方管理界和实践领域对海尔和张瑞敏的创新给予了较高评价，认为海尔推进的创新模式是超前的。2012 年 12 月，张瑞敏应邀赴西班牙 IESE 商学院、瑞士 IMD 商学院演讲人单合一双赢模式，收到热烈反响。因其在管理领域的创新成就，张瑞敏获得"全球睿智领袖精英奖"、"IMD 管理思想领袖奖"，并荣获"亚洲品牌永远精神领袖奖"。

（1）互联网思维和传统思维最大的不同，一是零距离，二是网络化。

大家都在说互联网思维、互联网基因，到底怎么认识？张瑞敏认为，互联网思维和传统思维最大的不同主要有两点：一是零距离，二是网络化。

零距离、网络化对海尔来讲，是非常大的颠覆。在线下时，我们曾经算是做得比较好的，在很多地段都有优势，在全国有 3 万多个自己的店，像毛细血管一样，渗透到镇里甚至村里。但是在线上，在移动互联网时代，我能不能真正地争取到用户的时间呢？过去靠发布争取用户，谁的声音大，谁能够占一点便宜。但现在，在设计阶段可能用户就参与进来了，像小米手机，它没有设计，而是用户参与进来后，带来了很多设计资源。这对于我们来讲可能就是一种颠覆，从某种意义上说，企业过去的一些资产，现在很有可能变成包袱或者负债。

（2）互联网思维使企业无边界，管理无领导，供应链无尺度。

互联网思维对传统制造业企业可能就是意味着一种颠覆。张瑞敏认为，这种颠覆是"三无"：企业无边界、管理无领导、供应链无尺度。

● 企业无边界。原来企业是有边界的，但是为什么有的事儿你可以干得好，有的事儿你干不过别人呢？因为企业里人员不行。所以说，企业的边界大小取决于企业人力资源能力的高低。在互联网时代，网络打开了一扇门，可以使得企业无边界，人力资源不再局限于企业内部，你可以网上整合你想要的人。所以企业无边界是从靠企业自身资源求发展，颠覆为并联平台的生态圈。

● 管理无领导。管理无领导要颠覆的是从原来的员工只是一个执行者，变为现在员工成为一个创业者。无领导你听谁的呢？其实就是从原来听你上级的指令改成听用户的。过去的管控组织给员工提供工作岗位，现在每一个团队都应该给员工提供的是创业机会。

● 供应链无尺度。用户从被动的购买者变为主动的参与体验者。供应链原来是有尺度的。传统的企业销售往往是分给省级代理，省级代理再批给市级代理，是一层层批发零售的形式。现在供应链无尺度，网上如果一个用户要一个产品你也应该满足他。供应链无尺度倒逼企业全流程都要无尺度，从研发到制造全流程都要有改变。

（3）传统企业要善于"外去中间商、内去隔热墙"。

海尔的"三无"其实是对企业在观念上、组织结构上彻底的颠覆，在互联网时代传统企业的颠覆和改变，实际上等于向自己开刀。海尔在"三无"的基础上提出了一个新理念叫做"外去中间商、内去隔热墙"。

内去隔热墙是员工直接跟市场对接，直接跟用户对接，直接由用户评价，让员工感知市场的热度。外去中间商，就是去掉过去采购、销售一定要有中间商。比方说采购，过去有一个班子专门去研究谁能进、谁不能进以及什么价格等非常复杂。现在只要建立利益共同体，没有那么多评价体系，零部件有竞争力就进来，没有竞争力就出去。在营销上，过去是产品给了经销商，经销商再销售，现在经销商直接面对客户。这就叫做外去中间商、没有中间层，与用户之间是直接零距离。

（4）联网时代需要企业家做造钟师，造与时代同步走的钟。

传统的企业是一条线，互联网时代的企业是另外一条线。张瑞敏认为，这两条线是平行线，没有交点。有破有立，破中有立。过去中国企业先是都学日本的全面质量管理，后来又学美国，现在学谁呢？传统企业转型没有路标，摸索的过程就是一个破立的过程，但这个度掌握不好可能摸索就会出问题。

联想的目标是希望能够跟上这个时代的发展。中国制造业再走原来的那种发展路径不行了。

一个企业如果仅仅依托企业家一个人是危险的。就像《基业长青》里面说的，一个基业长青的企业很重要一点就是，企业领导人应该是"造钟师"而不是"报时人"。做报时人就等于说所有人都要听这个人的，但是企业家要造与时代同步走的钟，这样企业可能就会延续得比较长。

3. 互联网思维对话三："互联网能源"还有多远

王玉锁，新奥集团董事局主席，任九届、十届全国政协委员，九届全国工商联副主席，中国民（私）营经济研究会副会长，河北省政协常委、河北省工商联副会长、廊坊市政协副主席、廊坊市工商联会长。获"国务院民族团结进步模范"、"中国光彩事业奖章"、"河北省优秀企业家"、"河北省劳动模范"、"河北省十大杰出青年"、"河北省企业改革标兵（金帆

图 1-10　新奥集团 王玉锁

奖)"、"河北青年'五四'奖章"、"河北省光彩之星"、"河北省十大杰出青年民营企业家"、"河北省社会主义先进建设者"等多项奖章和荣誉称号。

（1）能源——互联网下一个"颠覆"对象。

王玉锁认为，互联网给当今经济带来的变革是颠覆性的。它既改变了我们的生产方式，也改变着我们的消费习惯。这种变革之深入，超过了以往任何一种技术，能源领域也不例外。

由于资源与环境的双重压力，全球能源格局正在从以化石能源为主体的传统

能源结构向以可再生能源为主的现代能源结构转变，这轮能源变革改变的不仅是能源产品本身，能源的生产形态也将随之变化。即分布式能源必将替代集中式能源，成为能源生产的主流。因为，风、光等新能源要真正实现大发展，就必须采取分布式布局，这已经是能源界的共识。

分布式能源将改变当下能源的生产和消费形态，并对现有能源网络带来冲击。比如你家建了分布式太阳能，没有太阳时怎么办？你需要买电。太阳发电多自己用不完怎么办？你又需要卖电。千千万万个分布式能源生产者出现的千千万万个交易需求，必将带来海量的需求信息，只有便捷、高效、低成本的信息处理平台才能满足这种变化。所以，未来分布式能源只有采用互联网模式、靠互联网思维才能解决问题。

换句话说，今天商业领域出现了淘宝网，未来"能源淘宝网"也会出现，它对现有能源体系也一定具有"颠覆性"。

（2）"互联网能源"将导致"化学变化"。

王玉锁认为，未来的"互联网能源"一定会出现"化学变化"。互联网和分布式能源的深度融合会出现一种全新的能源生产和消费的产业组织模式——互联网能源。所谓互联网能源，它与现行的能源体系不同，是一种全新的业态，即"五化"：结构生态化、主体多元化、交易多边化、商品标准化、物流智能化。

结构生态化比较好理解，就是未来互联网能源是以可再生能源为主，以传统能源特别是清洁的气体能源为支持的能源结构。

主体多元化将是互联网能源带来的市场格局的变化。分布式能源会产生众多产用能一体的新市场单元，从而形成多元的市场主体。而市场主体越多元，消费者对传统大能源公司的依赖就越低。

交易多边化则是在主体多元化基础上，互联网能源带来的更为深刻的变化。由于在互联网能源结构中，"人人既是消费者，同时也可以成为生产者"，因此，如果你把互联网能源比作"能源淘宝网"的话，那么这个"能源淘宝网"就不再是单边交易，也不是双边交易，而是多边交易。换句话说，各类主体在这个市场里既自由竞争，又相互协作，最终实现能源效率最优和能源价值的最大化。

商品标准化是在交易环节对互联网能源提出的新需求，它需要一种装备，能将不同品类的能源进行高效便捷的相互转换。比如我要的是热，你家多余的是电或气，那就需要把电或者气转换成热。根据客户的需求，灵活地输出热、电、冷等不同品类能源是未来互联网能源的一大特色。

就像今天的电商，物流瓶颈会导致"肠梗阻"一样，互联网能源也离不开物流智能化。物流网络的智能化包括两方面：一是要消除行业壁垒，实现自由接入和管网互通互联；二是要实现智能化能源配送。因为复杂的多边交易和双向流动对能源输送系统挑战很大，没有智能手段很难实现，这也是实现交易的重要基础。

互联网能源是从客户的角度出发构建的能源生产消费模式，是去垄断、去中心化的"无中心网络"。

（3）更低的成本、更优的服务——"互联网能源"将给消费者带来更大实惠。

如果是淘宝用户，你可能已经体验到互联网商业给消费者带来的好处。至于互联网能源，我觉得也不外以下三点：更低的成本、更优的服务、更自主的权利。

首先是低成本。这一点有人或许难以理解：规模才出效益，分散怎么也会提升效率呢？道理其实简单，虽然分布式缩小了单个产能单位的规模，看起来降低了规模效益。但是风、光等可再生能源不同于化石能源，其最大特点是"无所不在"，不用才是浪费。因此，通过互联网能源让更多分散的可再生能源得到利用是另一种形式上实现的规模化生产，从全人类资源角度看，它大大提升了利用效率，对个人而言，自己发电自己用则能降低成本。

其次是减少交易环节也会导致成本降低。比如，在传统能源体系里，你家的屋顶太阳能发的电用不完只能卖给电网。电网收了你的电再转卖别人，承担的是中间商角色。而在未来互联网能源中，你可以把多余的电直接卖给需要电的张三或李四。甚至你还可以把它变成热水，直接卖给楼下需要热水的邻居。去掉了中间环节，交易成本自然会降低。

竞争的充分和产用能一体赋予了用户更自主的选择权，这会扩大消费者的权利，有利于获得更优质的服务。

互联网能源不会一蹴而就，会有一个较长的实现过程。不过，它目前也已经不仅仅停留在理论上，互联网能源的地火已经在运行，围绕它的探索已经展开。比如新奥集团提出的泛能网，就是朝互联网能源方向的努力。目前我们研究多年的泛能机已经可以实现多种能源的输入、输出。泛能机和泛能能效平台等已经在长沙黄花机场、株洲神农太阳城、盐城亭湖医院、青岛的中德生态园等多个项目中得到应用，并取得了很好的应用效果，积累了丰富的经验。乐观估计，也许20年后，互联网能源时代会到来。

4. 互联网思维对话四：数字化东风汽车生态圈

朱福寿，安徽桐城人，湖北省第十一届人大代表，现任东风汽车公司总经理、党委常委。

（1）颠覆也好，改善也罢，互联网思维对传统产业的冲击不容回避。

对于传统产业而言，互联网思维的作用是颠覆也好，改善也罢，都没有错。因为，从不同层面，站在不同的角度，对互联网思维会产生不同的理解。如果站在改善的角度，互联网思维可以作为一种工具，所有的传统产业都可以利用它做改善、升级，甚至发生脱胎换骨的变化。但是，如果把互联网思维上升到哲学思维的层面，把"开放、平等、协作、分享"的"互联网精神"当做一种价值观，互联网思维将颠覆传

图 1-11　东风汽车 朱福寿

统产业的思维方式，对传统商业模式产生革命性的变化，进而推动一个重大的变革时代的到来。

互联网思维与传统的工业化思维相比，有六大区别。第一，产品更加人性化。从工业化思维企业主导型的产品策划，向用户主导型转变。第二，制造更加柔性化。传统工业强调大规模、标准化制造，追求规模效应。互联网思维更加注重个性化、单一化生产，因此，制造流程将更加柔性，最终将使订单生产成为可能。第三，服务延伸化。互联网思维对极致用户体验的推崇，将使未来企业间的竞争由目前的产品竞争延伸至增值服务的竞争，品牌有可能会被淡化。第四，组织更加扁平化。传统产业多层次、多事业单元的组织架构，有其合理性，但互联

网思维一定会引导组织更加扁平化。第五，经营虚拟化。传统产业的销售端更多由实体店来完成，未来，网上销售将覆盖越来越多的行业。第六，竞争更加系统化。传统的产业竞争是单一的产品链的竞争，互联网思维更看重生态圈的建设。

（2）未来的汽车将从传统的交通工具变成移动的、智能的生活载体。

未来的汽车将从传统的交通工具变成移动的、智能的生活载体。人们常说，汽车是改变世界的机器。汽车诞生120多年来，改变了我们的出行方式，拉近了人与人之间的距离，改变了人们的观念和行为方式，促进了工业化和人类文明进步的进程。从这个意义上说汽车改变了世界，一点也不过分。

那么，未来5~10年，汽车到底会发生哪些改变呢？有人说未来的汽车是"智能+新能源+安全"（IT+ET+ST），其实，**智能化、新能源和安全，是汽车永恒的主题**。但是，有了移动互联网的引入，上述三大领域将取得飞速的发展，尤其是在安全领域。有统计显示，90%以上的货车交通事故都源自驾驶员自身，包括错误的驾驶习惯、疲劳驾驶等。车联网的应用，将在很大程度上提升汽车的主动安全性能，而等到自动驾驶变为现实，类似安全事故则完全可以避免。

（3）互联网思维的影响将贯穿汽车产业从研发、生产、物流、营销，到售后服务、汽车后市场的全产业链。

互联网思维对于汽车行业的影响正在逐步深入，并呈现出加速状态。最先受到影响的是营销和服务领域。当前，汽车营销服务的主流商业模式依托4S经销店。对于企业而言，这种模式投资成本高、库存大、资金周转速度慢；对于消费者而言，无论是购车还是维修保养，都要付出更高的成本。一项统计显示，中国汽车经销商在过去5年增长了一倍，而美国和欧洲则减少了15%。2013年上半年，我国汽车4S经销店的净利润率小于2%，低于3%的行业平均水平。这说明，传统的销售服务模式已经不适应市场发展的需要。如同电子商务对传统百货业的替代一样，汽车电商、移动端营销、打通线上与线下等新的营销服务模式，一定会对传统4S店带来冲击。

其次是研发领域。既然互联网思维要求汽车从代步工具转变为移动的生活载体，从研发开始就必须满足这一要求。目前，正向开发一款全新的汽车，大概需要36个月、投资约10亿元，而完成年产10万辆的生产准备，又要花费10亿元。为了尽可能保证20亿元投资开发的车型能在市场上取得成功，汽车企业在商品企划阶段，要耗费大量的时间和金钱去聘请专业的调查公司进行用户调研。即便如此，依然不能保证商品企划100%准确无误。互联网思维开放、互动、分享、迭代等特性，以及大数据、云计算等技术，将彻底改变传统的用户调研模式，让汽车企业真正了解客户需求成为现实。这无疑会大大提升产品成功的概率。

当然，互联网思维的影响将贯穿汽车产业从研发、生产、物流、营销，到售后服务、汽车售后市场的全产业链。对此，汽车企业要有高度的危机感，如果还是按照传统的思维方式规划企业的中长期发展，未来的竞争力便无从谈起。面对互联网思维的机遇和挑战，汽车企业要不惧颠覆，顺势而为。

（4）融合发展，搭建统一、共享的"数字化东风汽车生态圈"。

针对移动互联网带来的变化，近年来，东风公司各个事业板块都进行了有益的尝试，也各有千秋。比如，在营销领域，东风日产两年多前率先成立了数字营销部门。截至2014年3月底，数字营销部为东风日产共提供377.3万条线索，新车销售21万台，占东风日产整车销售的11%。又如，在产品上，东风天龙重卡、东风标致408等车型，搭载了东风车载智能管理系统，实现智能手机与车联网互动的功能，可在手机上实现油量、水温、气压等数据的远程检测监控，得到了市场认可。

但是，我们也清醒地意识到，作为一家大型国有企业，践行互联网思维只靠旗下的事业板块各自为战，是远远不够的。在互联网与传统汽车行业的融合发展上，我们必须要有顶层设计，要上升到战略层面去思考问题。2013年5月27日召开的东风公司营销研讨会的主题，就是研讨制订互联网与公司的融合发展战略，在汽车营销、产品研发、汽车水平事业上，加大利用互联网思维进行创新改善的力度。

2014年，我们在营销及供应链协同领域将重点推进"东风汽车公司电子商务应用集成平台"的搭建。作为工信部"两化融合专项资金支持的电子商务集成创新试点工程"之一，这个应用平台将连接旗下各事业板块，以及用户、供应商、经销商、金融贷款、二手车置换等利益相关方，共同构成一个统一、共享、数字化的"东风汽车生态圈"。希望通过这个生态圈，整合东风旗下庞大的客户资源，围绕存量用户及新增用户数据，深挖用户需求，一方面提高商品企划的针对性，提升新产品的成功率，另一方面推动公司商业模式的创新，在汽车销售、售后服务、供应链金融、汽车零售金融等领域，打通线上线下，实现业务增值。

当然，我们在搭建平台、创建生态圈时，也会秉承开放性思维，积极与第三方机构展开合作。毕竟，开放、协作、分享都是互联网思维大力倡导的，汽车行业必须以这样的心态迎接信息革命的挑战。

【专栏 1-4】　　　　奥马：要做中国冰箱界的小米

在传统家电制造领域，越来越多的企业开始有意无意地用互联网思维来运作企业，其中不乏一些成功的创新者。例如，手机领域冒出了一个小米，而电视行业则杀出了一个乐视。至于冰箱、空调、洗衣机等传统家电又是否能仿效前者，用互联网思维行得通否？国内最大的冰箱 ODM 企业——奥马，给出了一个漂亮的几乎完美的回答，不仅是可以，而且表现还不错。

1. 愿景：一个声称要做中国冰箱界的"小米"

成立于 2002 年的奥马，由科龙的高管团队组成，此前一直为惠而浦、Candy、Indesit 等众多欧盟冰箱品牌做 ODM，2013 年奥马冰箱出口量为 348 万台，其中出口欧盟 255 万台，是中国冰箱出口单项冠军，"连续 5 年出口第一"、"冰箱总销量跻身行业前四"，并在欧盟收获"中国冰箱代工之王"称号。

在看到小米与乐视的成功后，奥马计划推出自己的品牌，想借这波互联网时代下的制造业浪潮上岸，从 ODM 模式中转型。

在 2C 市场，大部分人对奥马的名字比较陌生，然而在 2B 市场，奥马 ODM 身份早已是国内外众多大牌冰箱趋之若鹜的存在。

2. 思维：从"工程师思维"到"互联网思维"的转型

事实上，奥马从 2B 转向 2C 品牌，是一次企业思维上的革新，从"工程师思维"到"互联网思维"的转型。在 2B 市场，只需做好产品、质量、价格和对客户的服务，奥马就能赢得品牌方的订单，而 2C 市场就有很大不同了，有好的产品、好的性价比，但是品牌知名度不行，消费者仍然不买账，这是 ODM 企业转向 OBM 市场经常会遇到的难题。

工程师思维是一味地专注于做好产品，而忽视品牌传播的重要性，而互联网思维则是在好产品基础上极力地去做品牌传播。针对年轻群体的消费市场，奥马副总裁姚友军对互联网冰箱做了"卖文化，不卖产品；卖励志，不卖功能"的解读，其实，话中的含义是奥马想与年轻消费群体做相依的朋友，而不是利益上的买卖关系，其实质是粉丝经济的延伸体。

不过，面对互联网转型，奥马也有自己的困扰。姚友军在接受媒体采访时坦言："以前对媒体能不见就不见，即使成为出口冠军，也对别人的曝光感到很不好意思。现在做品牌，要面对媒体了，但内心还是抗拒。"相比小米、乐视的互联网出身背景，传统企业转型的奥马要适应互联网快速变化的节奏还需一段时间的摸索，互联网思维下的品牌传播，高调、活跃、作秀都是标配，奥马过去的低调显然不行。

奥马向互联网思维的转变，或将影响着一大批国内优质的 ODM 企业。若在冰箱市场获得成功，奥马案例对传统企业更具说服力，毕竟相比小米、乐视，奥马才是与它们处境最为相似的。

互联网带来的是机遇不是威胁，奥马已率先展开行动，其他传统制造业同行，也适时考虑如何把握住这次的机遇，从最基层的代购模式走出来。

四、互联网发展的盖世神功：云物大（CTB）

在这个信息技术蓬勃发展的时代，物联网方兴未艾，云计算风起云涌，移动互联网崭露头角，大数据初露锋芒，在这些新技术及应用百花齐放之时，物联网、云计算与大数据是当今业界的热门话题，当今世界信息技术日新月异，以新一代移动通信、下一代互联网以及物联网为代表的新一轮信息技术革命，催生出新技术、新产品和新应用。

1. 什么是云物大

在互联网时代，云计算、物联网、大数据这些高科技概念一个接着一个，好像赶场子串门似的，来得太快，让人眼花缭乱。最近还冷不丁地冒出了一个更有霸气、更有韵味的新词，叫"大智移云"。简而言之，就是大数据、智慧城市、智能化、移动互联网和云计算合起来的统称。如今的大数据和云计算已经作为社会发展动力中新一轮的创新平台。物联网则是产生大数据的重要来源之一，目前有各种各样的传感器搜集到很多数据，为了解释这些大数据，就需要用到云计算、数据挖掘等技术。可以说，"大智移云"是互联网时代这些新技术的大杂烩。

信息技术的进步，使得互联网进一步发展。移动互联网的出现，让互联网比之前更加强大。从本质上说，互联网的发展，离不开云计算、物联网、大数据这三大最新的信息技术。有人说，没有云计算、物联网、大数据的出现，互联网就不能实现真正的人与人、人与物的大互联。2012 年是云计算的实践年，2013 年是大数据元年，2014 年是物联网的元年。PC 时代以计算机为中心，而到了网络时代则以软件为中心，云计算时代以服务为中心，物联网时代以应用为中心，最后大数据时代则以用户价值为中心。可以说，云计算、物联网、大数据已经成为互联网发展的三大核心技术，习惯称之为云物大。

随着互联网、云计算、物联网、大数据、移动互联网接踵而至，IT 已改变甚至颠覆了我们所生活的时代。由于这些 IT 技术，给我们带来的不仅仅是技术的变革，更多的还是思维上的变化。最近出的互联网思维就是从中应运而生的。互联网思维，离不开互联网发展，而互联网发展必须依靠云计算、物联网、大数据等技术。信息技术发展，改变思维方式，进而带来生活便利。

2. 云物大的趋势一：云来了

2014 年来临之际，调研公司 IDC 就曾对 2014 年九大技术趋势进行过预测。其中就包括云计算、物联网和大数据这三种趋势。首先，企业将投入大量资金到云计算。2013 年，各大厂商都开始关注云计算。2014 年，各大企业在云计算方面的支出将会是令人难以置信的。IDC

图 1-12　云来了

预测，2014 年，云计算方面的支出将会达到 1000 亿美元，较 2013 年提升 25%，这其中包括硬件云服务提供商为了迎合消费者的需求而必须购买的产品。亚马逊和谷歌将在云计算领域展开一场战争。2014 年，云计算将会变得越来越专业化，更多的云服务将会针对特定的行业推出。IDC 预计，2014 年，亚马逊网络服务将会针对开发者和企业推出大量的新服务，而谷歌也会大力发展云计算服务。而在 Pre-cloud 时代发展得不错的所有 IT 公司，诸如思科、惠普、IBM、EMC、微软和 Vmware 也将会与亚马逊和谷歌在云计算领域展开角逐。

3. 云物大的趋势二："物联网"实现了

"物联网"将会成为现实。2012 年，一个新版的互联网出现，它允许数十亿部设备加入到互联网中创建所谓的"物联网"（IoT）。2013 年，诸如思科和 Salesforce 等大型 IT 供应商开始发布他们的首个"物联网"产品。IDC 预计，2014 年，将会有更多的大型供应商，甚至是初创公司对外推出"物联网"产品。2020 年，"物联网"所产生的收入将会高达 8.9 万亿美元。

4. 云物大的趋势三："大数据"越来越大了

"大数据"越来越大。IDC 预计，2014 年，在"大数据"技术和服务方面的支出将会大幅增长 30% 至 140 亿美元。"大数据"是企业访问存储在它们的数据

图 1-13　"物联网"将会成为现实

中心和互联网其他地方中的大量数据。它们使用计算机去解析这些数据来预测业务条件和服务客户。如今"大数据"已经成为最热门的 IT 词汇。2014 年，"大数据"应用程序将会以"云服务"的形式提供给企业，企业将会以"服务"的形式购买"大数据"，而无须亲自建立"大数据"。

物联网、云计算、大数据已经进入我们的生活。我们都在享受物联网、云计算、大数据给我们的生活带来的便利。"云"的互联网时代，云计算以迅雷不及掩耳之势影响和改变着我们的生活，从企业家到创业者，从商业到生活，你爱或不爱，云就在身边。物联网时代，人与物之间、物与物之间随时随地地交流。大大小小的物体都将成为互联网用户，万物成了我们的同类，它们彼此可以自行交流，而不需要人类的干预。大数据时代，《大数据时代——生活、工作与思维的大变革》一书的作者——被誉为"大数据时代的预言家"的维克托·迈尔·舍恩伯格就认为"大数据"对人们生活、工作和思维方式的影响："就像望远镜让我们能够感受宇宙，显微镜让我们能够观测微生物一样，'大数据'正在改变我们的生活以及理解世界的方式，成为新发明和新服务的源泉，而更多的改变正蓄势待发……"

可以说，在这个"无处不在的网络、无处不在的应用、无所不能的服务"的时代，移动互联网快速扩展，全面渗透到各个领域。互联网技术产业化，所有产业互联网化，成为未来商业潮的两大主旋律。互联网思维正成为现代社会真正的基础设施之一，就像电力和道路一样。互联网不仅是用来提高效率的工具，更是构建未来生产方式和生活方式的基础设施。因此，可以想象，互联网思维必将成为一切商业思维的起点。

【专栏1-5】　　　物联网、云计算、大数据走进高考阅卷场

重庆市教育考试院邀请部分考生走进2014阳光高考评卷现场，全程参观高考阅卷过程，云计算、大数据、物联网等新技术的应用，让考生们对自己高考分数的准确性大为放心。

1. 扫描机 ——90余万份试卷 扫描切分题块

2014年，重庆市实际参加高考人数232492人，试卷数量90余万份。这些考卷被计算机扫描后切分成不同题块，随机分发给阅卷老师评阅。重庆市共有1457名阅卷老师入场，使用1520台电脑进行网上阅

图 1-14　重庆高考阅卷现场

卷。阅卷老师必须把手机、水杯、背包等物品放在阅卷室外，进入阅卷机房要经过金属探测仪检测。

在阅卷场扫描室，工作人员取出一叠试卷，每个试卷袋上都编有数字，扫描机会自动识数。扫描时，还有三名工作人员协同操作，扫描试卷份数和清晰度都会得到认真核实。据介绍，扫描室的13台扫描机每天要扫描20万套试卷。

2. 物联网——现场全天监控 录像保留两个月

高考阅卷场还首次增加了物联网视频监控系统，对阅卷场实施24小时监控，200多个摄像头监控着每个阅卷室，阅卷老师有任何小动作，都逃不过高清摄像头的眼睛。《重庆晚报》记者在现场看到，这些视频监控设备的画面非常清晰，甚至能清楚地看到桌子上的苍蝇。

"监控人员用手机就能实现监控，可以随时把镜头切换到阅卷室任何一个位置，覆盖老师们阅卷的每一个环节。整个阅卷流程录像保存两个月，以

备后查。"阅卷场相关负责人说。

3. 云计算——成绩快速合成 避免人为失误

高考阅卷场还采用了云计算和虚拟化技术，大大提高了计算机的性能。阅卷场负责人介绍，专门建立的云计算平台内存达到3T，并配备相当于100台普通服务器的高性能存储器。

云计算的引入让工作人员对成绩的合成更加得心应手。该负责人介绍，阅卷老师的电脑都从云上提取数据，速度比以前从服务器硬盘读取提高10倍以上。而且，云中的数据都是碎片化存储，如果没有专门软件，即使下载后也无法读取，确保了阅卷的安全。

该负责人还表示，为避免在成绩合成的环节出现误差，高考成绩将由两组人员按照不同的方法、用不同的软件分别独立进行成绩合成，并对两组合成的成绩进行比对，检查是否完全一致。通过云计算技术的专门成绩合成程序，可以在1小时内完成几十万名考生、数十个科目的成绩快速合成，避免人为操作失误。

考生也不用担心网络黑客问题，"因为阅卷场的云计算并不接入互联网，评卷场的网络是一个独立的局域网，与外界进行了物理隔绝。"该负责人说。

4. 大数据——分析考生成绩 发现异常纠偏

高考阅卷场还引入了大数据，用计算机对成绩进行数据分析和校核，发现异常及时纠偏。

阅卷场工作人员会对每个考生的主客观成绩的一致性进行分析，检查考生的主观题与客观题的差异情况。例如一个考生的客观题得了高分，而主观题却得分很低，这种情况通常比较少见，就需要对其进行调查，避免因试卷、条形识别码、密号考号对应、子图对应、漏评、问题卷未及时处理等引起的成绩差错。

对相关科目的成绩也要进行数据分析。"一般来说，学生的科目成绩是相关联的。比如，数学成绩好的考生，理科综合中的物理成绩不会很差；语文成绩好的学生，文科综合成绩也不会很差。"该负责人说，在成绩合成后，工作人员将对考生的相关科目成绩进行大数据分析，如果二者之间的差异超过设定的值，将对考生的试卷进行查卷。

此外，对语文作文和英语作文的成绩也将进行大数据分析并进行比较，如果语文的作文得分与英语的作文得分差异过大，也要进行查卷，以进一步提高作文阅卷的准确性。

五、"云物大"的内功心法：互联网思维

天下武功皆出少林，何也？集武功之大成，得内功之心法！哪是什么"九阴真经"、"葵花宝典"等歪门邪道的东西所能比拟的！"云物大"是什么？互联网思维是什么？以"中国功夫"作比喻就很清楚，"云物大"是互联网"江湖"的上乘武功，如"易筋经"、"无相神功"、"九阳神功"等，而互联网思维是支撑这些威震互联网"江湖"上乘武功的内功心法。

1. 剖析"云物大"：互联网的上乘武功

"云物大"属上乘武功，且威震互联网"江湖"，那真还得从其克敌制胜的三大法宝——云计算、物联网和大数据说起。

（1）云计算——易筋经。

《易筋经》——"易"是变通、改换、脱换之意、"筋"指筋骨、筋膜，"经"则带有指南、法典之意。《易筋经》就是改变筋骨，通过修炼丹田真气打通全身经络的内功方法。这个不就与云计算的计算功能一样嘛！云计算通过精简结构，快速收集数据，使数据能很容易地在器件上流通，并能立即对设备做出敏捷反应。而且，这种计算方式可使设备可以更有效地运作，甚至可以自我修复。

【专栏1-6】　　　如何利用云计算提高数据中心的效率

云计算是一种基于互联网的超级计算模式，即把存储于个人电脑、移动电话和其他设备上的大量信息和处理器资源集中在一起，协同工作。它是一种新兴的共享基础架构的方法，可以将巨大的系统池连接在一起以提供各种IT服务。很多因素推动了对这类环境的需求，其中包括连接设备、实时数据流、SOA的采用以及搜索、开放协作、社会网络和移动商务等这样的Web2.0应用的急剧增长。另外，数字元器件性能的提升也使IT环境的规模大幅度提高，从而进一步加强了对一个由统一的云进行管理的需求。

云计算是一种全新的商业模式，其核心部分依然是数据中心，它使用的硬件设备主要是成千上万的工业标准服务器，它们由英特尔或AMD生产的处理器以及其他硬件厂商的产品组成。企业和个人用户通过高速互联网得到计算能力，从而避免了大量的硬件投资。简而言之，云计算将使未来的互联网变成超级计算的乐土。"云计算的基本原理是，通过使计算分布在大量的分布式计算机上，而非本地计算机或远程服务器中，企业数据中心的运行将与互联网更相似。这使得企业能够将资源切换到需要的应用上，根据需求访问计算机和存储系统。" IBM高性能随需解决方案团队副总裁Willy Chiu说（见图1-15）。

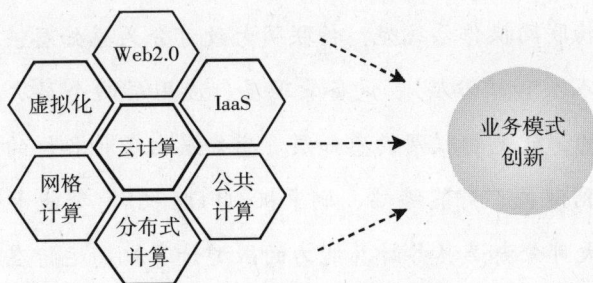

图1-15　IBM云计算服务模式

这可是一种革命性的举措，打个比方，这就好比是从古老的单台发电机模式转向了电厂集中供电的模式。它意味着计算能力也可以作为一种商品进行流通，就像煤气、水电一样，取用方便，费用低廉。最大的不同在于，它是通过互联网进行传输的。这场技术竞赛吸引了众多参赛者，包括 Sun、IBM、微软、Google、亚马逊等信息业巨头都已经循迹而来。"云计算正在兴起。"微软超级计算机研究员 Dan Reed 也说，"推动云计算兴起的动力是高速互联网连接的发展、更加廉价且功能强劲的芯片以及硬盘、数据中心的发展。"

（2）物联网——九阳神功。

九阳神功融会贯通武学至理，通过打通全身所有几百个穴道修炼而成，练成后天下武学皆可用。这与物联网利用局部网络或互联网等通信技术把传感器、控制器、机器、人员和物等通过新的方式联在一起，形成人与物、物与物相联，实现信息化、远程管理控制和智能化的网络。**"筋脉贯通=物物相联！"**

【专栏1-7】 中国首款物联网操作系统 2014 年 7 月 22 日发布

2014 年 7 月 22 日，庆科 MXCHIP 与阿里巴巴智能云联袂在上海创智天地广场举办中国第一款物联网操作系统 MICO 发布盛典暨 MICO 联盟成立大会。

那什么是物联网操作系统呢？物联网大致可分为感知层、网络层（进一步分为网络接入层和核心层）、设备管理层、应用层四个层次。其中最能体现物联网特征的，就是物联网的感知层。感知层由各种各样的传感器、协议转换网关、通信网关、智能终端、刷卡机（POS 机）、智能卡等终端设备组成。这些终端大部分都是具备计算能力的微型计算机。运行在这些终端上的最重要的系统软件——操作系统，就是所谓的物联网操作系统。

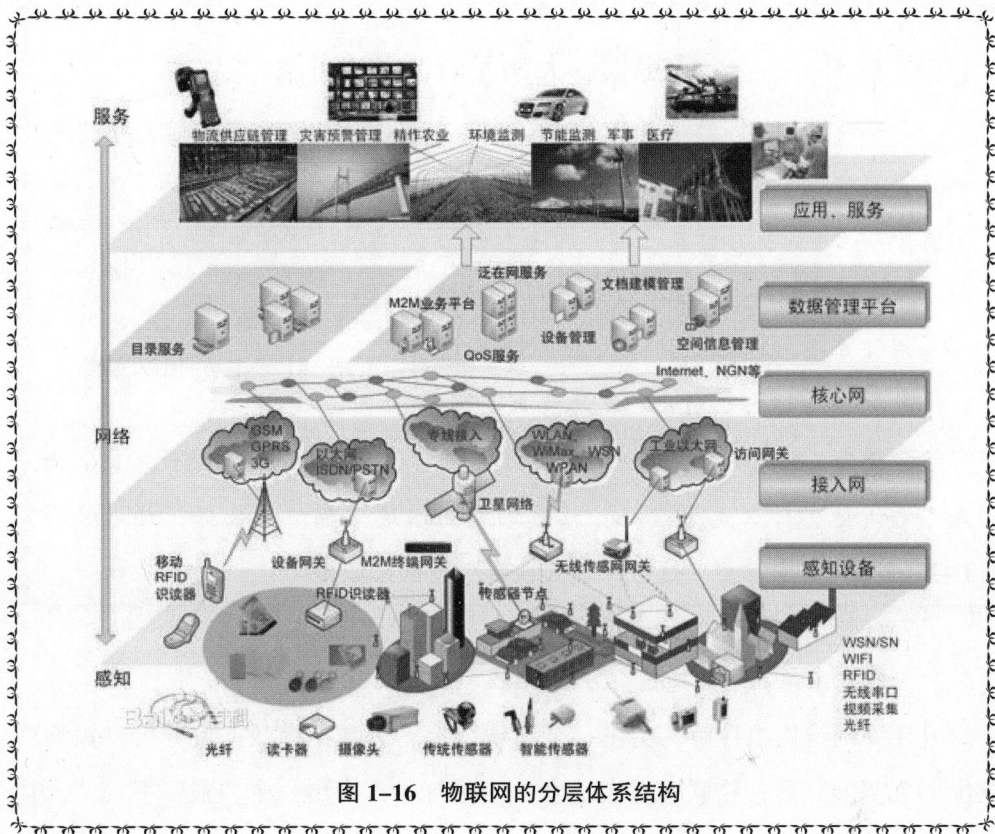

图1-16 物联网的分层体系结构

（3）大数据——无相神功。

无相神功是佛门双宝之一，其主要特点是不着形相，无迹可循，只要身具此功，再知道其他武功的招式，倚仗其威力无比，可以模仿别人的绝学甚至胜于原版。对"大数据"而言，照片也好，数字也好，一切皆数据，数据是唯一的"实相"，所有的东西都用数据收集、存储、处理，大数据是人类全息档案库。而且大数据处理也是全数据处理的方式，大数据技术的战略意义不在于掌握庞大的数据信息，而在于对这些含有意义的数据进行专业化处理。

同时大数据威力无比。微软史密斯这样说："给我提供一些数据，我就能做一些改变。如果给我提供所有数据，我就能拯救世界。" 三分技术，七分数据，得数据者得天下。

【专栏1-8】　　　　大数据：大相无形，无迹可循

最近可能关注大数据太多了，走到哪里似乎都能看到大数据的身影。而且，基本每个展会、高峰论坛、沙龙等都在问同一个问题"什么是大数据"？很多专家级别的演讲者会用4个V（Volume、Velocity、Variety、Veracity）来表达自己对大数据的专业理解，

图1-17　主动拥抱大数据

但是非专业人士还不会太懂，一转身还是会忘记。最好的办法就是拿出实例来，告诉他们什么是大数据？让他们更主动地来拥抱大数据，就好像图1-17里面的美女一样。这男人哪里来的！大数据里的？

2. 互联网思维：明心见性，万法归宗

云计算调结构搞计算，突出一个"快"字；大数据存数据重分析（预测），突出一个"准"字；物联网虚实结合、一网打尽，突出一个"狠"字。"云物大"是互联网的最核心的技术，它们都是互联网"江湖"的盖世神功，谁拥有三者中的任何一项绝技，都可独步天下号令江湖了。这三项"盖世神功"都源自互联网技术，都能使互联网"江湖"越来越大，水越来越深……

（1）明心见性。

互联网思维是什么？是人的思维模式，是活的，只是一种方法或指导原则。

"云物大"是什么？是人创造的技术实物，是需要人来操作的。

因此，它们的关系就简单了，"云物大"催生互联网思维的形成和发展，互联网思维指导约束"云物大"的发展。可以看下面两个等式：

- 互联网思维=互联网文化×思维模式。
- 互联网文化=精神+价值+技术。

因此，互联网思维=精神思维模式+价值思维模式+技术思维模式。

精神思维模式主要是道德或哲学方面的思考方式，就像少林神功还得进行佛

法修行，即不仅要武功了得还得考虑怎么让"开放、平等、协作、分享"互联网精神发扬光大；价值思维模式主要是商业模式上的思考方式，主要是盈利模式的思考方式；技术思维模式如何用合适的方法、规则、时机来指导、处理技术创新和技术工作的思想。

（2）万法归宗。

世间是运动的，并且在运动中形成三流"信息流、资金流和物流"，结成了三个关系"信息链、资金链和供应链"，别小看这"三流"、"三链"，它们像武侠江湖里的正派"三教九流"和邪教的"神秘组织"，扰动只有短短 40 多年的互联网"江湖"发生风风雨雨，甚至是腥风血雨的事故，留下了多少爱恨情仇、笑傲江湖的故事……

"云物大"是盖世神功也好，是绝世奇葩也罢！得有人练吧！练功的人总是要在互联网的"江湖"上混的，那么要不要讲江湖道义？要不要过日子？要不要练好本事防止被人砍？因此，这就涉及精神思维模式、价值思维模式和技术思维模式等，这些人得有互联网思维指导和统领呀！不然，怎么能抵挡住"三流"、"三链"的诱惑和冲击？怎么能做到君子爱财取之有道呢？怎么能练就绝世神功呢？万法归宗：互联网思维是修炼"云物大"神功的内功心法。

第二章 云计算

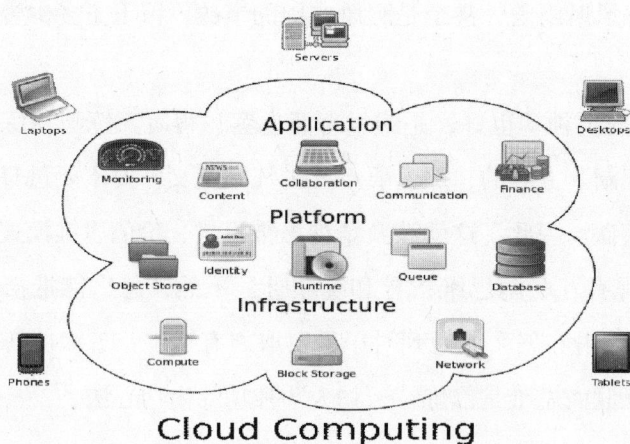

Cloud Computing

云计算是一种基于互联网的计算方式，通过这种方式，共享的软硬件资源和信息可以按需求提供给计算机和其他设备。这种计算方式是分布式计算（Distributed Computing）、并行计算（Parallel Computing）、效用计算（Utility Computing）、网络存储（Network Storage Technologies）、虚拟化（Virtualization）、负载均衡（Load Balance）、热备份冗余（High Available）等传统计算机和网络技术发展融合的产物。云计算的主要服务模式有软件即服务（SaaS）、平台即服务（PaaS）、基础架构即服务（IaaS）。

互联网的计算技术创新——云计算，催生信息链的商业模式创新。

一、享受"云"端的快乐生活

云计算是一种新的技术，它像 IP 技术一样，可以用在任何有信息传播需要的地方。如同 IP 改变了整个通信产业一样，云计算也将改变整个信息产业。未来信息的广阔包容，规模无比，覆盖天涯，蓬勃发展，风起云涌，烟消云散……多么变幻无穷，多么像云一样不可估量，这多么形象地描述了未来的信息浪潮。获得信息需要技术的变革、商业模式的创新，它的特性决定了，任何人都无力独揽狂澜。开放、合作是云产业未来的最重要的标志。

1. 生活娱乐无极限：阿里云与央视携手直播 2014 巴西世界杯

2014 年 6 月，人们翘首期待四年一次的世界杯拉开了战幕。在大家为世界杯而雀跃欢呼的时刻，商家们也是几多欢喜几多愁。不过云计算也没闲着，趁着世界杯激战正酣的热度，阿里云与央视合作推出直播世界杯的"CCTV5"APP，接着"污染地图"APP、"脸萌"APP 粉墨登场，可谓是热浪一波一波袭来，让我们有点眼花缭乱。但这些都是阿里云推出的一个又一个杰作。

（1）跨界运营中的云计算平台：阿里云。

为了对我们身边的云计算有更直接、更清晰的理解，我们还是先来认识一下中国本土做得比较好，也比较棒的云计算平台——阿里云（见图 2-1）。

图 2-1　阿里云：打造互联网数据分享第一平台

阿里云计算（以下简称阿里云）是阿里巴巴集团于 2009 年 9 月才宣布成立的子公司，主要专注于云计算领域的研究和开发。目前，阿里云在杭州、北京和硅谷等地设有研发中心和运营机构。阿里云的目标是要打造互联网数据分享的第一平台，成为以数据为中心的先进的云计算服务公司。2011 年，阿里云官网成功上线。同年，阿里云·OS 正式发布，第一台云智能手机开始销售。2012 年，阿

【专栏 2-1】　　　　　　生活中的云计算

日常办公和生活云计算服务日渐走向身边，云计算时代渐露端倪。随着云计算技术的日益成熟，人们可以在日常生活中切实体会到云计算带来的便利。

1. 云存储

在国外，云存储服务已经得到市场认可，拥有庞大的用户群和成熟的商业模式。国内在这方面的服务刚刚起步，像"微盘"等专用的云存储应用开始出现。它们能够被安装到不同系统平台的设备上。使用时，用户可以在本地计算机上创建及修改文件，然后自动同步到网络的微盘上；到另外的地方，用户可以使用平板电脑等移动设备，继续修改微盘上的文件，并再次进行同步。对于用户来说，微盘就像一个不需要随时携带，但却可以随时使用的 U 盘一样。

2. 云音乐

平板电脑、手机、PC……每种设备的处理性能并不相同。比如，一首几MB 大小的 MP3 文件，能在上述几种设备上正常播放。但一首几十 MB 高保真 APE 格式的音乐文件，也许能够在电脑上流畅播放，却无法在手机上正常播放。因此，不同设备对音乐文件的质量也有着不同要求。云音乐应用能够在平板电脑、手机、PC 上显示云端同步的播放列表，还会根据用户的设备，自动选择相应音质的音乐文件。这些工作都是由软件在后台完成，用户无须进行操作。

3. 云视频

云视频应用能够自动识别用户所使用的播放设备类型，从而提供更适合的码率及分辨率的视频文件。行业内热议的"三屏合一"即是基于云计算：在家中可以使用电视播放视频；出门后，可以继续使用手机、平板电脑断点续看。远程视频云计算服务器，不但能够记录用户的播放停止处，还能够自动识别使用的播放设备，从而选择更为合适的视频文件。大量的工作交由云计算机去完成，用户只需要自由且方便地在不同环境下观看即可。

4. 云搜索

搜索引擎对大家来说并不陌生，不过很多人可能还不知道，搜索也已经步入"云"时代。云计算的核心是让用户从繁重的工作中解放出来，更多的工作交由远程的云计算机完成。谷歌出现后，抛弃了繁重的目录式搜索方式，大量的工作在谷歌的搜索服务器上完成，直接反馈给用户搜索的结果即可。从谷歌与雅虎搜索地位的对调，即可看出云计算对整个互联网产业的颠覆。

5. 云备份

平均1~2年更换一部手机，对于很多用户是常见的事。不过，每逢更换手机，最大的问题是通讯录的重新录入。传统的方法是通过手机自带的软件，将通讯录备份到电脑上，再重新导入新手机中。如果你丢了手机，又换了另一个品牌的新手机，那可就麻烦了。

现在，在各种云服务的帮助下，更换手机时，用户无须担心通讯录的重新录入问题。目前最常见的 iPhone 手机、安卓手机以及微软 Windows Phone 手机，都支持通讯录的网络云端备份功能。以 iPhone 手机为例，它内置了苹果的 iCloud 服务，能够直接将手机的通讯录同步到 iCloud 网站上，用户即便更换任何一部 iPhone 手机，也可以直接从"云"上下载通讯录。微软 Windows Phone 手机也支持类似的通讯录"云"备份功能。

6. 云杀毒

传统的杀毒软件需要定期进行病毒库更新。这种模式有两个弊端：一是更新病毒库时，需要耗费带宽资源，下载需要时间；二是杀毒软件的病毒库往往都滞后于新型病毒的爆发，杀毒软件自身有被病毒侵袭的风险。启用云杀毒应用后，上述的两个弊端都可以很好地避免。云杀毒的原理是将所有的病毒库都放置于网络中的杀毒服务器上，在网速足够快的前提下，本地计算

"污染地图"如何做到对污染源头的实时监督？190 个城市空气指数和污染浓度以及高达 3685 家废气排放企业的实时监控数据，所有数据每小时更新一次，这么庞大的数据，必然对数据的计算和处理能力要求极高（见图 2-4）。

图 2-4 阿里云"污染地图"的实时监控数据

过去，使用传统 IDC 服务，受限于服务器规模对于短时大量的并发访问无法承受等问题，很难对海量数据进行采集和存储。

"污染地图"的开发机构国内非营利环境组织"公众环境研究中心"找到了阿里云，借助云计算快速部署、弹性扩展的特性，解决其应对短时间内大量用户的并发访问，让公众在第一时间了解到身边的雾霾、污染等环境问题，真正让环境保护和环境监督融入到了每个人的生活当中。

阿里巴巴自 2011 年以来，已经和 20 多家民间环保机构一起，对近百家非法排污企业进行了整改，并与大自然保护协会等一起参与了长江水源地的保护。现在有了云计算和移动互联网等工具，有信息公开及公众参与的渠道，向污染宣战已经不再是口号。

此外，该 APP 还采用绿色采购引导绿色生产的理念，公布了 80 多个知名品牌的绿色供应链管理排名，让大众通过投票推动减排（见图 2-5）。在曝光高污染企业的同时，让大众了解更多绿色品牌，起到双向促进作用。环保人士认为，这是一种可以让更多人关注环保问题的方法，公众监督排放数据将有助于地方政府约束污染排放者。

图 2-5 "污染地图"APP 中绿色供应链管理排名界面

3. 创业的好帮手：云计算为你开启未来之梦

ShopEx 创始人之一、ShopEx 技术副总裁徐唤春认为，云计算技术在电子商务行业里，最大的优势在于能够帮助企业降低运营成本，即使是中小企业也可以通过低廉的价格获得大企业的技术。同时，云计算可以帮助中小企业和创业者实现集约化的效果，方便地收集和分析数据，也可以给创业者提供便利和机会。

（1）借力阿里云开始创业，"MYOTee 脸萌"APP 突破 3000 万用户。

2014 年 6 月 18 日，在淘宝论坛有个很吸引眼球的帖子"3000 万用户的脸萌IT 投入多少钱？73 元！！"，不仅让很多创业者争相学习与传颂，而且让脸萌这个小玩意着实火了一把。如果用一句话来形容热门 APP "MYOTee 脸萌"，那就只有："火到没朋友了。" 因为它霸占了身边所有人的微信头像，下载量突破 3000万，日增 300 万人刷脸。但最令人不可思议的是，一款突破 3000 万下载量的APP，官网要投入多少 IT 运维成本？100 万元？10 万元？答案是每月 73 元。

这就是火到没朋友的"MYOTee 脸萌"，如图 2-6 所示。而它的创造者是一个地道的"90 后"团队，当初没钱没背景，在深圳宝安的出租屋里，靠着对"海贼王"的热爱和一股子冲劲儿，懂得利用云计算节省 IT 成本，就这么一步步走到了今天。

图 2-6　MYOTee 脸萌微信头像

脸萌每月在阿里云购买了 73 元的云服务器，这几乎可以忽略的成本，支撑了他们全部的官网访问。"创业早期，购买选择云服务器的最大考虑是成本低、方便、维护简单。"作为创业团队之一的梁坚锋介绍，脸萌的火爆，确实给官网带来了很大的访问量。"严格来说，脸萌的官网就是一张静态网页，没有做任何的 SEO。在火爆之前，几乎没人访问，火爆后，我亲眼看到后台的访问量一下子翻了上千倍！"

从 2013 年 8 月到现在，脸萌唯一一次增加官网 IT 投入，是花 72.92 元，耗时 3 分钟，通过阿里云客户服务后台，对云服务器的带宽做了一次升级，以应对端午节后突然飙升的用户访问量。

坚持卖萌、闷骚、搞怪、自我挖苦和调侃。脸萌的一夜爆红，被很多人解读为简单好用、草根儿气质、参与感强。这些无可厚非，但更重要的是，他们来自一群比起"70 后"、"80 后"，更能够接受新鲜事物，愿意接受挑战的"90 后"。

其实，"90 后"的创业者们，并非只有疯狂的理想，没有精打细算的头脑。相反，他们更具备蓬勃的创新想法和冒险精神，在资金、基础设施等投入不高的情况下，更愿意借助新技术、新服务来实现梦想。来自全球最高速、最安全的云计算平台阿里云的内部数据：在其平台进行创业的团体中，"80 后"已发展成为绝对主力，特别是在游戏、移动等与云计算结合紧密的领域。同时，刚刚迈入社会的"90 后"团体也正成为不可忽视的创业力量，迅速崛起。

以上所述的三个例子是阿里云的精彩应用。利用阿里云，直播世界杯赛事，为亿万球迷带来视听享受盛宴；借助移动互联和阿里云，实时监控企业工厂废气排放数据，发动群众参与公益环保；租用阿里云服务器，"MYOTee 脸萌"APP 上线，"90 后"实现轻松创业。可以说，阿里云已经渗透到我们生活的方方面面。世界杯直播、公益环保事业、个人微信头像，这些都是发生在我们身边的云。云计算的应用可谓是无处不在，只是有时候我们都毫无察觉而已。不远的将来，我们必将体验与分享着云计算所带来的便利，云计算也势必会进一步融入我们的生活，这也正如阿里云的宣传口号那样，为云计算开启未来之梦。

其实在中国云计算领域，除了阿里云外，腾讯、百度等互联网巨头都推出了各种各样的云计算服务，云计算应用在我国已经"遍地开花"。可以说，我们要说的是云计算已经融入我们社会。

图 2-7　阿里云：为云计算开启未来之梦

（2）聚石塔：开放的电商云工作平台。

聚石塔是由阿里巴巴旗下子公司：天猫、淘宝、万网、阿里云等多方联合打造的商业数据云项目。"聚石塔"（cloud.tmall.com），为天猫、淘宝平台上的电商及电商服务商等提供数据云服务，形成开放、安全稳定电商云工作平台。

通过聚石塔，商家除了可以享受基础云技术如虚拟主机及云数据库、数据推送、数据集成、资源弹性升级等云端服务外，还可以在后期享受物流、订单、账户权限等开放与升级。天猫总裁张勇表示，这是阿里集团数据分享战略的再进一步。通过开放的电商云工作平台将整合电商生态系统的全链路数据，帮助商家提高运营管理效率、降低成本，从繁电商转变为易电商，最终为消费者提供更确定性的服务。

安全的商业环境	伸缩的基础资源	精准的数据同步	高效的信息集成
云端安全机制，性能自主优化，让您的数据享受超高安全等级和高效运作。	资源弹性可变，大促应对自如，让您的资源投入更加合理性和利用高效性。	海量电商数据，实时全量推送，为您的系统获取数据提供最准确的保障。	卖家单点登录，系统互通互联，给您的企业带来流畅的业务运营管理流程。

图 2-8　聚石塔：开放的电商云工作平台

阿里集团把聚石塔定义为一个"开放的电商云工作平台"，它的价值在于汇聚整个阿里系的各方资源优势，包括阿里集团下各个子公司的平台资源，如淘宝、天猫、阿里云、支付宝、万网等，通过资源共享与数据互通来创造商业价值。

据透露，聚石塔从 2012 年 1 月开始打造，5 月服务推出不到两个月的时间已有两万商家入驻并进行日常的管理操作，日均处理订单量超过 50 万单，一些典型的品牌如裂帛、阿芙、GXG、七格格、茵曼、欧莎、芳草集、橡菲、斯波帝卡、贝尔莱德等已经开始使用聚石塔的服务。

2012 年 7 月 10 日，天猫与阿里云、万网宣布联合推出聚石塔平台。3 个月之后，阿里的云计算技术聚石塔首次在电子商务领域进行大规模的实战。2012 年 11 月 11 日网购狂欢节，天猫与淘宝 191 亿元的支付宝一度成为热门话题。据官方数据显示，"11·11"狂欢节大促销当天，聚石塔内系统处理的订单超过天猫总量的 20%，比平时增长 20 倍，共服务近 12000 家天猫商家、17 万全网卖家，销售过千万的商家很多都使用了基于聚石塔的 ERP 和 CRM 系统。其中，通过聚石塔上的 ERP 系统处理订单量最大的商家当天完成 65 万笔交易。

聚石塔是基于阿里数据分享战略，旨在帮助企业快速发展电子商务的开放的电商云工作平台，旨在为天猫和淘宝第三方服务合作伙伴、商家提供一站式电子商务云解决方案。

【专栏 2-2】　阿里云：天猫双"十一"350 亿交易额的幕后英雄

2013 年的天猫双"十一"活动中，产生了 1.88 亿元的订单，这 1.88 亿元订单中，有两个商家的订单量都突破了 100 万单，突破 10 万单的有 42 家。这么多的订单量，不仅给商家的生产、销

图 2-9　天猫双"十一"购物狂欢节

售、服务、仓库、资金带来了前所未有的压力，也给商家的 IT 系统带来了很大的压力。

100 万是个什么概念呢？这个单量是国内另外一些电商平台梦寐以求的"整个平台"的销量，可知这个对商家的系统的要求是很高的，传统的 IT 解决方案根本无法承载如此大规模的业务波峰。而商家多数都只专注于商业，对技术并无所长，阿里巴巴并不能要求每个商家都养一支强大的技术团队。

2013 年有 75% 的全网订单，80% 的天猫订单，都是在云计算的系统上来处理的，构建在阿里云上的专属电商工作平台"聚石塔"承载了这部分工作。

云计算听起来比较遥远，其实其中的每一部分都是实实在在的好工具，一套完整的云计算工具包含 ECS、RDS、SLB、OSS、OCS，商家获得这一套体系，等于把系统交到了阿里巴巴的工程师手里，这能保证安全可靠、弹性稳定，而且还十分便宜。

阿里云弹性计算平台（Elastic Compute Service，ECS），简单来说就是一台远端的服务器，用户可以像使用"远程连接"一样去访问它，把用户的应用程序部署在上面，可以随时随地来使用。机器上的网络、电源、存储、机柜等设备都不需要用户操心，这样就彻底省去了运维上的成本。它更大的优势是可以弹性扩展，在阿里云有数万台的机器，当一个用户所用的机器不够的时候，可以随时平滑扩容，这样就可以要多少就买多少，不必为了"百年一遇"的状况买很多设备而平时又闲置无用。在天猫做生意的商家尤其适用这种状况，万一哪天打出一个"爆款"，或者上了聚划算，参加了双"十一"，都会让商家的服务量突然来一个脉冲式的暴涨。而对于传统的 IT 方案来说，需要技术人员管理机器的软硬件设备，高峰期如果是平时的 100 倍，就要准备 100 倍的冗余设备，这个成本非常大。

阿里云关系型数据库（Relational Database Service，RDS），商家运行的软件系统几乎都要和大量的数据打交道，这就需要一个云端的数据库服务器。聚石塔提供了一个数据同步的组件，一端连接淘宝的主数据库，一端连接 RDS，只要在淘宝上有成交，这个组件就把商家的订单数据同步到 RDS 里面，让商家的数据能够跟淘宝保持一致，不会说淘宝上有成交了，商家系统里面还看不到，那他就要抓狂了。在没有这个功能之前，在面对大规模订单量的时候，商家通过淘宝开放的 API，经公网下载数据，这常常会漏单，甚至订单被第三方获取，不仅损失了生意，还会被人投诉。

服务器负载均衡（Server Load Balancing，SLB）。当用户一台服务器不够用的时候，他需要多台服务器同时提供相同的服务，这时候一个服务请求是发送到哪一台服务器呢？这需要有个中间人做决策。就如同阿里巴巴有三个食堂，一个员工要吃饭的时候，去哪个食堂呢？最好能看到哪个食堂不用排队，然后把员工带到最闲的那个食堂去，SLB做的就是这个工作。

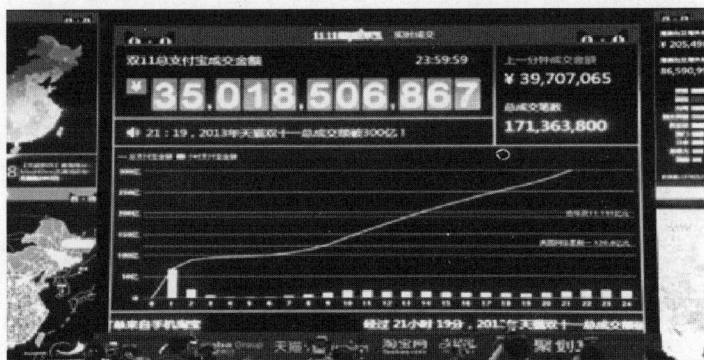

图 2-10 阿里的数据实时监控大屏幕

开放存储服务（Open Storage Service，OSS），这个比较容易理解，就是一个共享文件夹，常常会看到商家整理的客户服务标准话术、商品图片、客户资料等分门别类的文件，放在一台机器上不安全，复制很多又无法同步更新，这些需要放到一个安全可靠的共享空间里，OSS 是一个很好的选择。

开放缓存服务（Open Cache Service，OCS），当商家数据量比较大的时候，主机访问数据库也会开始变慢，数据越多，速度就会越慢，这个时候需要在主机和数据库中间加上一道缓存，这与电脑太慢了加内存是一个道理。今年有几个超大型的商家，都用上了 OCS，反馈很不错。茵曼的 CIO 告诉阿里巴巴："茵曼入驻聚石塔，本次双'十一'订单处理效率大幅提升，主要得益于由驻聚石塔提供的 RDS 数据推送和 OCS 开放缓存服务，大幅提升了转单效率。峰值 1 分钟转单达到 2000 多单，对比未入塔的情况下提升了 4~5 倍的速度。下单、转单均不存在瓶颈，也使得百胜 E3 系统在其他业务处理方面更为流程和稳定。"

在 2013 年双"十一"，阿里云的小伙伴们接到聚石塔的需求，提前进行了统一的弹性扩容，云主机扩容 30%，RDS 云数据库扩容 80%，带宽扩容 40%。在双"十一"前夕，再度查看商家的机器负载，给 20 多个商家又扩容一次。同时，阿里云部署在聚石塔上的"云盾"安全软件，也帮商家抵挡了 3 次 DDoS 攻击，最高流量达 19Gbps，使所有的商家平稳度过了战斗的一天。基于阿里云计算的聚石塔 0 漏单、0 故障，给双"十一"提供了强有力的技术保障。

二、云计算

云存储、云手机、云电视……各类云产品呼啸着闯入日常生活，云计算无疑是当今最热门的话题。然而，究竟何为云计算？究竟这朵"云"能给人们的生活带来哪些变化？这片"云"，是否真的是一片无所不能、无忧无虑的神奇乐土？

1. 云计算的定义

说到云计算，大部分人都云里雾里。在广东省云计算·物联网产业发展研讨会上，华南师范大学计算机学院教授赵淦森给出了一个简单通俗的解释：有了云计算，个人电脑将变得不再重要，网络就是电脑，所有的操作将在网络上完成，用户能够在云中安营扎寨。

"iPhone、iPad 等产品，其实用的也是云计算，人们不用去不同的地方搜索、下载、安装、支付和验证，而是直接通过一台手机就可以很方便地获得游戏、音乐等许多自己需要的服务。"赵淦森说，就像人们使用电力网络或者自来水一样，用户并不需要自己建一个电厂或水厂，只需要在家里安一个电表或水表，需要的时候，打开电源开关或水龙头就可以使用，最后按表付费就行了，云计算的目标是"像使用水电一样地使用计算"。

综上所述，云计算的定义，智者见智，仁者见仁，到目前为止还没有形成一个统一的概念界定。笔者简单地认为，云计算就是集合用户所需资源于一身并能通过互联网提供即时即需计算服务的一种技术服务模式。所包含的内容如下：

（1）"云"生活：所有操作都在网络上完成。

不需要服务器，只需要一台显示器和键盘，所有的操作都在网络上完成，用户只需要交纳一定的费用，便可以租赁到所有的服务，比如存储、办公系统等，这便是"云计算"的一个写照。

"我们常说，看得到才可能拥有，现在是看不见的也能拥有了，如今在电子信息领域有海量内容，都不用放在手机里，而是放在云中心，但您却可以通过云计算与物联网，以一部简单的手机获得无限量的内容。" TCL集团有限公司总裁薄连明以最新的云电视、云空调等家电为例介绍，这些基于云计算的电子产品，已经突破了传统家电孤立存在的状态，通过云中心的管理，让家庭成员轻松获得心想事成般的使用体验。"生活用具越来越智能，我们的生活将越来越丰富多彩。"薄连明如此概括云计算与物联网将给我们生活带来的变化。

（2）"云"产业：英雄不问出处谁都能参与。

然而，尽管"云上生活"非常美好，但实现起来仍有困难。"云计算产业很特殊，这个产业的发展不是一个或者几个企业可以单独完成的。必须集大家的合力。"由于云计算产业内容丰富、产业链条长，加之仍处于概念推广期，仅凭一家或几家之力，很难形成聚集效应。如何集中包括企业、政府、金融、资本等各种优势资源，打造从设施、作业平台到应用服务的云计算全产业链，对当下国内云计算产业发展至关重要。

"云计算产业程度较低，如今70%的企业都在做一样的东西，各家企业缺乏高度的核心技术，行业标志滞后。"中国电信广东公司智慧城市合作部总经理苏文桂认为，要发展云计算产业，需要突破核心技术标准，以应用带动创新，服务中小企业转型升级。目前，云计算产业发展的问题在于小微企业参与太少。"苹果手机为什么这么好卖？就是因为苹果手机上面的应用多，很多都是由小微企业甚至个人来创作，这个产业发展要有创新、有市场，必须多鼓励小微企业甚至个人来参与到这个产业中来。"

（3）"云"安全：是技术问题不是发展障碍。

云计算真的就好比银行里的保险柜吗？它真的能让每一个将数据储存在那里的客户高枕无忧吗？几乎所有专家的回答都是：NO！"这朵云安不安全，我认为需要有公正的第三方机构进行检验推测。"云计算产业联盟秘书长吕晖认为，所有技术上的安全措施都是暂时的，随着技术的发展，会有新的安全问题，"要保证云安全，还需要从法律、法规等途径上进行规范。"就像银行有银监会等监督机构进行监管一样，云计算服务商同样需要有效监管。如英国在个人数据、个人隐私方面保护得很好，有整个体系的数据保护，只要贩卖个人数据都会受到相应处罚。但国内目前在数据保护方面的法律法规仍相对欠缺，很多人都不愿意把个人数据放到云上，因为云是租的，个人数据可能不安全。在个人数据安全方面，要看国家的立法步伐有没有相应跟进。目前的环境下，企业要么就做不敏感的数据服务，要么就依靠大运营商、有公信力的服务商来做服务，以规避用户的这种担忧。

然而，"云"安全并非云技术发展的障碍，它是技术问题，"云"安全反而是促进云计算向前发展的推动力。思科系统有限公司全球副总裁许良杰也认为，为什么有的云计算技术运营商能做得更好，从而形成自己的品牌效应？除了技术方面的原因，品牌效应的立足之本是诚信，解决了诚信的问题，云计算技术也将蓬勃发展。

2. 云计算的分类

一般来说，云计算具有超大规模、资源虚拟化、可靠性高、通用性强、扩展性高、按需供给、物美价廉等特点，如图 2-11 所示。

第一，超大规模。"云"具有相当的规模，Google 云计算已经拥有 100 多万台服务器，Amazon、IBM、微软、Yahoo! 等的"云"均拥有几十万台服务器。企业私有云一般拥有成百上千台服务器。"云"能赋予用户前所未有的计算能力。

第二，资源虚拟化。云计算支持用户在任意位置、使用各种终端获取应用服务。所请求的资源来自"云"，而不是固定的有形的实体。应用在"云"中某处

图 2-11　云计算的特征

运行，但实际上用户无须了解，也不用担心应用运行的具体位置。只需要一台笔记本或者一部手机，就可以通过网络服务来实现我们需要的一切，甚至包括超级计算这样的任务。

第三，可靠性高。"云"使用了数据多副本容错、计算节点同构可互换等措施来保障服务的高可靠性，使用云计算比使用本地计算机可靠。

第四，通用性强。云计算不针对特定的应用，在"云"的支撑下可以构造出千变万化的应用，同一个"云"可以同时支撑不同的应用运行。

第五，扩展性高。"云"规模可以动态伸缩，满足应用和用户规模增长需要。

第六，按需供给。"云"是一个庞大的资源池，你按需购买；用户对于计算资源的使用，今后已经可以像水、电、煤气一样做到按需使用和收费。

第七，物美价廉。由于"云"的特殊容错措施可以采用极其廉价的节点来构成云，"云"的自动化集中式管理使大量企业无须负担日益高昂的数据中心管理成本，"云"的通用性使资源的利用率较之传统系统大幅提升，因此用户可以充分享受"云"的低成本优势，经常只要花费几百美元、几天时间就能完成以前需要数万美元、数月时间才能完成的任务。

云计算一般可分为两层：云平台和云服务。云平台是基于硬件的服务，提供计算、网络和存储能力。即用户不需要为了跟上软件而更换硬件设施，只需通过云平台即可实现所用数据处理的要求。对于企业来说不用再为存储海量数据不停更换服务器、内存等。Google App Engine 就是一个典型的云平台，它为用户构建了这样一个平台，用户可以通过这个平台将自己开发的软件和应用放在上面分享，而对于这些软件和应用的管理就由平台来处理。而云服务则是指基于抽象的底层基础设施，且可以弹性扩展的服务，它不一定基于云平台，但它为用户提供可以直接使用的服务。例如 Saleforce.com 的 CRM 软件，只需上网，在线使用就可以搞定复杂的客户管理工作。云服务就是为用户提供便捷快速的计算服务。如图 2-12 所示。

图 2-12　云平台与云服务

如果再细分，依据服务类型，云计算便又可划分为基础架构即服务（IaaS）、平台即服务（PaaS）、软件即服务（SaaS）等（见图 2-13）。

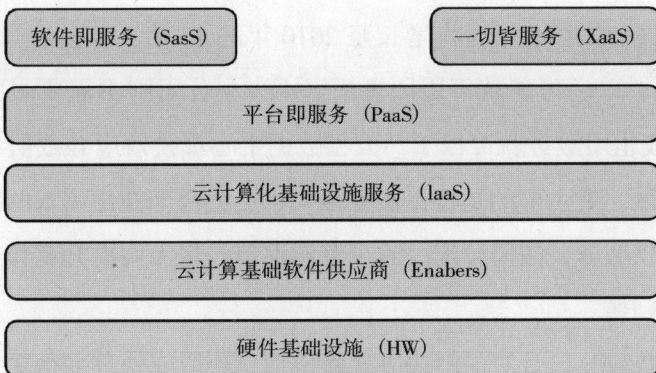

图 2-13　云计算的分类

基础架构即服务是以服务的方式提供虚拟硬件资源，如虚拟主机/存储/网络/数据库管理等资源。用户无须购买服务器、网络设备、存储设备，只需通过互联网搭建自己的应用系统。例如 Amazon Web Service，只要能访问互联网就能使用它，通过程序访问亚马逊的计算基础设施，AWS 提供存储、计算、消息传递等服务。平台即服务提供应用服务引擎，如互联网应用编程接口/运行平台等，用户基于该应用服务引擎可以构建应用。例如 Force.com，它是 Saleforce.com 推出的一组集成的工具和应用程序服务，在这个平台上运行的业务软件超过 80000个。软件即服务是指用户通过 Internet 来使用软件，也即用户不用购买软件，只需从互联网上租用。Google Docs 就是典型代表，用户编写文档不需要存放在电脑中，也不需要担心忘了复制而不能修改，只需上网就可管理自己的文档。

3. 云计算的作用

云计算不仅是一次技术革新，更是一场商业模式革命。云计算实质上是一种新的 IT 运营业务模式，即以服务的方式提供或消费 IT。可以说，云计算技术带来了企业商业模式根本性的改变，具体表现如下：

（1）云计算将会使企业 IT 成本的巨大节约。

通过云计算，在远程的数据中心，几万甚至几千万台电脑和服务器连接成一片，如此强大的运算能力几乎无所不能，甚至可以让你体验每秒超过 10 万亿次的运算能力。而这种能力俨然已经被转换成经济价值。据预测，2011 年全球云计算市场规模将达到 407 亿美元，2020 年将增至 2410 亿美元。全球市场来自云计算服务的流量到 2015 年时将增长至 2010 年的 12 倍，年复合增长率为 66%。对于个人来说，以后可能就不用硬盘了。不少小公司则不需要买服务器，只要"租"服务器或租用服务就可以了。大型数据中心规模效应导致信息处理和存储的成本大幅降低，更主要的是将提供更强大、更适合个性化需求的应用软件，以互联网方式提供服务，按需分配，减少资源浪费，将大大提升工作效率，大幅降低业务创新的门槛。

从长期趋势看，云计算的解决方式将使信息获取或处理变得更加简单，无论你身处何地，只要有网络，甚至你自身都不需要携带设备，只需借用周边的显示器，就可以得到你所需要的信息和应用，可以在任何地方看到自己的信息。信息化时代，信息就像我们生活中的氧气，所有的消费和生活习惯都离不开信息。由此可见，云计算所带来商业模式的变化是节约 IT 成本，使得 IT 技术更低成本地、更快捷地向社会各个领域渗透，未来数年将是信息技术与各产业融合发展的趋势，因为 IT 因子渗透到更短的经济周期，产品的生命周期越来越短。

对此，IBM 中国全球咨询服务部 CTO 首席架构师王静玺认为，开源节流将是云计算核心价值的体现之一。IaaS 是降低所有的运营管理成本，弹性扩展的基础平台适应业务量动态的变化，降低管理成本。虚拟化提升服务器硬件资源的使用效率，降低减少资源浪费，降低运营成本，这些都是"节流"的表现；而 PaaS 层面的变革则更是"开源"，它使得人们的服务理念和服务方式发生根本性变革，并指出只有在云的模式下才能全面解决以客户为中心的问题。

（2）云计算商业模式本身体现了一种分享经济。

按照美国国家标准技术研究对云计算所给出的描述："云计算是一种对 IT 资源的使用模式，是对共享的可配置的计算资源（如网络、服务器、存储、应用和服务）提供无所不在的、标准的、随需的网络访问。资源的使用和释放可以快速进行，不需要多少管理代价。"这种"新的 IT 资源使用模式"，指的便是动态、随需、自动化。换句话说，云计算将 IT 基础架构的所有权和使用权分离，将服务以一种"消费品"的方式来进行交付，用户通过互联网可以实现生产生活，这就是云计算所带来的更大价值，一种新型的分享经济。

"分享型经济"是一种新产权结构，具有双层的产权结构。支配权（财产的归属权）在上层，使用权（财产的利用权）在下层，其两个核心理念就是"使用所有权"和"不使用即浪费"。通俗来说，分享型经济倡导"租"而不是"买"。作为 IT 领域的分享经济，云计算不仅给软件市场带来巨大的颠覆，硬件市场也不例外。云计算出现之前，软件厂商主要是先一次性收取相关的软件费用，然后再通过每年的维护费用来赚取客户的钱。云计算出现之后，软件厂商则改变为每月收取会员费用，而不用再购买软件的整个授权，只需要支付自己所使用的软件和服务即可。这样一来，软件厂商就必须改变其产品和服务的商业模式，而必须设法去向每个人销售其服务。硬件厂商也是如此。

在过去的 10 年里，虚拟化主宰着整个行业，而现在的云计算就是虚拟化的一个延续。在设备可以虚拟运行多个系统之前，企业的硬件只发挥了 20%~30% 的性能。现在通过云计算，硬件设备可以在服务提供商的控制下分享计算能力。这样一来，在相同的硬件配置下，企业的硬件设施就能发挥双倍的性能。最简单的是，在需求等同的情况下，公司企业很有可能会减少硬件设备和相关服务的需求。可以说，云计算由于分享模式提升了产品和服务的使用效率，从而带来企业商业模式的变化。

三、云计算的发展

自云计算的概念在 2006 年被首次提出以来，全球云计算市场得到迅速发展。作为新一代信息技术变革、IT 应用方式变革的重要支柱，云计算已经成为目前信息技术产业发展和应用创新的热点。随着云计算的日渐成熟，云计算由概念逐渐走向实践，云计算服务逐步在工业、交通、能源、医疗、市政等各个领域得到运用。2014 年，中国云计算市场确实发展迅速，整个行业爆发出了积蓄多年的力量，无论是国内云商还是国际云商都铆足了劲。

1. 全球市场巨大

全球云计算迅猛发展，在政府、金融、医疗等重要垂直行业的渗透不断加快。SailPoint 在 2013 年底的一份调查发现，拥有 5000 名以上员工的大型企业有 84%应用了云服务；而那些没有投资云计算的公司正计划应用云计算；63%的受访公司表示，它们需要 IT 决策者在增添新服务时考虑云服务。联合国贸易和发展会议发布的《2013 信息经济报告》，首次关注到信息技术领域的"云计算"及其所带来的"云经济"对发展中国家的影响。《报告》认为，这一全新的经济理念与实践，为发展中国家带来了巨大机遇，发展中国家应意识到这一任务的紧迫性。

IDC 预计 2015 年云计算将创造 1400 万个工作岗位，到 2020 年欧盟的云计算将对 GDP 贡献超过 1600 亿欧元。毫无疑问，云计算将是未来的一大主流趋势。

2. 云计算产业化纵深发展

随着全球信息化的深入推进，信息技术得到迅速发展和应用，特别是互联网技术的发展，催生了一批基于互联网的新兴产业。其中云计算产业最具活力和代表性，数据处理、传输和存储技术的突飞猛进为云计算的发展提供了基础，云计算被认为是继个人计算机、互联网之后的第三种信息技术浪潮。

云计算的概念被提出以来，迅速广为流行，正如 Gartner 公司的高级分析师 Ben Pring 所评价："它正在成为一个大众化的词语。"随着技术的日渐成熟，互联网的普及和发展，网络宽带化、大数据等技术的推进，以及平板电脑、智能手机等的普及，云服务在工业、交通、医疗、市政、教育等各个领域得到广泛运用，全球云计算市场迅速增长。作为覆盖电子信息技术产业全产业链的新兴产业，云计算的战略地位突出，受到美国、欧洲、日本等国家和地区的高度关注和投入，通过政策激励、政府采购等方式扶持云计算产业迅速发展。2011 年美国联邦政府发布了《联邦云计算战略》，将云计算纳入国家整体发展战略。2012 年 9 月欧盟委员会数字议程委员发布了一份名为《在欧洲释放云计算潜能》的公告，宣布启动一项新的云计算战略，在各领域推广云计算的应用。英国于 2011 年 11 月启动"政府云战略"(G-Cloud)；自 2013 年起，推行的"云优先"政策，要求所有政府部门在进行信息技术采购时，必须优先考虑云服务产品。我国《国务院关于加快培育和发展战略性新兴产业的决定》中明确提出要"促进云计算的研发和示范应用"。同时，云计算以强大的计算能力、方便快捷以及成本低廉等优势受到企业广泛欢迎，在医疗、教育、电信等各个行业得到广泛运用。

云计算技术的快速发展，使得云计算的市场规模迅速扩大。《2013 信息经济报告》称，2015 年全球云计算产业规模预计可达到 430 亿~940 亿美元。霍尼韦尔信息服务公司（HIS）2014 年称，到 2017 年，全球企业在云基础架构以及服务上的开支将超过 2350 亿美元，相比 2014 年预期的 1740 亿美元增长 35%，是 2011 年 780 亿美元支出的 3 倍。

市场规模的迅速增长，催生了越来越多的商业投资。IBM、甲骨文、Google、

SAP 等传统 IT 公司为抢占云计算产业的发展先机纷纷调整战略，大力布局云计算业务。同时，市场上出现了很多创新型云计算企业，它们的成立可能是基于一项技术，也可能是基于某种新模式。虽然这些企业在资金、市场积累等方面不如传统 IT 大型企业，但它们的创新能力却不可忽视。

随着越来越多的企业进入，云计算领域的竞争越来越激烈。如公共云服务竞争加剧，价格持续下降。亚马逊 AWS 服务自 2006 年推出至 2013 年底价格已经下调了 31 次，7 年间价格下降了 20 倍，2012 年 S3、EC2 等重点服务的价格更大幅下调了 30%~40%。2013 年，微软也相应调低了服务价格，Azure 服务价格也下调了 21%~33%。

云计算市场的不断成熟，以及竞争的不断加剧，引致与云计算相关的资本市场十分活跃，云计算产业的并购不断增加，并购成为企业加强云服务能力的重要方式。相关统计数据显示，IBM、甲骨文和 SAP 等公司在 2011~2012 年花费了数十亿美元收购云计算供应商。全球著名会计公司 Ernst & Young 的报告显示，2012 年的兼并和收购案中，有超 15% 的兼并和收购案与云计算和 SaaS 有关，其中包括供应链管理、市场和零售的 SaaS 面向云的网络设备。2013 年第一季度全球云计算领域并购接近 120 起，占技术并购总事件的 18%。

在《国务院关于加快培育和发展战略性新兴产业的决定》中，将新一代信息技术确立为"十二五"期间我国将重点培育与发展的七大战略性新兴产业之一，明确提出要"促进云计算的研发和示范应用"，同时还制定了一系列指导及规划政策以促进云计算发展，工业和信息化部已启动针对云计算的"十三五"规划。云计算逐步被越来越多的企业和机构采用，在政府、电信、教育、医疗、金融、石油石化和电力等得到应用。

近几年来，我国云计算产业发展迅速，态势良好，产业规模不断扩大。我国累计已有 30 多个省市发布了云计算战略规划、行动方案或实施工程，产业链正在逐步完善当中。中研普华的《2014—2018 年云计算行业竞争格局与投资战略研究咨询报告》显示，2012 年国内公有云市场规模达 35 亿元左右，较 2011 年增长 70%，远高于同期国际市场 25% 的增速水平；刘多在 2014 年中国通信行业云计算峰会上指出，到2013年中国公共云服务的市场规模达到了47.6亿元人民币，预计2014年将达到62.8亿元人民币。在工业和信息化部的调查中显示，8%受访企业已经开始了云计算应用，其中公有云服务占29.1%，私有云占2.9%，混合云占6%；更有76.8%的受访者表示会将更多的业务迁移至云环境。工业和信息化部的数据显示到2013年底包括中国电信、中国联通、中国移动在内蒙古的云计算投入达到200亿元。

清科研究中心认为，随着中国云计算产业发展，市场规模将以年均50%的速度增长，预计到2015年将达到136.69亿美元，年复合增长率50%，同时在全球的市场份额也将持续上升。赛迪报告预测，2014年我国云计算将从发展培育阶段步入快速成长阶段，新的产业格局将会形成。

【专栏2-3】　　　孙明俊：中国云计算产业发展现状

孙明俊：感谢大家在这个时间，还留在这个会场，我演讲的内容是中国云计算发展状况。之所以要做这样一个情况的汇报，有两个方面的考虑。

第一，整个发展思路，都是根据云计算的发展情况提出来的。第二，我们也希望了解现在云计算的发展状况，看下一步可以做什么样的工作。数据中心联盟可以开拓什么新的领域推动云计算的发展。

在我们介绍中国的云计算之前，先来看一看全球云计算的发展情况。根据全球的情况，来对中国的云计算发展情况做一个判断。云计算的发展，已经跨越了基础发展的高峰期，正在进入光明期。从数据来看，我们这个数据，

图2-14　数据中心联盟秘书长孙明俊

是根据Gartner的统计报告，刚才各位嘉宾都提到了这个报告的数字，从整个的市场来看，未来几年保持15%以上的增长率，这是一个高速增长的阶段。

对于 PaaS、SaaS 可能会达到 330 亿美元，从全球云服务市场的地区分布我们可以看到，美国、欧洲、日本和加拿大在过去几年和未来几年不会有很大的变化。我们国内的云计算市场，虽然热闹程度很高，但是只有 4%，份额在上升。

在全球平稳的发展过程中，隐藏着地区的差异。美国已经形成了良性互动，向全球拓展的态势。美国有强大的互联网的企业，有强大的市场需求。

它的产业体系在日趋的完整，而且向全球扩展。全球排名前 100 的云计算企业在向全球拓展这样的产业地位。从亚马逊来看，它会占 IaaS 系统的 40%，微软、谷歌在全球都有数据中心，并且有发展的计划。

美国联邦政府云计算的应用，取得了显著的成效。未来几年平均增长率超过了 50%。我们跟相关的负责人沟通过，目前来看他们整个的联邦政府采购都比较顺利，从 Cloud First 战略推出以来，云计算经济性的特质，发挥了非常大的作用。

从地区间的差异可以看到，欧洲和日本的市场需求量很大，从现在的发展来看，欧洲和日本的云计算市场也有可能会向互联网市场发展。

中国云计算的起步，相对比较晚，目前来看，这也是一个非常明显的情况。我们现在再回过头来看中国的云计算市场。2012 年是一个起步的阶段，它的量非常的惊人，超过了 70%。2013 年有所放缓。今天我们也都见到了各个企业介绍它们的产品和服务。

关于 PaaS、SaaS 和 PaaS 的市场，百度、阿里都提供了这样的平台服务。我们可以看到这样一个蓬勃发展的状态。从市场主题来说，这些并不是特别主流的产品。

从我国的云计算行业来看，主要是有两个方面跟美国比较像。云计算成为我国互联网企业的基础平台。2013 年我们统计，增长达到 500%。在垂直行业方面，我们今天的大会非常荣幸地请到了采购部门的领导，这说明云计算的采购，已经受到了政府的高度重视。今天参会的还有来自金融行业的很多代表。我们的数据中心联盟对云服务的使用情况做了统计。从行业来说，像杭州的电子政务云，其实现在都有政府采购的案例，并且起到了快速、省钱、便捷、安全的目的。

从调查报告来看，用户的认知比2012年有明显的提升。在这个基础产品和操作性能的技术方面，国家进展非常的显著，我们有异地级存储软件级技术。从云极端的操作系统来看，互联网企业取得了很大的突破，比如在财政计算系统上。这些都是我们进行调研得出来的。

上面讲的是市场的情况，云计算的发展离不开政府的支持。首先云服务进入了政府的采购目录。在2013年工业和信息化部联合发展和改革委员会、证监会发布了指导意见。提出政府和企事业单位信息化建设要以购代建，从硬向软转变，逐渐地进入数据中心的要求。我们联盟同时推动可信云认证和政府采购云服务方面的工作，实际上都是对指导意见的落实。

2012年12月，IDC业务牌照发放，这在当时是比较重要的事情。从现在的政策来看，我们并没有明确的云计算的政策、牌照。但是IDC牌照跟云计算有分不开的关系。2012年的12月28日，网络法规出台。我们一直缺少关于数据保护的法规，我们明天将请研究院在法律方面的专家对整个云计算的相关法律情况进行一个标准的介绍。

这个事情实际上也是有利于培养健康的市场，推动这个产业快速发展。

从我们数据中心联盟的角度来看，我们希望在整个的营销市场扮演助力的角色。我们可以看到云计算的发展，有几个需要尽快解决的问题。实际上整体来看，云计算的信任体系有待完善，虽然今天可信云迈出了云计算建设的第一步，但是还有很多工作要做。

另外从采购的方面来看，整个产业虽然在慢慢地改变，但是改变非常的缓慢。云计算的行业监管和业务政策也是业界需要亟待解决的问题。希望通过这些分享，能够让大家对我们国家云计算的情况，有一个直观的了解。我们希望与各位密切合作，推动云计算的健康发展。

四、云计算的未来：移动云计算

云计算的发展并不局限于 PC，随着移动互联网的蓬勃发展，基于手机等移动终端的云计算服务已经出现。基于云计算的定义，移动云计算是指通过移动网络以按需、易扩展的方式获得所需的基础设施、平台、软件（或应用）等的一种IT 资源或（信息）服务的交付与使用模式。

1. 移动云计算在信息时代的崛起及发展

云计算技术在电信行业的应用必然会开创移动互联网的新时代，随着移动云计算的进一步发展和移动互联网相关设备的进一步成熟和完善，移动云计算业务必将会在世界范围内迅速发展，成为移动互联网服务的新热点。这使得移动互联网站在云端之上。

图 2-15　移动互联网

（1）信息技术的发展。

信息技术的发展经过了以下几个阶段：第一个阶段是专家使用期。计算机是庞大、昂贵的科学计算专用设备。第二个阶段是个人计算机的时代。计算机变为个人工作、娱乐的家用电脑。随着网络的普及，计算机进入第三个阶段——互联网时代。由高性能服务器通过网络为多用户提供服务的 Client/Server 模式得到广泛应用。然而，Client/Server 模式对带宽、计算、存储等资源的高要求成为其发展的瓶颈。因此，信息技术又进入了第四个阶段：分布式计算、网格计算、P2P技术、Web2.0 等得到广泛研究和应用。每个用户既是资源的使用者，同时也是资源的提供者，由多个用户共同分担庞大的计算、传输及存储需求。目前，移动互联网和云计算是信息技术发展的两个热点。

（2）移动互联网。

相对于传统互联网，移动互联网更多强调的是使用蜂窝移动通信网，随时随地且在移动中接入互联网并使用业务，常特指手机终端采用移动通信网（如 2G、3G、E3G）接入互联网并使用互联网业务。随着 2007 年苹果公司 iPhone 的推出，移动互联网正成为通信业发展最为迅猛的领域。随着移动通信技术和 Web 应用技术的不断发展与创新，移动互联网业务成为继宽带技术后互联网发展的又一个推动力。移动互联网以移动应用特有的随身性、可鉴权、可身份识别等优势，使得互联网更加普及。同时，移动互联网业务为传统的互联网类业务提供了新的发展空间和可持续发展的新商业模式，为移动通信带来了无尽的应用空间。目前，移动互联网业务正从最初简单的文本浏览、图铃下载等形式向固定互联网业务与移动业务深度融合的形式发展，正成为电信运营商的重点业务发展战略。

（3）移动云计算。

云计算由分布式计算、并行处理、网格计算发展而来，是一种新兴的商业计算模型。目前，对于云计算的认识在不断地发展变化，云计算仍没有一个普遍一致的定义。云计算中的"计算"可以泛指一切 ICT 的融合应用。所以，云计算术语的关键特征并不在于"计算"，而在于"云"。随着互联网技术的飞速发展，互联网应用的全面普及和广泛深入，互联网技术成为 ICT 应用的基础，层出不穷的互联网应用需求也要求对 ICT 理念进行重新思考和设计，使 ICT 应用架构发生了深刻和根本性的改变。这种改变不仅带来 ICT 应用平台的更新换代，而且也带来 ICT 应用实现和商用模式的创新。尽管云计算的概念和定义很多，但究其本质还是为了满足 ICT 应用和业务的网络实现。本书给出云计算更为明确而严格的定义："云计算是在整合的架构之下，基于 IP 网络的虚拟化资源平台，提供规模化 ICT 应用的实现方式。云计算的实质是网络下的应用，是由 IP 和 IT 技术共同构建的。"

云计算的发展并不局限于 PC，随着移动互联网的蓬勃发展，基于手机等移动终端的云计算服务应运而生。移动云计算是指通过移动互联网以按需、易扩展的方式获得所需的基础设施、平台、软件或应用等的一种 IT 资源或信息服务的交付与使用模式。

2. 移动云计算的服务模型

移动云计算的服务模型包括"端"、"管"、"云"三个层面。"端"指任何能接入"云"并完成信息交互的手机等移动终端设备；"管"指用于完成用户信息传输的通信网络；"云"的本质就是业务实现的方式即业务模式。云计算可以划分为三个层次的业务模式。顶层是软云，中间层是平云，底层是基云。

基云是指以 TC 的基础设施作为业务平台，直接按资源占用的时长和资源的多少，通过公共互联网进行业务实现的"云"。基云的用户可以是个人，也可以是企业、集体和行政单位。基云在英文里是 IaaS，也称基础设施即服务。亚马逊（Amazon）是通过其弹性计算云（EC2）最早实施基云的运营商。基云的 IT 业务将计算、存储、网络、安全等原始 IT 资源以出租形式租给用户。用户可以通过操作系统和应用软件（数据库和 Web 服务软件）使用租来的 IT 资源。

平云指将应用开发环境作为业务平台，将应用开发的接口和工具提供给用户用于创造新的应用。并利用互联网和提供商来进行业务实现的"云"。平云可以利用其他基云平台，也可以用平云运营商自己的基云平台。平云在英文里是 PaaS，也称平台即服务。谷歌（Google）通过其 App Engine 软件环境向应用开发者提供平云业务，应用开发者必须采用 App Engine 应用接口来开发应用。

软云指基于基云或平云开发的软件。与传统的套装软件不同，软云是通过互联网应用来进行业务实现。软云业务可以利用其他基云和平云平台，也可以利用软云运营商自己的基云和平云环境。软云在英文里是 SaaS，也称软件即服务。Saleforces.com 是最著名的软云运营商之一，提供企业资源规划（ERP）应用服务。软云为用户省去了套装软件安装、维护、升级和管理造成的麻烦，因为应用程序完全由软云运营商集中管理。

云端的基础设施层面一般由服务器、数据库、存储设备、并行分布式计算系统等组成；平台层面一般由运营、支撑和开发三个平台组成；应用层面主要提供软件、数据和信息等各种应用。

3. 移动云计算的成功案例

（1）加拿大 RIM 公司的黑莓企业应用服务器方案。

加拿大 RIM 公司面向众多商业用户提供的黑莓企业应用服务器方案，可以说是一种具有云计算特征的移动互联网应用。该方案中，黑莓的邮件服务器将企业应用、无线网络和移动终端连接在一起，让用户通过应用推送（Push）技术的黑莓终端远程接入服务器访问自己的邮件账户，从而可以轻松地远程同步邮件和日历，查看附件和地址本。除黑莓终端外，RIM 同时也授权其他移动设备平台接入黑莓服务器享用黑莓服务。目前，黑莓正通过它的无线平台扩展自己的应用，如在线 CAM 等。以云计算模式提供给用户的应用成了 RIM 商业模式的核心。

（2）苹果公司的"MobileMe"服务。

在苹果一年一度的 WWDC 全球开发者会议上，史蒂夫·乔布斯宣布了一款全新的软件+服务的产品：MobileMe。"MobileMe"提供了同步 E-mail、联系人、日历数据的功能，现在看起来和 Windows Live 非常类似。苹果宣布了一整套在线应用来配合桌面程序，包括 E-mail 应用，从照片来看非常干净。联系人也能在不同设备之间同步，类似于 Windows Live for Windows Mobile、Symbian 等应用。苹果公司推出的"MobileMe"服务是一种基于云存储和计算的解决方案，该方案可以处理电子邮件、记事本项目、通信录、相片以及其他档案，用户所做的一切都会自动地更新至 iMse、iPod、iPhone 等由苹果公司生产的各式终端界面。此外，苹果公司的 iPhone 以及专为其提供应用下载的 Apple Store 所开创的网店形式已经得到了移动终端厂商和移动通信运营商的一路直捧，聚集了大量的开发者和使用者，提供的应用数量超过 100000 种，下载次数超过 30 亿次。

（3）微软公司的"LiveMesh"。

微软公司推出的"LiveMesh"能够将安装有 Window 操作系统的电脑、安装有 Windows Mobile 系统的智能手机、Xbox，甚至还能通过公开的接口将使用 Mac 系统的苹果电脑以及其他系统的手机等终端整合在一起，通过互联网进行相互连接，从而让用户跨越不同设备完成个人终端和网络内容的同步化，并将数据存储在"云"中。随着 Azure 云平台的推出，微软将进一步增强云端服务的能力，并依靠在操作系统和软件领域的成功为用户和开发人员提供更为完善的云计算解决方案。

（4）Google 公司面向移动环境的 Android 系统平台和终端。

作为云计算的先行者，Google 公司积极开发面向移动环境的 Android 系统平台和终端，实现了传统互联网和移动互联网的信息有机整合，实现了语音搜索服务，提供了定点搜索、Google 手机地图以及 Android 的 Google 街景功能。

RIM 公司的黑莓邮件服务和苹果公司的"LiveMesh"服务代表了手机厂商直接向用户提供服务的模式，微软的"LiveMesh"和 Google 的移动搜索则代表了云计算服务提供商通过手机或其他移动终端向用户提供服务的模式。两种模式都实现了跨领域、跨层级的资源与服务整合，所提供的应用和服务都具有信息存储的同步性和应用的一致性。移动云计算让各种服务的表现令人赞叹。

第三章　云计算案例之神州泰岳
商业模式

神州泰岳：企业经营理念是"交付价值、坚持长跑、集体奋斗"，在长期经营管理实践中得到的宝贵精神财富，是神州泰岳人集体智慧的结晶，是神州泰岳的愿景、使命和核心价值观在具体经营实践中的重要体现。

神州泰岳：致力于提供云计算 IT 运维服务解决方案。

一、公司概况

北京神州泰岳软件股份有限公司（以下简称"神州泰岳"）成立于 2001 年，是首批登陆深圳证券交易所创业板的上市公司，其股票代码为 300002。自 2009 年上市以来，公司整体营收规模在不断增长的同时业务结构也进一步优化，呈现出"互联网运营服务业务稳步发展、运维管理业务快速提升"的态势，截至目前，公司已形成了以运维管理、互联网运营服务为核心，并兼具电子商务、物联网的新兴技术业务架构。

十多年耕耘，公司业已形成以运维管理、移动互联网运营服务为主业的业务格局。运维管理领域，公司密切跟踪国内信息化建设和互联网发展趋势，深度开发并创新，为电信、金融、能源等大中型企业和政府部门提供运维管理软件解决方案及服务；移动互联网运营服务领域，作为中国移动的战略合作伙伴，公司为中国移动的"飞信"、"和农信通"、"动感求职"等移动互联网产品提供开发和全方位运营服务。公司还积极布局新兴行业，深度挖掘和探索自主互联网业务。2013 年，公司全资收购壳木软件，入股中清龙图，完成游戏领域初步业务布局，打造了"平台运营支撑+内容服务"的模式；公司建立了面向餐饮行业 B2B 垂直电子商务平台，为餐饮企业提供食材销售和信息技术服务；在具有突破创新性的物联网领域，公司自主开发的智慧线系列产品已在封闭空间的精准定位和新型高速带宽无线通信方向取得了重大进展。

此外，公司连续八年被国家发展和改革委员会等五部委认定为"国家规划布局内重点软件企业"，并被认定为"国家火炬计划高新技术企业"。公司研发中心获评"国家级企业技术中心"、"北京市工程实验室"。公司连续五年被工业和信息化部列为"中国软件业务收入前百家企业"；是北京市委市政府评选的首批"十百千工程"重点培育企业和"四个一批"重点企业；是北京市国税和地税机关认定的纳税信用 A 级企业；并荣登 2012 年度上市公司创业板 EVA 排名前三甲。同时，公司承担并顺利完成了"核高基"、"新一代无线宽带"国家重大科技专项中的四个课题。

神州泰岳以"交付价值、坚持长跑、集体奋斗"为发展理念，致力于用信息技术手段推动行业发展和社会进步。未来，公司继续秉承专注专业之精神，进一步巩固国内运维管理领域的市场领先地位，稳步发展互联网业务，持续拓展国际市场，成为国际一流的软件和服务企业。

或许我们对神州泰岳这个公司很陌生，但是它提供的服务可是我们天天在体验使用的中国移动飞信业务。神州泰岳在上市之初飞信收入占到 60% 以上，近几年，虽然飞信业务占公司主营业务的比重在不断下滑，但飞信收入占公司收入的比重一直在 40% 以上。飞信业务一直是神州泰岳的主业。幸运的是，2013 年神州泰岳再次中标移动飞信 4 亿份合同，以至于我们对神州泰岳这家上市公司的印象几乎总是贴着飞信的标签，人们对此已经习以为常。

更让人好奇的是，2013 年神州泰岳通过收购壳木软件、增资中清龙图，实现了在游戏领域的转型。2013 年 9 月神州泰岳以 2 亿元入股中清龙图。2014 年，凭借《刀塔传奇》，中清龙图成为时下手游圈的一只黑马。在不久前的苹果 App Store 畅销榜上，《刀塔传奇》曾一度突破腾讯系手游包围圈，排名榜首。有媒体报道称，此款游戏自 2013 年 2 月底在 iOS 平台上线以来日流水达到 400 万左右，日流水预计在 800 万左右。2014 年，神州泰岳计划与三家公司联合设立面向移动游戏领域的投资管理有限公司，合资公司注册资本 2000 万元。其中，神州泰岳投资 540 万元。该合资公司主要定位于设立面向移动游戏领域的基金产品，并作为未来基金管理人。合资公司将聚焦于移动游戏产业内的投资并购机会，打造一个涵盖游戏开发、发行、渠道以及资本退出全过程增值服务的移动游戏生态链。此外，在 2014 世界杯来临之际，神州泰岳与全球最大的互动娱乐软件独立开发商和发行公司美国 EA 合作，推出一款由国际足联授权"手游版 FIFA2014"——《FIFA2014 巴西世界杯》，游戏采用卡牌设计，操作简便，玩家可以模拟足球比赛。近期，包括巨人等传统游戏大佬在内，众多游戏公司都在推出足球题材的手游，冲击世界杯这个节点。作为国际足联正版授权的产品，EA方面认为，IP、EA20年打造的"FIFA足球"系列就是竞争力，其中包含了品牌影响力和这个品牌里代表的品质。

可以印证的是，飞信业务属于神州泰岳传统的主业，即运维管理和移动互联网运营服务，而移动游戏则是神州泰岳面向移动互联网而积极布局新兴行业、深挖互联网业务的表现。两者并无冲突，反而更加会大大增强其互联网方面的整体实力与能力。

二、公司经营状况

经过多年的业务实践与积累，神州泰岳已基本形成了以运维管理、互联网为重点，并兼具电子商务、物联网的业务架构，尤其是在移动互联网方面形成了强大的产品能力、运营能力。2013年，公司整体上保持良好的增长势头，实现营业总收入190646.65万元，比去年同期增长35.26%，实现归属于上市公司股东的净利润为51754.42万元，比去年同期增长了20.63%。2011~2013年神州泰岳的营业收入和营业利润变动趋势如图3-1所示：

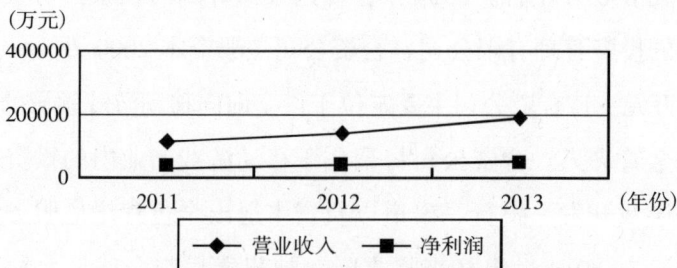

图3-1 神州泰岳2011~2013年营业收入及净利润变动图

2013年，公司业务整体保持良好的增长势头，主营业务收入188815.91万元，比去年同期增长35.74%，其中运维管理业务（解决方案）实现营业收入

78669.69 万元，较去年同期增长 69.93%；运维管理业务（系统集成购销）实现营业收入 34629.26 万元，较去年同期增长 155.85%；电子商务业务实现营业收入 15277.17 万元，较去年同期增长 72.44%（见表 3-1）。

表 3-1　神州泰岳 2012~2013 年各业务板块收入增长情况一览

单位：万元

主要业务板块	2012 年	2013 年	变动幅度（%）
运维管理业务（解决方案）	46295.25	78669.69	69.93
运维管理业务（系统集成购销）	13534.87	34629.26	155.85
互联网开发运营类业务	70410.75	60239.79	-14.45
电子商务业务	8859.40	15277.17	72.44
合　计	139100.27	188815.91	35.74

如表 3-1 所示，神州泰岳主要还是在传统的运维管理业务方面表现抢眼，特别是运维管理业务（系统集成购销）实现了 155.85% 的增长率，但互联网开发运营业务却不尽如人意，这主要还是因飞信业务发展不得力，使互联网业务收入略微下降。作为新兴板块，电子商务业务发展还是比较迅猛的。

神州泰岳致力于用信息技术手段提高推动行业发展和社会进步，立足于运维管理、移动互联网平台支撑和互联网应用领域。在运维管理领域，神州泰岳为电信、金融、能源等行业的大中型企业和政府部门提供运维管理的整体解决方案，包括软件产品开发和技术服务；在移动互联网平台支撑领域，神州泰岳提供互联网平台的开发及运营支撑服务，为中国移动的飞信、农网做全面支撑；在互联网应用领域，神州泰岳着力于打造飞信、农网平台上的垂直应用，积极拓展包括电子商务在内的互联网业务。这几大领域目前发展情况如下：

第一，在运维管理领域，神州泰岳密切跟踪以电信行业为代表的国内信息化建设以及互联网的发展趋势，尤其是云计算、大数据等对运维管理带来的需求，进行深度开发和创新，进一步丰富运维管理业务线、提升产品性能与功能、不断推进项目的滚动开发建设，持续加强技术储备；完善项目管理体系、研发管理体系，推动产品研发、项目实施、技术服务的一体化，提高交付效率与整体业务价值；通过专业化的系统集成业务团队积极开展系统集成与购销业务，拓展、丰富运维管理业务的内容。截至目前，公司运维管理业务已经涵盖了网络管理、服务流程管理、信息安全管理、面向电信网络的综合网络管理、网络优化管理、大数据应用等子领域，在技术、性能等诸多方面具有领先的竞争优势。

第二，互联网运营服务业务方面，神州泰岳面向有互联网需求的大型组织机构提供相应的包括咨询设计、平台与内容开发、系统实施、日常运营等在内的全面服务。通过多年的飞信、农信通业务的开发与运营实践，公司已形成了强大的互联网产品开发能力和运营能力，在技术、产品、团队、运营经验、对互联网市场的理解等诸多方面均有着深厚的积累。2013年，公司持续做好飞信、农信通业务的开发与支撑，公司继续成功中标飞信开发及运营支撑项目以及继续承接农信通开发与支撑项目，进一步确定了与中移动在该业务上的战略合作关系。公司将继续加强开发与支撑工作，促进飞信业务、农信通业务（含"大学生动感求职"）的发展，同时积极拓展面向国内外大型组织机构的互联网运营业务。

第三，公司稳步开展电子商务业务，进一步完善面向餐饮行业的食材生产商、餐饮企业、消费者的互联网综合服务平台，推出并优化了餐饮企业软件云服务、移动订餐点菜、增值信息服务等功能，立足于北京市场，重点开展物流体系、资金管理、信息化体系、信用管理体系、市场营销、人力资源等方面的建设，提升营运质量与效率。同时，积极推进"智慧线"产品的开发与应用实践，推出的"智慧线2.0"系列产品，定位于为矿山、隧道等复杂封闭空间提供集无线通信功能、精确位置服务等方面的全面解决方案，目前已通过煤安认证的测试环节，提交安标国家矿用产品安全标志中心审批进入到最后正式认证阶段，基本具备销售条件；智慧线3.0系列适用于办公楼、住宅、商场以及展览馆等室内场景的超宽带接入解决方案，为用户提供高速无线上网、IP电话、无线定位以及多媒体数据传输等业务，满足办公、娱乐、通信、交互服务等大容量无线数据传输的需求，目前开发基本完成，正在进行内部测试与优化。

此外，公司积极开展与大型互联网公司的深入合作，2014年1月公司已与奇虎360达成战略合作协议，本着"市场主导、开放公平、优势互补、互利共赢"的原则，发挥各自在行业内的资源与管理运营经验，采取包括渠道合作、产品合作、网络合作以及共同投资设立合资公司等方式，共同打造海外游戏发行平台。截至目前，双方共同设立的合资公司已经成立，注册资本 3000 万美元，其中公司持有 55% 的股权。合资公司的成立对于海外游戏运营业务将起到积极促进作用。

未来，公司将紧密围绕市场需求、深耕细作，进一步巩固和提高国内运维管理领域的领先市场地位。在做好飞信运营服务业务的同时，大力促进农信通业务，积极拓展面向国内外大型组织机构的互联网运营业务，努力开展包括电子商务在内的互联网自主业务以及物联网等创新业务，促进公司持续发展。

三、从传统模式向云计算商业模式转型

早在 1998 年，神州泰岳的前身就已经开始涉足于 IT 运维管理领域，经过 10 多年的探索和努力，发展至今，围绕着 IT 运维管理，神州泰岳产品与服务已经涵盖了系统网络管理、服务流程管理、信息安全管理、通信网络管理以及 IT 运维支撑外包服务，立足于为客户提供企业级的 IT 运维咨询、解决方案、软件产品、项目实施和运维服务，帮助客户规划运维管理体系、提升运维管理水平、提高业务价值。

神州泰岳一直坚持制定的发展战略，按照战略来制订公司的经营计划，公司主要立足于运维管理领域、移动互联网平台支撑和互联网领域。首先，在运维管理领域，神州泰岳主要是向国内电信、金融、能源等行业的大中型企业和政府部门提供 IT 运维管理的整体解决方案，包括软件产品开发和技术服务。其次，在移动互联网平台支撑领域，神州泰岳主要是提供互联网平台的开发和运营支撑服务，为中国移动的飞信和农网做全面支撑。最后，在互联网领域，神州泰岳目前主要是从事为中国移动"飞信"、"农信通"打造平台上的垂直应用，积极拓展包括电子商务在内的互联网业务。

目前，IT 运维管理行业已经成了一个快速增长的细分市场，国内众多的 IT 服务管理厂商正在努力抓住这个市场两极，提升产品的广度和深度，在占据中低端市场的同时，向高端云计算市场渗透。云计算 IT 运维服务则通过实施标准化、规范化的 IT 服务管理，帮助企业获得多方面的商业价值。在传统的运维模式下，IT 资源的增多使得 IT 运维者的工作越来越复杂，IT 资源的规划、购买、部署和安装等流程，会因为技术的更新和资源的增多，为运维者增加工作难度和强度，也带来了大量的电力消耗和人力维护成本。云计算 IT 运维服务达成了对硬件、软件、网络和存储等 IT 资源的集中管理和监控，实现了自动的系统接入和维护，客观上减少了对维护人员的需求，而且降低了 IT 运维成本，释放了被占用的企业资源。从长远的角度来说，云计算 IT 运维服务可以给企业整体带来运维管理制度的改革，IT 服务管理的价值就会随着企业 IT 规模的发展而日益体现出来。企业在 IT 运维中会遇到很多问题。企业各部门之间无法形成统一协调的 IT 系统管理，问题得不到有效的跟踪，也就谈不上及时解决，如果说统一协调管理问题得不到解决，那么当 IT 系统的某个流程出现问题时，往往因为找不到故障原因，而无法从根本上解决问题，这样便成了企业很难解决的问题。还有一个问题是对人的依赖，导致人员变更后的运维问题，如果一个熟练运维人员的岗位发生变更，当问题再出现时，就很难得到迅速处理。即使会有新人继承前人的工作，但他却无法继承前人的运维经验，这也成为企业运维成本增加、重复投资的重要原因。

正是因为企业 IT 运维上存在着诸多的问题和困扰，神州泰岳积极抓住云计算这个机遇，将公司的运维管理和互联网业务同云计算相结合，这样便可以解决企业在 IT 运维上的困扰，更重要的是神州泰岳可以从这样的结合中给公司的发展战略和发展方向带来很大的改变，公司的发展将会伴随着云计算的不断成熟而越来越好。神州泰岳为了适应云计算潮流的发展，积极探索自身业务在云计算方向上的突破与发展，将公司的业务领域同云计算结合起来，从而得到更长远、更好的发展。神州泰岳的云计算商业模式是：神州泰岳向企业用户提供云计算相关方面的软件产品、面向行业的私有云运维平台和覆盖 IaaS 服务层、SaaS 服务层和 PaaS 服务层的云运维整体解决方案服务，通过神州泰岳提供的软件产品、服务或解决方案向用户收取费用的方式。神州泰岳云计算的商业模式如图 3-2 所示。

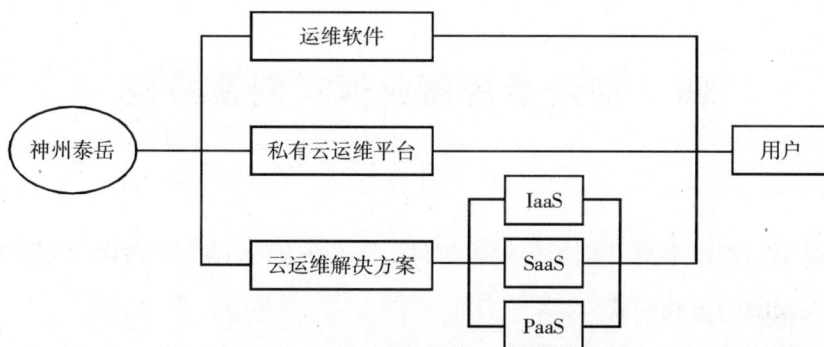

图 3-2　神州泰岳基于云计算的商业模式

第一，神州泰岳向众多行业的企业提供云计算的相关运维软件产品，企业用户向神州泰岳支付购买软件产品的费用。神州泰岳可以研发、生产和销售云计算相关的运维软件产品，其中可以包含系统网络管理方面的云计算运维软件、信息安全管理方面的云计算运维软件、服务流程管理方面的云计算运维软件和网络优化管理方面的云计算运维软件。云运维软件将会给神州泰岳在运维软件方面带来很大程度上的提高。

第二，神州泰岳向众多行业的企业提供私有云运维平台，企业、用户和政府向神州泰岳支付费用。神州泰岳向企业用户提供私有云运维平台，可以使企业用户借助建设私有云维护平台，使运维不再受地域限制，可以通过网络随时随地实现运维管理，将过去的被动转变为主动的服务方式，实现主动式的 IT 运维方式。

第三，神州泰岳向众多行业的企业用户提供覆盖 IaaS 服务层、SaaS 服务层和 PaaS 服务层的云运维整体解决方案服务，企业用户依据其使用量向神州泰岳支付费用的方式。对于企业用户来说，采用 SaaS 服务的方式，通过互联网提供软件的模式，企业用户不用再购买软件，而是改为向神州泰岳租用基于 Web 的软件来管理企业经营活动。神州泰岳全权管理和维护，帮助企业用户建立信息系统，这样可以节省企业大量购买 IT 产品、技术和维护运行的资金，从而大幅度降低中小企业信息化的门槛和风险。云运维整体解决方案的服务可以给企业用户带来极大的方便和利益。

四、神州泰岳商业模式创新路径

可以说，神州泰岳开创了集销售软件、提供私有云运维平台以及解决方案的多种收入来源的盈利模式。

神州泰岳的商业模式创新为了顺应云计算发展潮流，积极向云计算领域拓展，将公司业务同云计算相互结合，不仅向企业用户提供云计算相关运维软件产品，而且面向行业提供私有云运维平台和覆盖 IaaS 服务层、SaaS 服务层和 PaaS 服务层的云运维整体解决方案服务。

与此同时，神州泰岳公司还进行了内部资源和外部资源的有效整合，以及在组织能力方面，弘扬企业文化、以员工为本和承担社会责任。此外，神州泰岳还借助外力，一方面，确立基于四位一体的运维管理解决方案；另一方面，公司成功上市和企业兼并扩张，进行企业资本运作。正是由于这些内外因素的共同作用，神州泰岳实现了企业内部价值和客户价值双丰收，这也就是神州泰岳的商业模式创新路径（见图 3-3）。

1. 行业选择与战略定位：基于四位一体的运维管理解决方案

随着信息技术的发展，运维管理体系在 10 年的探索中从简易走向成熟。依据 IT 调查研究权威机构 IDC 的报告显示，2007 年是中国运维服务管理解决方案市场高速发展的一年。根据其市场研究数据，2007 年中国业务服务管理市场容量达到 16.8 亿元人民币，总体市场比 2006 年增长了 32.8%。其中解决方案的相关软件市场达到 12.5 亿元人民币，比 2006 年增长了 33.6%，解决方案相关的服务市场达到 4.3 亿元人民币，比 2006 年增长了 30.4%。其中神州泰岳位居首位。神州泰岳自成立以来，从国际厂商的增值代理，逐渐过渡到监控系统集成、实施

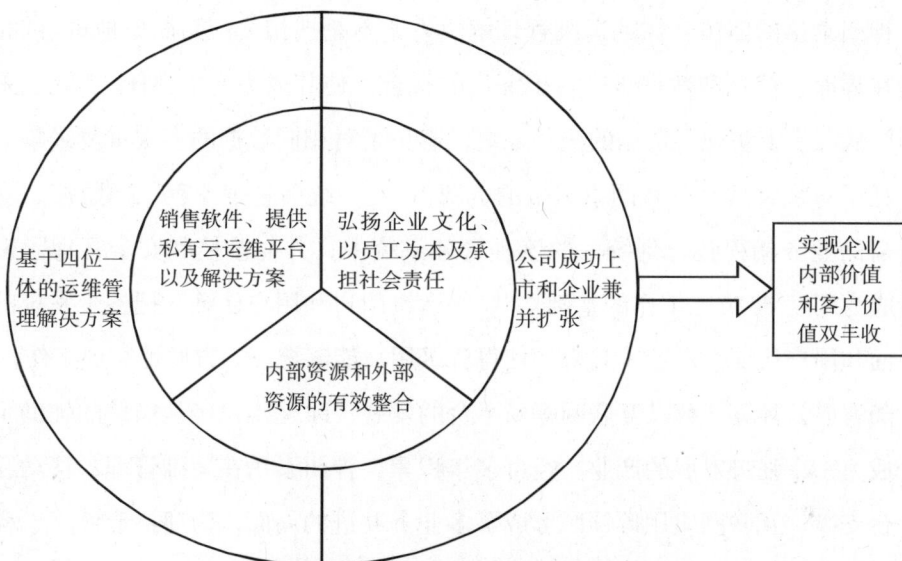

图 3-3　神州泰岳的商业模式创新路径

服务以及自主研发，神州泰岳一直定位于业务服务管理领域。神州泰岳经过在 IT 运维管理领域的十几年奋斗与打拼，目前已经成为国内领先的 IT 运维管理软件开发商、解决方案提供商和服务提供商，在 IT 领域拥有属于自己的一片天空。神州泰岳一直专注于 IT 管理领域，主要是向国内电信、金融、能源等行业的大中型企业和政府部门提供 IT 运维管理的整体解决方案，其中包括软件产品开发与销售、技术服务和相应的系统集成。

作为中国运维管理软件及服务领域的领军企业，神州泰岳长期专注于自主产品研发，为企业级大客户提供专业运维管理软件、解决方案和项目实施服务。历经十几年的积淀，在长期项目积累的深厚行业经验之上推出了"四位一体的运维管理解决方案"。"四位一体的运维管理解决方案"把"系统监控管理、信息安全管理、服务流程管理和综合运维门户"四个运维管理的专业方向有机地整合到一套解决方案中，实现"统一用户认证、统一运维门户、统一管理流程、统一 CMDB、统一采集控制"。该方案从根本上改变了以往各专业系统的独立状态，实现运维管理中不同业务的真正融合，实现运维管理系统数据集成、功能扩展和信息关联，为信息系统提供更高效、更稳定和更安全的运行保障。从体系架构上看，神州泰岳的四位一体的运维管理解决方案不是把相关产品简单地进行捆绑，而是在界面、信息和数据级进行了深入的整合，使其成为有机整体。"统一采集控制"从源头上实现了数据的统一采集，避免了对相同数据的多次重复采集，有效降低了对被管理设备和网络宽带的资源占用。"统一管理流程"把监控、安全中所需的业务流程整合到统一的流程管理系统中，并与监控和安全管理紧密耦合，成为调度 IT 员工工作的基础。"统一运维门户和用户认证"把各个系统的操作界面和用户认证登录统一起来，使得各级用户能够统一、方便地完成工作。

随着以云计算、移动互联网等新平台的发展，IT 运维已经从简单的辅助工具演变成为一个强势发展的产业。经过多年积累，神州泰岳在运维管理、移动互联网平台支撑、互联网应用等领域形成了多业务并进的局面，为迎接云计算、移动互联网时代的到来打下了坚实的基础。客户范围在不断地扩大，在 IT 运维管理领域，神州泰岳已经能为电信、金融、能源等行业的大中型企业和政府部门提供运维管理的整体解决方案；在移动互联网平台支撑领域，神州泰岳提供互联网平台的开发及运营支撑服务，为中国移动飞信、农网做全面支撑；在互联网应用领域，神州泰岳着力于打造飞信、农网平台上的垂直应用，积极拓展包括物联网在内的相关业务。面对以云计算为标志的第四次科技革命的到来，神州泰岳积极制定相关的战略，并且依据战略采取了一系列措施来抓住云计算带给公司的机遇。神州泰岳从公司的资源状况和在运维管理领域的领先地位的角度出发，确定了在云计算市场中公司自身应该发挥优势，积极地将云计算和运维管理结合起来，从而充分利用云计算带给公司的机遇。

2. 盈利模式：销售软件、提供私有云运维平台以及解决方案

神州泰岳积极制定云计算战略，充分发挥企业自身在运维管理领域的领先地位，充分利用企业的优势业务，将企业的业务领域和云计算相结合，而且凭借多年在运维管理领域所累积下来的经验，神州泰岳将在云计算市场的运维管理领域有着更好的表现。在神州泰岳将其业务领域和云计算结合起来后，公司的盈利来源主要有以下三个方面：

第一，销售运维软件成为盈利来源之一（见图 3-4）。神州泰岳将原有的业

务与云计算相结合后，公司的软件除了原有的运维软件之外，而且还有新研发出来的将云计算运用到运维管理领域的运维管理软件。这个方面的运维管理软件将会给公司带来新的软件销售收入。

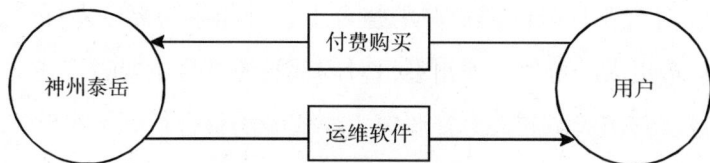

图 3-4　销售运维软件

第二，提供私有云运维平台的收入也会成为盈利来源之一（见图 3-5）。云计算技术能够为一个企业或机构的业务发展带来巨大的增长空间，并能够节省较为可观的成本预算。神州泰岳可以帮助企业用户建设私有云运维平台，而企业用户向神州泰岳支付的相关费用便成了神州泰岳的又一收入来源，私有云运维平台的收入进一步提高了神州泰岳整体业务收入。

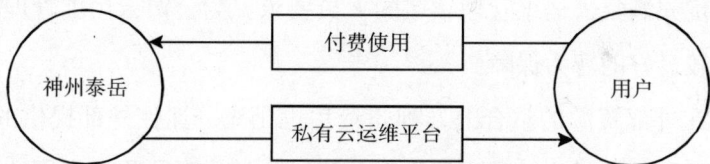

图 3-5　提供私有云运维平台

第三，向企业用户提供云运维整体解决方案的收入（见图 3-6）。神州泰岳向企业用户基于 IaaS 服务、PaaS 服务和 SaaS 服务这三个层面的云运维整体解决方案，从而拓展了企业的业务，使得企业的客户不断增加，企业业务收入也呈现增长的趋势。云运维整体解决方案将对神州泰岳未来的业务收入起到了重要的作用。

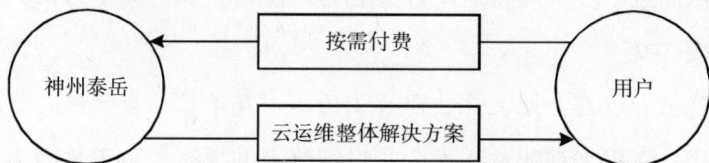

图 3-6　提供云运维整体解决方案

3. 资源整合能力：内部资源和外部资源的有效整合

神州泰岳充分利用企业的内部资源和外部资源，并将这两种资源有效地整合起来，从而更好地使公司的云计算战略得到实施和保障。

首先，在对企业自身内部资源的整合上，神州泰岳充分发挥企业资源的用处，为公司创造更大的价值。神州泰岳对内部资源整合主要表现在对公司研发资源、财务资源、营销资源和人力资源等主要资源的整合上。在研发资源上，凭借多年来在运维管理领域的研发经验，公司充分利用专业的研发人员的研发能力，为云运维软件的研究与开发打下了坚实的基础，从而使得公司在云运维管理软件方面具有一定程度上的优势。在财务资源上，神州泰岳充分利用公司的资金资源，优先或重点将公司的资金运用在云运维管理领域，为云运维管理领域的发展提供了稳定的资金保障。在营销资源上，神州泰岳借助公司原有的销售渠道和客户，同时拓展公司客户资源，使得公司在云运维管理领域的销售变得更为顺畅。在人力资源上，神州泰岳积极招聘云计算和运维管理领域的专业人士，而且在人员的安排上优先满足云运维管理领域的人员要求，为公司云运维管理领域的发展提供一个比较良好的智力保障。

其次，在外部资源的整合上，神州泰岳也是充分抓住外部提供的各种资源，对公司的新道路起到了比较重要的作用。第一，神州泰岳积极利用政策资源。北京市政府在面对云计算的第四次科技革命时，制定了北京"祥云工程"的计划。而作为位于北京的神州泰岳在云计算的发展过程中自然成为北京"祥云工程"计划的受益者之一，神州泰岳也看到了政府对于云计算的大力支持，并充分利用政策资源来发展企业。第二，神州泰岳积极同其他企业、机构建立良好的合作关系，充分利用其他企业或机构的资源来弥补企业自身的不足，或学习其他企业或机构的优点从而进一步来提高企业自身能力，使得企业的竞争力得到增强。具体合作情况见表3-2。

4. 组织能力：弘扬企业文化、以员工为本以及承担社会责任

神州泰岳一直以来都非常注重企业组织能力的提高，也正是因为长时间的努力和奋斗，公司的组织能力才得以不断提高和完善。

表 3–2 神州泰岳的合作企业及其合作项目

合作方	合作项目（合作内容）
中国移动通信集团	网管安全、交换传输、数据网络、国际业务、投诉故障等全网设备的管理
翱旗创业科技有限公司	数据交换解决方案
中国移动通信集团河北有限公司	移动现有运作模式和作业流程的客服投诉管理系统
中国移动通信集团重庆有限公司	网络管理解决方案
中国光大银行	网络设备、操作系统、数据库系统、应用系统的信息系统

第一，神州泰岳的企业文化弘扬与奖励制度。《神州泰岳企业文化弘扬与奖励制度》是以"居利思义、身劳心安、人强我强、共同发展"这十六字为核心的企业文化形象化、具体化的一种尝试，其目的是为了弘扬公司的企业文化，积极发现并欣赏每个员工的优点，及时对各个岗位上能贯彻和传播企业文化的员工给予精神鼓励和肯定，形成一种和谐、大度、智慧、学习、共享和创新的良好氛围。神州泰岳设立多个奖励制度来鼓励和肯定员工。"火箭奖"是鼓励公司员工学习与进步的奖项；"鲁班奖"是鼓励员工创新的奖项；"黄牛奖"是鼓励员工执行的奖项；"山鹰奖"是鼓励员工商务开拓的奖项；"金算盘奖"是鼓励员工成本节约的奖项；"兄弟奖"是鼓励员工团队合作的奖项。除了这些奖项外，还有十几个富有特色的奖项。

第二，公司以员工为本的思想。神州泰岳非常关注公司员工的利益，公司对员工的关心不仅体现在公司的福利待遇方面，而且更加体现在公司对员工思想或精神上的关心。神州泰岳设立了"阳光工作室"，目的在于让爱和关怀播撒到每个泰岳人的心田，可以让健康和成长与公司员工相随。"阳光工作室"的工作是：定期举办"阳光生日会"，发展"蛋糕文化"；大力开展"阳光体育活动"，强健体魄；开设"阳光邮箱"，员工之间可以通过邮件倾诉在工作和生活中遇到的各种问题；开通"阳光热线"，让大家通过电话倾诉自我，得到帮助；开设"阳光工作室"，员工还可以面对面地和咨询老师敞开心扉，一吐心声；举办"阳光培训"，开展职场减压、心理健康方面的讲座，并安排咨询交流，帮助新员工尽快适应环境。

第三，企业非常强调承担社会责任。神州泰岳非常注重企业在承担社会责任这方面的思想，作为一家企业就必须对社会承担其相应的社会责任。神州泰岳的社会责任观是：以人为本，做企业公民；心怀感恩，为社会奉献。神州泰岳从社会、客户、员工、股东这四个不同的角度来承担企业的社会责任。对社会尽责就是要和谐、创新、奉献和共进；对客户尽责就是要高效、全面、标准和真诚；对员工尽责就是要激励、关爱、表彰和成长；对股东尽责就是要真实、持续、权利和回报。

5. 资本运作：公司成功上市和企业兼并扩张

北京神州泰岳软件股份有限公司于 2009 年 10 月 26 日在深圳证券交易所创业板上市，股票简称"神州泰岳"，股票代码是 300002。神州泰岳的成功上市不仅为公司募集了大量的资金，为公司的发展提供了大量的资金支持，而且为公司的未来发展奠定了一个很好的基础。北京神州泰岳软件股份有限公司的成功上市意味着公司的发展迎来了另一个发展的高峰。神州泰岳没有增发情况。企业兼并行为是进行资本运作的方式之一。企业兼并行为是指一家企业以资金、证券或其他形式购买取得其他企业的部分或全部资产或股权，以取得对该企业的控制权的一种经济行为。企业兼并主要有承担债务式、购买式、吸收股份式和控股式。

承担债务式即在资产与债务等价的情况下，兼并方以承担被兼并方债务为条件接收其资产；购买式即兼并方出资购买被兼并方企业的资产；吸收股份式即被兼并企业的所有者将被兼并企业的净资产作为股金投入兼并方，成为兼并方企业的一个股东；控股式即一个企业通过购买其他企业的股权，达到控制该企业控股的目的。神州泰岳积极运用公司的资金资源，根据自身的发展需要实施公司的企业兼并计划，并且成功兼并了几家公司，具体情况见表 3-3。

神州泰岳明白企业兼并只是一个手段，要想企业得到长足发展就必须注重企业自身的成长，因此企业比较注重在围绕着企业战略的基础上的企业投资项目。公司的投资项目具体情况见表 3-4。

表 3-3　神州泰岳的企业兼并计划

公司名称	并购资本	主营业务
大连华信计算机技术股份有限公司	10800000 美元	计算机软件外包、计算机应用软件开发、计算机软件产品生产、计算机系统集成、计算机软件维护服务等
北京互联时代通讯科技有限公司	7095434.47 元	为电信运营商提供增值应用产品,有着丰富的互联网业务相关经验,同时具备增值电信业务经营许可证
宁波普天通信技术有限公司	240000000 元	移动通信网质量检测设备、移动公话、电子商务等系列高新电子技术产品

表 3-4　神州泰岳的投资项目

项目名称	投资金额	备　注
餐饮类电子商务平台	8400 万元	静态投资回收期为 6.18 年,年平均实现净利润 1956.20 万元
飞信平台大规模改造升级	5.025 亿元	开发期均为 2 年,年均新增销售收入 8.49 亿元,新增净利润 1.81 亿元,项目整体年平均投资收益率为 36.05%
电信综合网管产品 Ultra-TIMP		
无线网络优化平台 Ultra-WOSS		
IT 监控管理平台系列软件		
运维服务流程管理系统		
新一代安全运行管理中心		

6. 价值创造:实现企业内部价值和客户价值双丰收

神州泰岳商业模式从多个方面为企业创造了价值,主要是为企业内部创造了价值和为客户创造了新的价值。

首先是神州泰岳的内部价值得到提高。神州泰岳云计算商业模式给公司带来价值的提高最外在的表现就是业务收入的提高,云计算商业模式带来业务收入的提高主要是在运维软件、私有云运维平台和云运维解决方案上为企业带来的收入的增加。更为内在的价值创造是在企业品牌和企业能力方面:一方面通过云计算商业模式使得客户有机会通过云计算的新方式接触神州泰岳,从而为企业的品牌被更多的客户所认识,公司的品牌价值得到提升;另一方面通过云计算商业模式,神州泰岳能够重新整合公司的资源,有更多的机会利用外部资源从而使公司的整体能力得到很大程度的提升。

其次是神州泰岳客户价值的提升。客户价值主要是从客户和企业两个角度来看。从客户的角度来看，客户价值是客户从某种产品或是服务中所能获得的总利益与在购买和拥有时所付出的总代价的比较，即从企业为其提供的产品和服务中所得到的满足。神州泰岳通过向企业客户提供云计算相关运维软件、云运维平台和云运维解决方案，为客户增加了服务范围，从而提高了客户的满意度。从企业的角度来看，客户价值是企业从与其具有长期稳定关系的并愿意为企业提供的产品和服务承担合适价格的客户中获得的利润，也即顾客为企业利润贡献。神州泰岳通过向客户提供关于云计算的产品和服务，不仅使公司的业务收入得到增长，而且使公司与客户之间的关系更为紧密，新老客户同时为公司创造价值。

第四章　物联网

物联网

　　物联网（Internet of Things，IoT）是一个基于互联网、传统电信网等信息承载体，让所有能够被独立寻址的普通物理对象实现互联互通的网络。物联网一般为无线网，由于每个人周围的设备可以达到 1000~5000 个，所以物联网可能要包含 500~1000 兆个物体，在物联网上，每个人都可以应用电子标签将真实的物体上网联结，在物联网上都可以查找出它们的具体位置。

　　互联网连接技术的创新——物联网，打通了虚拟和实体的"任督二脉"，催生供应链商业模式的创新。

一、物联网的"智慧生活"

毫无疑问，如果物联网时代来临，人们的日常生活将发生翻天覆地的变化。一时间，智能物联网、智能建筑、智慧商区、智能城市、智慧地球……一系列以"智慧"为主题的新兴智能技术，如同雨后春笋般不断涌现，为人类规划出一幅美好的前景。有专家预测10年内物联网就可能大规模普及，发展成为上万亿规模的高科技市场。届时，在个人健康、交通控制、环境保护、公共安全、平安家居、智能消防、工业监测、老人护理等几乎所有领域，物联网都将发挥作用。有专家表示，只需三年到五年时间，物联网就会全面进入人们的生活，改变人们的生活方式。

1. "吃"：物联网与"舌尖上的中国"

伴随着物联网的崛起和《舌尖上的中国》的热播，一场由二维码引爆的美食总动员在全国各地轰轰烈烈开展起来。

上海翼码携旗下街奴联合支付宝、淘宝本地生活等合作伙伴，在上海5大商圈发起吃货总动员。美食达人只需消费49元，即可选择多款精美双人套餐，可选择在上海5大美食商圈进行消费。食客们可以通过使用爱拍二维码扫描店堂海报里的二维码，进入消费页面订购后，即可获得电子美食二维码券，凭此享用优惠美食。真正的全程O2O应用，让食客们享受优惠的同时，大呼方便时尚。

街奴是一款上海翼码推出的优惠券APP客户端，用户可以手机登录m.jienu.com进行下载。全球吃货们通过街奴不仅可以获得各类商家优惠券，更可以获得味千、酷圣石等二维码优惠券，无须打印，手机验证消费，便捷时尚。同时用户可以通过街奴管理自己的电子凭证信息，对已获取的电子凭证信息一目了然。如不慎删除，还可点击重发补发进行自助操作。

在福建，上海翼码联合福建移动12580、海都网等合作伙伴，推出了12580

美食季活动。用户只需拨打 12580，只需 1 元就能享受优质商家超值美味招牌菜，兑换成功后，就会收到翼码发出的电子凭证，凭此到店享受美味、优惠，享受翼码 O2O 带来的便捷。

随着各地一系列美食总动员活动的开展，上海翼码还推出了二维码食品安全防伪服务，让中国人不仅吃的美味，更吃的安全放心，让舌尖上的中国更美。

图 4-1　吃货总动员海报和 12580 美食季店家易拉宝

2．"穿"：铺天盖地而来的物联网与可穿戴

如今的可穿戴热火朝天，可穿戴设备覆盖在我们的身上，我们可以通过语音控制，通过手势管理，或者我们只需动起来，就能激活它们。我们将在不久的将来使用可穿戴设备。而它们所采用的形式将会是多种多样的。但是，至关重要的是它们能够以灵敏实用的方式传送数据。2013 年，市面上出现了多款可穿戴设备，却没有任何一款产品取得主导地位。我们期望未来还会有来自多个领域的公司进军这一潜力巨大但尚未得到准确定义的市场。那么 2014 年的可穿戴将会如何发展？

（1）2014 年的可穿戴与物联网。

虽然在科技创新这场激烈的比赛中，紧追平板电脑和智能手机之后的可穿戴设备开始显示它们的能力，但是要走的路还很长。如今任何一款数码产品都与物联网息息相关，在走进我们的生活当中同时"虚拟生活"也在伴随着我们左右。在一些发达的国家，智能手机的普及率很好地显示了它们在多大程度上改变了我们的行为标准。

但是，随着智能手机市场逐步接近饱和点，新的连接设备，特别是常为新闻头条的智能手表、谷歌眼镜等穿戴设备的面世慢慢接管舞台。当谷歌在 2012 年 I/O 开发者大会上发布了这款产品，售价 1500 美元，并向开发者提供预订。似乎人们对这一新奇产品的问世而感到好奇，都一一争论起来，当然科技界的领头羊们自然也不会错过这个刚刚开始发力的新兴市场（见图 4-2）。

图 4-2　可穿戴设备与物联网

就目前而言，增强现实技术还是一种肤浅的新奇玩意儿：你拿出手机，加载一个应用，然后看到一些与现实世界相结合的虚拟物品。但是，随着像谷歌眼镜这样的可穿戴技术出现，使用增强现实功能会变得更加容易。想象一下：当你去参加会议和社交活动时，看到每个参会者头上都悬浮着一个 LinkedIn 按钮；或者你在寻找办公场地时，只要看着一栋大楼，就知道里面的哪些空间可供租用，费用是多少。增强现实可以让创业者的生活变得更加轻松，更加富有成效。

（2）可穿戴医疗器械行业。

近年来，医疗器械的需求不断上升，在医药行业具有越来越广泛的市场，但是由于医疗机构长期偏重于使用进口设备，再加上招标监管不严等原因，部分国产高端医疗器械遭受歧视，难以拓展国内市场。而在"新医改"的政策环境下，国家发展和改革委员会、科技部等政府部门对高端医疗器械研发投入了大量专项资金。同时在"十二五"期间我国将以经济手段有效引导医疗机构使用国产医疗器械。当前卫生部开展的集中采购项目中，中标设备均以国产为主。有资深人士预测，在未来的市场竞争中，国内品牌与外资品牌在中国医疗器械市场的医疗设备占有率将进一步发生改变。

有消息称近 5 年，我国医疗器械行业变化很大。行业的整体水平和市场供应能力不断提高，一些成像诊断设备已从中国组装发展到中国制造甚至中国开发生产，国产血管支架目前占国内同类产品市场的 80% 左右，国产彩超机目前占 60%

左右（见图 4-3）。

可穿戴智能医疗设备可以持续跟踪患者后续情况，医生可以动态评价药物的疗效，及时跟踪患者的康复进展情况，发现潜在的风险因素。随着人们生活水平的不断提高，对健康的关注程度也会越来越高，对医疗行业的关注度会越来越大，其应用范围也会越来越广（见图 4-4）。

图 4-3　物联网与医疗设备（血压仪）

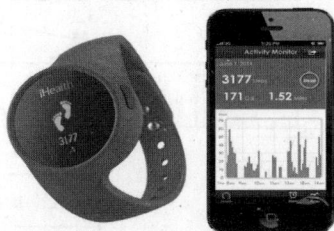

图 4-4　物联网与医疗设备移动市场产品

在目前的可穿戴设备销售业绩中，医疗设备占了绝大部分份额。从现在的趋势来看，这种情况还将继续下去。远程病人监视、现场专业医疗护理等都可以应用可穿戴设备。据有关数据显示：2012年中国移动医疗市场规模达到 18.6 亿元，较上一年增长 17.7%。预计 2017 年底，中国移动医疗市场规模将突破百亿，达到 125.3 亿元。按照 GSM 对移动医疗行业测算标准，医疗设备厂商和内容与应用提供商占比约为 39.83%，预计到 2017年，中国可穿戴便携医疗设备市场销售规模将接近 50 亿元。如盛大旗下果壳电子不久前率先发布了智能手表、智能戒指等四款产品，百度以及一些手机厂商也纷纷推出可穿戴产品。穿戴式设备的身影越来越在我们的日常生活中占据重要的地位，它们的功能也不仅仅局限于检测睡眠、记录运动等，与此同时中国医疗器械企业也不甘寂寞，纷纷投入重金研发可穿戴医疗设备（见图 4-5）。

（3）智能显示器的视觉突破。

在民用微型显示领域，头戴式显示类的产品一直以来都相当引人关注，但是由于显示效果、佩戴舒适性以及使用实用性等问题的困扰，在很长的一段时间里都没有获得市场与消费者的认可。近年来，头戴式显示技术取得了令人瞩目的进展，不仅将高清与 3D 显示融入其中，还通过加入各种各样的传感器、触控器与智能系统，打造出可以取代智能手机、平板电脑等数码移动娱乐设备的概念化之作，让未来的生活变得更加随心所欲。

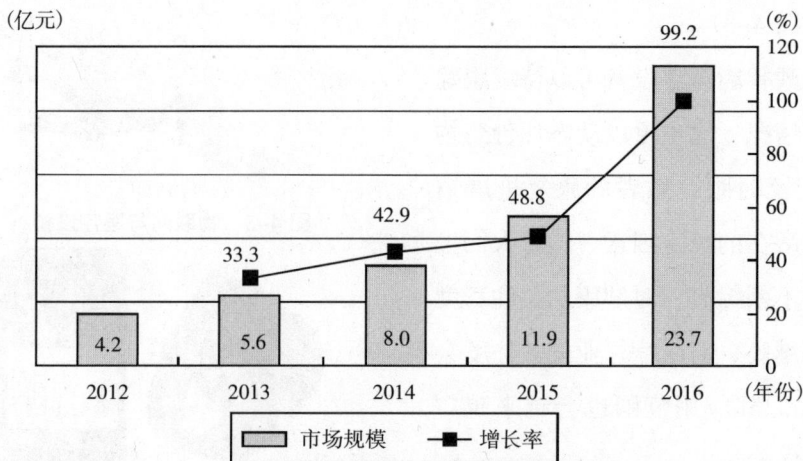

图 4-5　物联网与医疗设备市场空间

然而这项技术也存在一定的不确定因素，特别是对于眼镜的潜在危险也值得人们重视，毕竟要在这么近的距离观看投射的影像与处理如此多的功能，会有不少问题要解决。但不可否认的是，当谷歌眼镜的出现，就好像将电影中的未来世界带到了现实，让人们感受到科技正在改变生活（见图 4-6）。

图 4-6　物联网与 3D 可视高清设备

从原理上讲，头戴式显示器与其他类型的显示一样都是显示图像的设备，通常以眼罩与头盔的方式将显示屏贴近用户的眼前，通过光路调整焦段从而在短距离向眼睛投射影像。头戴式显示器分为可透光和不可透光两种，可透光式头戴显示器除了可以用于显示画面，还可以让用户看到显示屏之后的图像。从 2012 年发展至今，头戴式显示器开始逐步向家用市场迈进，性能越来越强大。而最初的头戴式显示器主要应用在军事与专业领域，常常搭配陀螺仪和位置跟踪装置，以便于追踪用户的视角和位置来改变三维场景的视点。在民用领域，头戴式显示器则会加入智能系统与

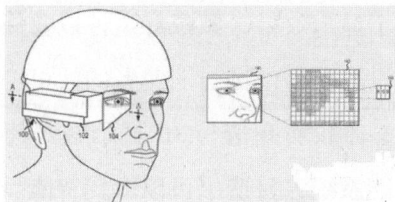

图 4-7　物联网与头戴式显示器

移动通信功能，可提供与智能移动设备相同的功能，同时对影音播放的兼容能力也比专业领域的更强，能够全面支持各种不同格式的音视频文件（见图4-7）。

2014年的可穿戴设备，从现在市场上我们可以了解到核心的显示部分各有不同，既有微型投影系统，也有OLED、LCD与LCoS显示系统。每一种显示系统各具特色，不少还具备了高清甚至全高清的2D或3D显示能力，实用性已经达到非常高的水平。然而，由于制造成本高昂，长时间观看对眼睛造成影响以及佩戴舒适性等问题都是造成其仍然没能受到影音爱好者认可的主要原因。尽管如此，头戴式显示器技术的突飞猛进仍然引起了绝大部分年轻一代影音玩家的关注，同时也有越来越多的厂商准备进入这个领域。在新科技的日新月异下，头戴智能显示器的完善与发展更加让我们看到可穿戴设备的新的前景，这需要时间来验证。

从手机触屏到各类可穿戴设备，科技产品及产业引导向一个新的革命。传统的PC领域产品发展已经进入下半场，但PC成熟的产业链配合专业体感控制将会是移动化智能终端的融合新趋势。包括苹果、三星、谷歌在内的行业领军者有望在语音控制、无线操控、智能显示、近场支付等各类领域推出旗舰产品，这为我们可穿戴产品的设计、用户体验等带来了不一样的方向，也从侧面推进了穿戴产品与物联网的普及，将形成核心竞争力并引导整个产业潮流。

3."住"："智慧"家居生活

随着物联网之风的愈演愈烈，让智能家居企业借助物联网东风，突破技术上的瓶颈，凭借真正意义上的智能化让智能家居成为引领潮流不可或缺的消费品。强大的物联网世界让你大开眼界，基于物联网衍生物无所不能，就连当下主流的特斯拉电动汽车也是出于物联网概念。并非所有物联网产品都能引起这么大的关注度，但基于互联网与物联网思维的智能家居，的确已经成为大家关注的焦点。智能家居物联网时代从何而来？你一定会诧异，家居产品智能化盛宴如何，让我们一起去关注吧。

（1）智能家居远程控制时代。

说起智能家居远程控制时代，严格来说这并非智能，只不过是支持远程控制功能，尚未形成物联网概念，因此以家庭监控摄像机为代表的智能家居产品就此诞生。摄像机依靠手机 APP 实现远程监控，数据远程传输，功能更加丰富的还支持语音对讲。简单的一对一操作，很多智能也很难说清（见图 4-8）。

图 4-8　家庭摄像机依靠手机远程监控、监听

目前，许多家庭摄像头仍以这样的方式存在着，单一的产品、单独的 APP、智能化远程控制，真要是套用智能家居概念，恐怕它更像是一款硬件，而非系统。责任并不在产品或厂商身上，而是空白的行业标准和平台，让国内智能家居陷入了一个"死潭"中。

（2）智能家居人机交互时代更友好。

人机交互时代的远程控制似乎只是一小部分，当 iPhone 推出 Siri 之后，人们意识到原来这才是智能手机。同理，智能家居产品也需要这样的配置，语音控制，让你的家电更"听话"。语音控制智能家居并不难，这就好比跟 Siri 说话一样，设定几个特定的模式，只要口齿清晰能识别出所说的内容，那么就没有什么难题。例如，如果你觉得室内太冷，打开 APP 对着手机说"关掉空调"，四个字、两个关键词足以判定出你的指令（见图 4-9）。

图 4-9　Siri"智能家居"初体验

智能语音交互系统仅能做到这样吗？智能家居追求的终极目标是智能，那么单一的指令很难突出"智能"二字。如果当你对着手机说"室内空气太干燥"，

相应的智能加湿器"听"到指令后自动开启，相比"打开加湿器"来得更加人性化。

人机交互语音对讲看似复杂，其实实现起来很简单。例如，你想用谷歌眼镜做点什么，其实每一个操作步骤都会有提示，"ok glass"后会进入列表模式，如果你想照相就请说一句"take a picture"吧。按照提示操作一步步进行，你就会发现语音控制是一个很神奇的互动过程（见图4-10）。

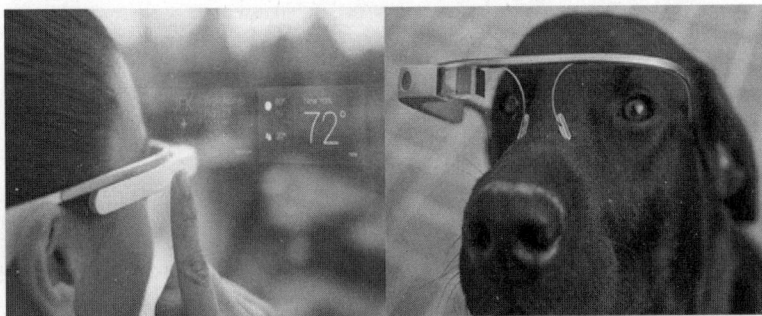

图 4-10　谷歌开启人机对话模式

（3）智能家居物联网时代产物。

智能家居终极目标是建设在物联网基础上，Web 3.0 时代产物实现"物物对话"。那么这种工作方式该如何进行呢？跳过手机指令，通过传感器完成指令。在之前评测的 LifeSmart 智能家居系统中，一个智能插座与一个温度传感器组合。当环境感应器探测到温度、湿度达到一定极限数值时，系统会自动判断，此时电源插座处于危险状态，根据当下的潮湿环境切断电源供电，防止险情发生。这是物物相联应有的表现。

硬件与硬件之间的"对话"还有很多，结合智能家电还可以表现在温度与空调上，你无须对着手机说"开启空调"，当温度高达某一个设定值后会自动开启，这就是物联网的魅力，也是互联网的"功力"。那么智能手机去哪里了呢？

远程控制时代以智能手机为依托，所有的硬件设备都需要通过手机指令来完成，同样人机交互时代也需要手机"传达"指令，而进入物联网时代，手机就变得像遥控器，设定几个模式，就进入全自动化时代（见图4-11）。

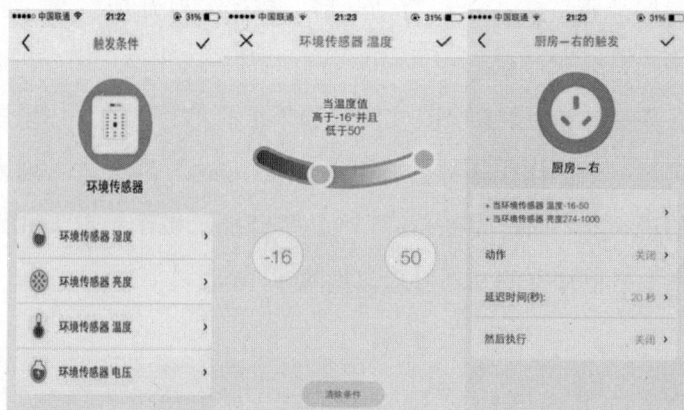

图 4-11　环境传感器控制智能电源开关——物联网概念初长成

目前，智能家居产品介于远程控制和人机交互时代之间，若真正做到物物相联，恐怕只是时间的问题。

4．"行"：出行和物联网不是火星撞地球，也不是转角遇到爱

出行和物联网不是火星撞地球，也不是转角遇到爱。出行和物联网的结合，是智能交通突破瓶颈、转型升级的机遇，是物联网理念和技术寻找载体、实现自身价值的必然，是技术和产业的"两相情愿"。

（1）Mobii 系统，物联网时代的出行"神器"。

物联网时代，汽车也变成了联网设备，徜徉在数据的海洋之中。不要小看这些数据，它们将为驾驶员、车主提供焕然一新的驾乘体验。为了充分迎合智能互联为汽车行业带来的机遇，英特尔与福特公司共同研发了"移动内部成像"，即"Mobii"系统。Mobii 利用车内摄像头、相关智能系统以及智能手机或平板电脑实现互联互通，协助车主完成各项任务，帮助提高行车的便利性和安全性。当然，隐私的保护与车辆的安保也是这一合作的优先考量因素。

试想，你一坐到方向盘前，汽车就能认出你是谁，该是多么神奇的体验。Mobii 实现了个性化车载信息娱乐系统设置，可以自动调出你的行程表、提醒你赴约、播放你喜爱的歌曲，甚至替你打开天窗。当爱车精心为你打造这一切时，你只需手握方向盘、眼盯正前方就好。

英特尔与福特开发 Mobii 的初衷是，探索驾驶员与设备互动的最佳方式，以及如何利用技术手段提高这种互动的直观性和可预测性。在不久前的联合发布中，它们介绍了 Mobii 是如何通过整合车内摄像头与现有传感器数据、驾驶员行为模式以及感知计算技术，重塑车内驾乘体验的（见图 4-12）。

图 4-12　Mobii 车载系统

下面列举部分 Mobii 的神奇功能：

● 身份验证。Mobii 采用一个前置摄像头和面部识别技术，可以确定方向盘后的驾驶员与预先授权的驾驶员是否为同一个人。如果不是，汽车就不会启动，从而防止爱车被盗。当有异常情况出现时，车主会第一时间收到带有驾驶员照片的报警短信。更重要的是，无论你在哪里，都可以立即指示 Mobii 更新驾驶员授权，让你的朋友启动爱车。

● 行程安排。车辆起动以后，Mobii 就会为你显示一天的行程，并指示车辆奔向第一个目的地。常常丢三落四？没关系。Mobii 的摄像头可以帮助定位落在车上的物品。只需通过智能手机或平板电脑上的照片，就能开始搜查了。

● 安全保障。Mobii 还能识别手势，并且知道人类手势的用意。你只需冲着天窗伸伸手，Mobii 便会根据你的后续语音指令打开或关上天窗。氛围控制系统也是一样的道理。而这一切都无须你将注意力从路面转移。如果在开车过程中，你不小心碰到了导航控制板，Mobii 就会立刻送上提醒：这样做不安全，请直接说出目的地。不过，车内的乘客倒是可以自由使用导航控制系统。

（2）物联网助力快乐旅游。

物联网时代就要流行物联网速度，前几天还在流行"爸爸去哪儿？"很多人那颗想要旅游的心又蠢蠢欲动。有些人甚至已经订好了目的地的酒店和机票。然而，你是否知道，未来你的旅游会因为物联网变得更方便？"要旅游，找途牛。"这个由著名演员林志颖和他的儿子 Kimi 做的广告你一定不陌生。随着物联网技术的发展，恐怕以后就要"要旅游，找物联网"了（见图 4-13）。

图 4-13 爸爸去哪儿+途牛网+长隆酒店

通过酒店的智能无线系统和智能订房系统，你可以随时随地预订酒店，无论你这时身在何方。通过带有 RFID 景区门票系统，等于为景区安了一双"火眼金睛"，无论你手持的假门票有多么仿真，都会被立即识破。通过物联网智能综合查询系统，你可以对你的旅游目的地的住宿环境、交通、门票花费及旅游方式等做一个全面的预算，以便心中有数，不花冤枉钱。通过物联网强大的信息储存和处理功能，可以使吃、住、行、游、购、娱等相关信息实现互联互通，为旅行者提供"全程式"的管家级服务，例如火车机票信息、购物信息、景区路线信息等。景区通过物联网，还可以对人流实行实时监控，为游客提供医疗服务；借助精准的定位技术，结合旅游者个人的喜好，通过文字、图片、声音、视频等多种形式，生动详细地为旅游者展示景区内的人文景观、自然风光。

当然，除了旅游市场的潜力巨大以外，促使众多物联网企业预分旅游市场这块大蛋糕的根本原因是国家对智能旅游的支持。

【专栏 4-1】 物联网时代比互联网时代会更不可思议

1. 会发微博的房子

IBM 工程师克拉克用 24 只传感器和家中的各个电器相联，然后一有"风吹草动"，传感器便通过 WiFi 把数据传到电脑，然后通过专门的软件将数据转化成微博发送到网上。感觉怎么样？物体都会发微博了，没准你哪天关注了个新博主，然后慢慢发现这家伙原来是一只电器，你会不会很受伤呢？

各种电器能够发微博让我们在新奇之余也可以对家中的事情了如指掌，比如在我们休息刷微博的时候就会看到家中电器所发的微博。诸如：小狗尿地毯上啦，某人在家门口逗留五分钟，你本月已经使用多少度电了。这些信息的确反映着家中时时刻刻的变化，但你要忍得住它们的"絮絮叨叨"啊！

2. 会网购的冰箱

别以为整天坐在电脑前上个京东、逛个天猫是灵长类动物的高级活动，突然哪天从家乐福或者丹尼斯送来一些你爱吃的火腿什么的，你可千万不要傻眼啊！或者理直气壮地说这些东西不是我要的，这样快递哥可是会委屈的，没准是你家的物联网冰箱干的呢！

冰箱接入网络后，可直接与你附近的百货超市连接，冰箱会根据你的品牌喜好、购物取向以及你的使用量在某些东西用完时或者将近用完的时候自动下单购买这些东西，这样你就不必每天去清点冰箱的食物，或者因食物用完而无法做自己喜欢的菜。

3. 会聊天的电器

把家中的电器组成一个局域网络，同时根据每个电器的不同嵌入不同的传感器，实时收集信息，然后把接收到的数据通过特定的软件进行分析，在对特定的电器做出指示，这样不同电器之间就可以进行对话交流、协同工作。

如果把每个物体分配一个通信账号，然后物体根据自己收集的数据以及决策信息也可以生成聊天语句进行物体间的对话。没准它们也会爱上聊天。

当你上床准备睡觉的时候，可能会发生下面的对话：

韩菲尔（床）：主人温度37℃，正常，我的温度35℃，不是主人喜欢的温度。@海尔请开始工作达到25℃、自然风、上下吹风。

海尔（空调）：海尔收到消息，已经开始工作。@施耐德我已经开始工作，请你自动关闭。

施耐德（电动窗帘）：OK，窗户、窗帘正在自动关闭中……

虽然电器也会聊天，但它们可能谈到更多的是数字，至于它们说什么话，

> 这就要看我们生成消息的软件了，最起码它们不会泡妹子，都是为我们服务！
>
> 物联网时代，物体也要网上冲浪了，真乃物别三日，当刮目相看，今日已经物非昔比了，怎么样？你和你的小伙伴们都惊呆了吗？

二、物联网

当我们在谈"智能硬件"时，已经有人在谈更底层的东西了——物联网。近日谷歌带头创立的 Thread 联盟再次把世界的眼光聚焦在"物联网"上，国内的巨头又是怎样对待"万物互联"的呢？阿里巴巴即将发布的号称"中国第一款物联网操作系统"又是怎么一回事？

物联网的概念与其说是一个外来概念，还不如说它已经是一个"中国制造"或"中国智造"的概念，"Internet of Things"这个词在中国被意译为"物联网"，它的意义和覆盖范围在中国可谓"与时俱进"，已经远远超越了 1995 年比尔·盖茨在《未来之路》中提的物物互联，1999 年 Ashton 教授、2005 年 ITU 报告以及 2008 年《EPoSS IoT 2020 报告》所指的范围，物联网已被贴上中国式标签，中国在物联网理念和应用方面可以说已经走在了世界的前面。最近，Gartner 公司更是预言到 2020 年全球物联网市场价值将达 1.9 万亿元人民币，"物联网"时代已经来临！

物联网是一个基于互联网、传统电信网等信息载体，让所有能够被独立寻址的普通物理对象实现互联互通的网络，说白一点就是一张万物互联的网。它区别于我们熟悉的互联网：互联网连接人与人、人与物、人与信息，而物联网连接物与物。

从学术点的角度来说，"物联网"概念是建立在"互联网"概念的基础上，物联网是由具有标识、虚拟个性的物体或对象所组成的网络，这些标识和个性等信息在智能空间使用智慧的接口与用户、社会和环境进行通信。物联网是将其用户端延伸和扩展到任何物品与物品之间，进行信息交换和通信的一种网络概念（见图 4-14）。

图 4-14 物联网概念

【专栏 4-2】 物联网硝烟四起：谷歌、阿里重磅来袭

1. 国外三军阀：苹果 HomeKit、微软 AllSeen、谷歌 Thread

AllSeen 阵容强大。AllSeen 是一套基于开源项目 AllJoyn 的物联网协议，不同的设备通过不同的频道（如 WiFi、以太网等）可以利用此协议达到互联互通。AllSeen 面向家庭生活、工业生产中的设备，未来也会向教育、汽车、企业等领域发展。

图 4-15 AllSeen 的 LOGO

AllSeen 联盟在 2013 年 12 月由高通牵头成立，至今已有数十家公司加盟，其中不乏行业巨头如微软、松下、TP-LINK、思科等，国内品牌海尔、乐视也出现在名单上，阵容不可不谓强大。

微软早在 21 世纪初就已提出智能家居方案"维纳斯计划"，成为 AllSeen 盟军一员，势必加速其攻占智能家居市场的脚步，而高通在智能硬件火热的这几年适时推出了基于自家 AllJoyn 的 AllSeen 联盟，显然已经不满足于只在传统手机芯片领域做老大。

谷歌 Thread 重磅登场。2013 年 7 月 15 日谷歌旗下 Nest 联合 ARM、三星、菲思卡尔等重量级硬件玩家成立了 Thread 联盟，推出全新的物联网协议 Thread。

Thread 采用 IPv6 编址，支持 802.15.4 协议，强调面向家庭，安全与低功耗是其主打特色功能。

谷歌 30 亿元收购 Nest，进军智能家居的势头可谓雷厉风行，如今又联合硬件（芯片）巨头

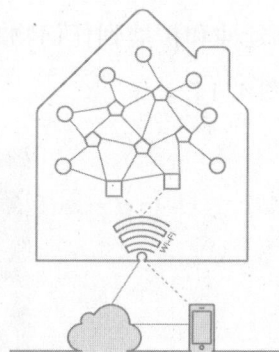

图 4-16　Thread 的 LOGO

强势推出 Thread 物联网协议，可以说物联网在谷歌这一庞然大物的搅动下已成激流，虽然刚刚成立的 Thread 联盟只有不到 10 位成员，但在谷歌开源项目强大的号召力下（Android 当是经典一例），初生的 Thread 要茁壮成长以抗衡 AllSeen，无需多时。

苹果 HomeKit 一骑当千。苹果 WWDC 大会上发布的 HomeKit 平台，主要为智能硬件开发者提供 iOS 上的数据、控制接口，实现利用苹果设备作为智能家居的控制中枢。

苹果的封闭一向令人发指，HomeKit 也显露了苹果中央集权的欲望：一个系统应用 HomeKit 就可以管制你家里所有的智能设备，而开发者采用 HomeKit 作为硬件控制中心的同时也意味着放弃独立的第三方 APP 开发。HomeKit 某程度上的确助力了智能家居发展，但或许更多地展示了苹果贯以彻之的霸道统治。

把 HomeKit 与 Thread、AllSeen 放在一起比较其实稍有不妥：HomeKit 是苹果自家的软件平台，物与物相联必须先通过苹果提供的枢纽，而 Thread 与 AllSeen 强调物与物的直联相连，涉及了最底层的物联网协议，直接面向硬件芯片，话语权更大的同时影响到的硬件范畴也更为广泛。由此看来，苹果想手持 HomeKit 在物联网这块全新战场上一骑当千，无异于痴人说梦。

图 4-17　HomeKit 的 LOGO

2. 国内三剑客：百度、京东与即将登场的阿里

百度于 2014 年开放的 Baidu Inside 智能硬件合作计划，旨在通过数据接口等为硬件创业者提供百度自家的云服务，包括云储存、大数据分析等，同时也细分出了 Dulife 这一专注可穿戴智能硬件的数据平台，可以说百度是国内互联网公司中动作最早也是最大的一家。

京东最近推出的京东智能云和京东+计划，立足自身的云平台与运营渠道为智能硬件创业者提供服务，此前投资的 Broad Link 则是智能家居创业公司中的佼佼者，旗下开放的 Broad Link DNA 智能家居连接方案为普通家居硬件产品提供互联互通的智能化服务，京东在智能家居市场的布局已初步成形。

图 4-18　百度的物联网计划和 LOGO

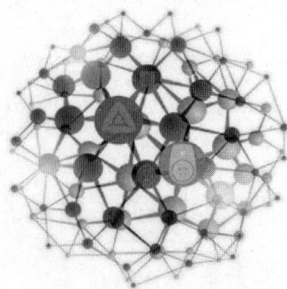

BroadLink DNA

图 4-19　京东的物联网子公司 Broad Link

与 AllSeen、Thread 相比，百度、京东目前做的与苹果的 HomeKit 相似，严格意义上不算是"物联网"上的事儿，但是通过它们平台相连的智能硬件都需要联入互联网。百度、京东这种基于"互联网"的物物连接算不上真正的"物联网"。

2013 年 7 月 15 日 Thread 诞生之后，阿里巴巴智能云联合庆科公司（MXCHIP）即将于 7 月 22 日发布号称"中国第一款物联网操作系统"的MICO 智能硬件操作系统尤为引人注目，届时也将同时成立 MICO 联盟。1.0系统版本以赵州桥为象征，意在"为智能硬件提供最稳定、快捷、智慧的连接与交互"。

与 Thread 等物联网协议相比，MICO 这样的系统级物联网产品话语权更高，或许也将更难在厂家中推广。无论如何，在国外巨头纷纷划定物联网标准的同时，国内出现涉及底层物联网的尝试不会是坏事，今日碰壁头破血流，也胜过他日尾随，任人摆布。届时敬请留意雷科技对这款全新物联网操作系统的报道。

图 4-20　阿里巴巴智能云联合庆科公司（MXCHIP）的 MICO 系统

通过对物联网概念界定之后，我们不难发现，物联网要想真正实现物物互联，就必须要对物品的信息进行采集、传递和处理，而这些都是为了更好地感知物品，进而实现智能对话。对此，中国移动公司总裁王建宙认为，物联网应该具备三个特征：一是全面感知，即利用 RFID、传感器、二维码等随时随地获取物体的信息；二是可靠传递，通过各种电信网络与互联网的融合，将物体的信息实时准确地传递出去；三是智能处理，利用云计算、模糊识别等各种智能计算技术，对海量的数据和信息进行分析和处理，对物体实施智能化的控制，如图 4-21 所示。

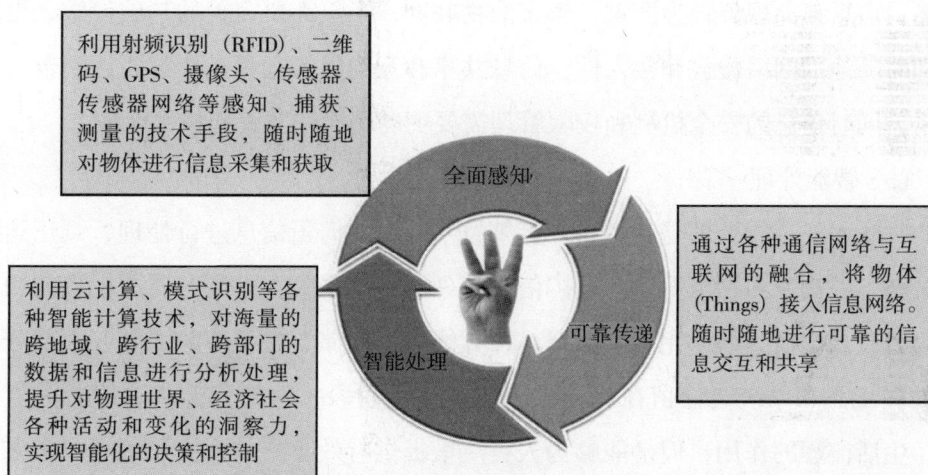

> 利用射频识别（RFID）、二维码、GPS、摄像头、传感器、传感器网络等感知、捕获、测量的技术手段，随时随地对物体进行信息采集和获取

> 全面感知

> 通过各种通信网络与互联网的融合，将物体（Things）接入信息网络。随时随地进行可靠的信息交互和共享

> 可靠传递

> 利用云计算、模式识别等各种智能计算技术，对海量的跨地域、跨行业、跨部门的数据和信息进行分析处理，提升对物理世界、经济社会各种活动和变化的洞察力，实现智能化的决策和控制

> 智能处理

图 4-21　物联网的特征

（1）全面感知。

全面感知也就是利用 RFID、传感器、二维码以及未来可能的其他类型传感器，能够随时即时采集物体动态。接入对象更为广泛，获取信息更加丰富。当前的信息化，接入对象虽也包括 PC、手机、传感器、仪器仪表、摄像头、各种智能卡等，但主要还是需要人工操作的 PC、手机、智能卡等，所接入的物理世界信息也较为有限。未来的物联网接入对象包含了更丰富的物理世界，不但包括了现在的 PC、手机、智能卡，传感器、仪器仪表、摄像头和其他扫描仪也会得到更为普遍的应用，而行业当中获取和处理的信息不仅包括人类社会的信息，也包

括更为丰富的物理世界信息，包括毒性、长度、压力、温度、湿度、体积、重量、密度等。

（2）可靠传递。

感知到的信息是必须要安全可靠地传送出去的，通过网络将感知的各种信息进行实时传送，现在无处不在的无线网络已经覆盖了各个地方，在这种情况下，感知信息的传送变得非常现实。网络可获得性更高，互联互通更为广泛。当前的信息化建设当中，虽然网络基础设施已日益完善，但距离物联网的信息接入要求显然还有很长一段的距离，并且，即使是已接入网络的信息系统很多也并未达到互通，信息孤岛现象较为严重。未来的物联网，不仅需要完善的基础设施，更需要随时随地的网络覆盖和接入性，信息共享和互动以及远程操作都要达到较高的水平，同时信息的安全机制和权限管理需要更高层次的监管和技术保障。

（3）智能处理。

物联网的智能处理是利用云计算等技术及时对海量信息进行处理，真正达到了人与人的沟通和物与物的沟通。信息处理能力更强大，人类与周围世界的相处更为智慧。当前的信息化由于数据、计算能力、存储、模型等的限制，大部分信息处理工具和系统还停留在提高效率的数字化阶段，一部分能起到改善人类生产、生活流程的作用，但是能够为人类决策提供有效支持的系统还很少。未来的物联网，不仅能提高人类的工作效率，改善工作流程，并且通过云计算，借助科学模型，广泛采用数据挖掘等知识发现技术整合和深入分析收集到的海量数据，以更加新颖、系统且全面的观点和方法来看待和解决特定问题，使人类能更加智慧地与周围世界相处。

三、物联网的应用

物联网应用涉及国民经济和人类社会生活的方方面面，因此，"物联网"被认为是继计算机和互联网之后的第三次信息技术革命。信息时代，物联网无处不在。由于物联网具有实时性和交互性的特点，从功能上看，物联网主要有八大应用领域：城市管理、数字家庭、定位导航、现代物流管理、食品安全控制、零售、数字医疗、防入侵系统。从产业结构上看，我国物联网主要有九大应用领域：智能工业、智能农业、智能物流、智能交通、智能电网、智能环保、智能安防、智能医疗、智能家居。

1. 物联网应用渐成气候

在传感技术、大数据和移动互联网发展的推动下，物联网应用在全球渐成气候，开始进入实质推动阶段，给生产、生活、管理等各个方面带来深刻变化。预计未来几年，全球物联网市场规模将出现快速增长，到 2015 年，整体市场规模将接近 3500 亿美元，年增长率达到 25%。按照这个速度，到 2022 年，物联网技术将推动全球企业的利润总和增长 21%。

目前，欧洲是全球物联网运用最先进地区。德国电信的机器与机器间无线通信业务（M2M）应用已经覆盖了能源、医疗、交通物流、汽车、消费电子、零售、工业自动化、公共事业和安全九大行业。英国正在推进智慧网格项目的规划，将在 2020 年前部署 5300 万个燃气和电力计量器。知名咨询公司弗若斯特·沙利文发布报告称，预计到 2016 年前，欧洲国家的 M2M 市场复合年增长率将达到 33%。

美国"智慧地球"计划以物联网应用为核心，将投资 110 亿美元用于智能电网及相关项目。智能家居服务有望率先形成规模。美国电话电报公司把基于物联网应用的数字生活服务扩展到奥兰多等多个城市。康卡斯特、威瑞森、考克斯和时代华纳有线电视公司等均推出了家庭安全和自动化服务。

当前，我国物联网发展应用也开始进入实质性推进阶段。相关数据显示，2012 年我国物联网产业市场规模达到 3650 亿元，比上年增长 38.6%。预计到 2015 年，一批物联网核心技术将实现突破，初步形成物联网产业体系。另有业内专家预测，2015 年，我国物联网产业规模将超 5000 亿元，总规模将超万亿元，将面向重点行业和重点民生领域开展物联网重大应用示范，提升物联网公共服务能力。在我国，物联网在改善民生、产业升级转型方面将发挥重要作用，在电子商务、交通、医疗卫生、智能电网、广播电视等领域，物联网应用正在取得显著成绩。

未来将有两项技术将与物联网产生相互加速、加强的作用。一是大数据。根据互联网数据中心公布的数据，2005年由M2M产生的数据占全世界数据总量的11%，预计到2020年这一数值将增加到42%。二是移动互联网。比如车联网，是物联网与移动互联网的结合。江苏省无锡市90%的出租车安装了"出租车辆智能调度管理系统"，免费提供叫车热线服务，让居民实实在在体验到物联网的好处，也提高了出租车运营效率。

随着智慧城市的发展，城市的数字化、网络化、智能化将与物联网有机结合，从而改善公共服务，提高居民生活质量。

2.物联网应用要攻克的五个难题

可能大家都觉得物联网是好东西、香饽饽，但它是新鲜出炉的，烫手啊！从2009年到现在5年左右的时间里，我国全面推广物联网应用过程中，其实一直存在政府热企业冷的局面，主要集中在以下几个方面：

（1）物联网的应用成本太高。

大家都知道中国人喜欢贪便宜，这一点都不假！最简单的例子：某服装企业打算在所有服装上应用RFID电子标签。初步估算它每年要生产2000万件衣服，全国100个门店。每件衣服一个标签，一个标签的成本1.5元。这样仅衣服上标签的成本就3000万元了。然后每个门店配一套RFID读写设备和软件加上维护费用，每个门店每年大概需要5万元。一次让老板拿出3500万元来建设这套系统基本上太难了。

如果企业只是部分建设这个系统又完全看不到整个系统能带来的效益，那么只能作罢。在物联网技术推广的初期电子标签贵，读写设备贵，所以很难形成大规模的应用。而由于没有大规模的应用，电子标签和读写器的成本就很难降下来。这样就成了一个恶性循环。

（2）企业无法直接看到应用物联网能带来的价值。

物联网应用的最终目的是提供所有相关物品的信息使其能无缝进入企业的 IT 系统，为企业重要决策提供依据。说白了就是一堆数据，数据的价值在短时间内很难体现出来，所以企业老板在看不到很明确价值的时候就不愿意冒险。大家都希望能看到同行业的其他企业能首先用起来，看到他们的应用价值时采取追赶措施。只有少数有远见的企业能够先应用物联网技术。难道这些老板忘了快递行业顺丰是怎么成为龙头老大的？后期的追赶者永远都会慢半拍。

（3）技术难题。

我国一直缺乏物联网中的一些关键技术，先进应用中的关键技术完全依赖国外技术。中国的 RFID 产业虽然参与企业众多，但是一片混乱，技术标准不完善。同时对 RFID 应用影响最大的金属环境或其他干扰仍然没有彻底解决，即使有办法解决成本代价也太高。普通 RFID 标签和抗金属 RFID 标签的价格相差数十倍。

（4）产业链不完善。

物联网的产业化需要芯片商、传感设备商、系统集成商、移动运营商等的通力配合。产业链的合作需要兼顾各方的利益，而在各方利益机制及商业模式尚未成型的背景下，物联网普及仍相当漫长。普通厂商可以解决感知层和应用层的难题，但网络传输层永远受制于移动运营商。

（5）政府协作。

物联网应用往往是跨行业、跨区域的，但这些行业和地域所属政府职能部门不一样，如何加强各部门的协调、互动、合作，如何打破行业、地区、部门之间的壁垒，促进资源共享是一个大难题。好在目前国家一直在大力推进物联网建设。

总之，物联网在中国的应用普及任重而道远，革命刚刚开始，同志需加倍努力。

【专栏 4-3】　　　　　物联网改变家居体验的 10 个案例

来自皮尤研究中心最新的数据显示，在不久的将来（2025 年），物联网技术将无处不在，你很难再找到没有互联网连接性的设备，哪怕是一个最普通的水壶。即便是在今天，我们已经可以通过手机来操控电灯、空调甚至是汽车，物联网正在以多样化的形式侵入我们的生活。你仍然觉得不够具体？没关系，下面我们就以家居环境为例，告诉你物联网技术带来的 10 个应用实例，相信你在看过之后便会感叹：原来我们还可以这样生活。

1. 煮饭煮咖啡

为传统烤箱加入 WiFi 功能会有什么好处？你可以使用手机应用控制温度，包括预热和加温，更酷的是你还可以下载菜谱，实现更具针对性的烹饪方式。

图 4-22　物联网煮咖啡+蛋

不仅仅是烤箱，一些高端咖啡机、调酒机也都配备了 WiFi，厂商会不定期更新咖啡或鸡尾酒菜单，让你在家就能做出咖啡厅、酒吧的味道。

2. 空调及温控

没有什么比在炎热的夏季进入凉爽的室内再惬意的事情了，但如果家中无人，如何实现自动温控？答案就是智能空调或恒温器。比如 Quirky 与通用电气合作推出的 Aros 智能空调，不仅可以通过手机实现远程温控操作，甚至还能学习用户使

图 4-23　物联网调温

用习惯，并够通过 GPS 定位用户位置实现完全自动的温控操作。

如果不想更换空调，其实还有更简单的解决方案，比如 Tado。这款温控器非常适合国内用户，因为它能够兼容包括海尔在内的主流品牌空调，只

要将它连接到空调上，就可以方便地组建智能温控系统，通过手机控制每个房间的温度、定制个性化模式，同样也支持基于位置的全自动温控调节功能。

3. 马桶

马桶也可以很智能？是的，除了通过内置接近传感器实现自动开关盖操作，TOTO 还推出了内置智能分析仪的马桶，能够将排泄物的分析结果传输至手机应用中，让用户随时了解自己的健康状况。

图 4-24　物联网马桶

4. 插座

插座可以说是一切家用电器获得电力的基础接口，如果它具备了连接互联网的能力，自然其他电器也同样可以实现。目前市场中的智能插座品牌日益丰富，知名产品如贝尔金、Plum、D-Link

图 4-25　物联网调节电源管理

等，它们不仅可以实现手机遥控开关电灯、电扇、空调等家电，还能够监测设备用电量，生成图表帮助你更好地节约能源及开支。

5. 灯光

智能灯泡也是一种非常直观、入门的物联网家居体验，任何用户都可以轻松尝试。目前，智能灯泡品牌逐渐增多，其中包括飞利浦、LG 这些大家耳熟能详的大品牌，我们可以通过手机应用实现开关灯、调节颜色和亮度等操作，甚至还可以实现灯光随音乐闪动的效果，把房间变成炫酷的舞池。

图 4-26　物联网光线调节

6. 音响系统

音乐与智能灯泡等设备联动等功能，显然要比蓝牙音箱更适合家居环境使用。另外，包括三星、索尼等厂商也纷纷进入无线音响领域，让用户拥有更多选择。

图 4-27　物联网音响管理

7. 运动监测

科技为我们带来了全新的运动、健身方式，你可能已经使用运动手环或智能手表来监测每天的运动量。不仅如此，在家中放置一台新型的智能体重秤，可以获得更全面的运动监测效果。类似 Withings 的产品，内置了先进的传感器，可以监测血压、脂肪

图 4-28　物联网运动监测

量甚至空气质量，通过应用程序为用户提供健康建议，另外还可以与其他品牌的运动手环互联，实现更精准、更加无缝化的个人健康监测。

8. 个人护理

不仅仅是运动、健身监测，物联网技术也已经辐射到个人健康护理领域。包括欧乐 B、Beam Toothbrush 都推出了智能牙刷，牙刷本身通过蓝牙 4.0 与智能手机连接，可以实现刷牙时间、位置提醒，也可根据用户刷牙的数据生成分析图表，估算出口腔健康情况。另外，类似 GoBe 血糖分析仪等家用自检设备，也在近期获得了实质性的进展，未来有望形成庞大的市场，

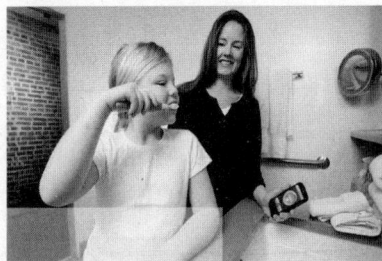
图 4-29　物联网的个人护理

届时老人、病患就可以足不出户，通过这些设备实现基础的自我护理及保健应用。

9. 家庭安全

物联网的另一大优势就是将原本"高大上"的企业级应用带入到家庭中，比如安全监控系统。现在，只要你选择几只 Dropcam、三星等品牌的家庭监控摄像头，就可以组成完整的家庭监控系统，不论你的房子有多大。这些摄像头通常具有广角镜头，可拍摄 720P 或 1080P 视频，并内置了移动传感器、夜视仪等先进功能，用户可以在任何地方通过手机应用查看室内的实时状态。

图 4-30　物联网家庭安全

除了监控摄像头外，窗户传感器、智能门铃（内置摄像头）、烟雾监测器，都是可以选择的家庭安全设备，与监控摄像头配合，可以把你的家武装到牙齿，任何坏人都无法轻易构成威胁。

10. 养花草

很多朋友都喜欢在家中养花草，但经常会疏于照料，导致花草凋零，其实通过物联网技术也能够改善这种情况。比如"小树权"造型的 Flower Power，只要将它插在土壤中，就可以检测植物的湿度、光照、施肥量甚至空气状况，如果植物需要什么，就能够通过手机通

图 4-31　物联网养花草

知提醒用户，保证植物苗壮成长。如果你拥有一个大院子，那么可以考虑"Droplet"智能洒水器，它能够分析土壤含水量、温度等多种数据，计算出最佳的浇水量，智能地灌溉花园中的每一株花草。

四、物联网的发展

2009年世界经济陷入衰退的泥潭，表象是金融行业过度创新引起国际金融秩序紊乱。为摆脱金融危机，实现经济持续发展，主要国家均将培育新的经济增长点作为"治病良方"。物联网则被广泛认为是振兴经济、确立竞争优势的关键战略。与互联网类似，物联网在生产、生活中具有极强的渗透性，具备发展成为新经济增长点的巨大潜能，可为全球经济复苏提供技术动力。

美国已将物联网上升为国家创新战略的重点之一；欧盟制定了促进物联网发展的14点行动计划；日本的U-Japan计划将物联网作为四项重点战略领域之一；韩国的IT839战略将物联网作为三大基础建设重点之一。发达国家一方面加大力度发展传感器节点核心芯片、嵌入式操作系统、智能计算等核心技术，另一方面加快标准制定和产业化进程，谋求在未来物联网的大规模发展及国际竞争中占据有利位置。

在美国，奥巴马就职后提出了"智慧地球"的概念。其雏形是IBM公司对21世纪后社会变化、科技发展、市场实践和全球面临的重大问题进行总结和分析后得出的结论。其核心是以一种更智慧的方法，利用新一代信息通信技术来改变政府、公司和人们相互交互的方式，以便提高交互的明确性、效率、灵活性和响应速度。通俗地讲，它是把新一代IT技术充分运用在各行各业之中，即把感应器嵌入和装备到全球每个角落的电网、铁路、桥梁、隧道、公路等各种物体中，并且被普遍连接，形成所谓"物联网"，而后通过超级计算机和"云计算"将"物联网"整合起来。在此基础上，人类可以更加精细和动态的方式管理生产和生活，达到"智慧"状态，极大地提高资源利用率和生产力水平，应对经济危机、能源危机、环境恶化，从而打造一个"智慧地球"。作为新一轮IT技术革命，"智慧地球"上升为美国的国家战略，被认为是挽救危机、振兴经济、确立竞争优势的关键战略。奥巴马期望利用"智慧地球"来刺激经济复苏，把美国经济带出低谷。

在欧洲，2009 年 6 月 18 日，欧盟委员会向欧盟议会、理事会、欧洲经济和社会委员会及地区委员会递交了《欧盟物联网行动计划》，其目的是希望欧洲通过构建新型物联网管理框架来引领世界"物联网"发展。作为"物联网"应用的重要部分，机器到机器业务已受到运营商的广泛关注。一些优秀的国外运营商已开始就其长远发展，确立了明确的战略方向，如法国电信公司专注医疗、Docomo 公司关注 M2M 协议。欧洲的运营商们也加强了 M2M 市场的部署。Orane 公司看好车队管理市场；Telenor 公司与设备商合作，推出完整解决方案；T- Mobile 公司与设备商合作开发解决方案；沃达丰公司推出 M2M 全球服务平台。

国外许多国家对于"物联网"都非常重视，据资料显示，美国的奥巴马政府对更新美国信息高速公路提出了更具高新技术含量的信息化新方案，欧盟发布了下一代全欧移动宽带长期演进与超越以及信息通信技术研发与创新战略，而日本政府紧急出台了数字日本创新项目 ICT 鸿山计划行动大纲，同时，澳大利亚、新加坡、法国、德国等其他发达国家也加快部署了下一代网络基础设施的步伐，全球信息化正在引发当今世界的深刻变革，世界政治、经济、社会、文化和军事发展的新格局正在受到信息化的深刻影响。在不久的将来，也许在未来的 3~5 年之内，更具智能性的信息基础设施逐步与传统的基础设施融合，更加智能化的网络也将会逐步得到普及。

我国《物联网"十二五"发展规划》指出，物联网已成为当前世界新一轮经济和科技发展的战略制高点之一，发展物联网对于促进经济发展和社会进步具有重要的现实意义。物联网是战略性新兴产业的重要组成部分，对加快转变经济发展方式具有重要推动作用。目前，我国物联网发展与全球同处于起步阶段，初步具备了一定的技术、产业和应用基础，呈现出良好的发展态势。

（1）中国物联网年复合增长率将超过 30%。

物联网将会是引导新一轮科技革命的中坚力量，据估计，到 2020 年物与物之间通信同人与人之间通信的比例将达 20∶1，届时物联网产业将创造一个万亿级的市场。而单单从中国的市场来看，2012 年中国物联网产业市场规模达 3650亿元，至 2015 年，中国物联网整体市场规模将达 5000 亿元，年复合增长率将超过 30%。这样一个规模巨大，产值数以亿计的高新技术产业将会在科技革命里证明它的价值。

面对物联网产业，我们很高兴地看到国家对于物联网产业的大力支持，2014年 2 月 5 日国务院正式出台《推进物联网有序健康发展的指导意见》之后，国务院又发布了《国家重大科技基础设施建设中长期规划（2012-2030 年)》，涵盖云计算服务、物联网应用等诸多高科技领域。连续的行业利好政策让物联网再度充满想象力，更有业内人士预测，物联网最终的规模将超过万亿，是继互联网、通信业之后又一个大型产业链。更有专家大胆放言 10 年内，物联网将大规模普及，行业技术会广泛运用于智能交通、环境保护、政府工作、公共安全、平安家居、智能消防、工业监测、老人护理、个人健康等多个领域，一个上万亿元规模的高科技市场即将诞生。

从科技的发展趋势和现阶段所展示出的强大潜力，物联网会深刻影响我们未来的工作生活。抛开那么多的产业数据不谈，智慧城市的建设、云计算的深入、技术的不断创新，这一产业将会迸发的强大力量或许我们谁都没有猜想得到。对于物联网的未来，预测之余就让时间来证明吧。

（2）二维码识别技术将推动中国物联网发展。

作为物联网和电子商务的关键应用技术，二维码识别技术在整个物联网的发展中是最好的实现手段，也是关键环节，在国外的起步较早、发展较快，欧美发达国家在芯片设计、终端设备和系统应用方面处于领先地位。尽管如此，中国在二维码技术和应用上仍有赶超的趋势，市场处于爆发临界点的关键时刻，随着大量资金的涌入，二维码技术正在引发一场商业模式革命。二维码将是物联网投资最早的受益者，中国物联网二维码主读识别领军企业灵动快拍，依托云计算技术推出快拍二维码云服务模式，为品牌企业、传统媒体、广告公司、应用商店、开发者提供一站式二维码生成、二维码品牌展示、二维码数据分析与挖掘、二维码平台建设与行业解决方案。"快拍二维码"实现"云服务"模式的物联网创新应用，解决了二维码不能多次修改以及容量不足的两大瓶颈。灵动快拍创始人兼首席执行官王鹏飞接受记者采访时表示："2011 年是二维码应用的起步年，2012 年'快拍二维码'与各大运营商、手机厂商、广告传媒业和移动电子商务领域的广泛合作，将会促进二维码应用市场的爆炸式增长。"

物联网是一个万亿级的市场已经成为业界共识，随着产业规模化和应用层面的突破，二维码规模化生产与应用有望推动物联网应用进入裂变增长期。

（3）物联网产业将形成四大产业群。

未来物联网产业的核心层面将形成四大产业群，即共性平台产业集群、行业应用产业集群、公众应用产业集群、运营商产业集群。政府各部门对发展物联网产业态度积极，这是产业发展之"喜"。"忧"的一面主要表现在物联网产业发展初期阶段，存在诸多产业发展约束因素。

虽然国内的物联网在发展过程中还受到一些不稳定因素的影响，但是业内人士都认为它将是下一个万亿级产业。有关人士表示，从现在起到 2020 年，中国物联网产业将经历应用创新、技术创新、服务创新三个关键的发展阶段，成长为一个超过 5 万亿元规模的巨大产业。

物联网市场潜力巨大，物联网产业在自身发展的同时，还将带动微电子技术、传感元器件、自动控制、机器智能等一系列相关产业的持续发展，带来巨大的产业集群效应。

五、物联网的未来生活

物联网正在改变我们工作、生活和娱乐的方式。IDC 预计，2020 年互相连通的事物要比全球人口多 26 倍。2014 年初，Wikibon 也做出了预测，预计在 2020 年，全球投入到"工业互联网"的资金将高达 1540 亿美元。如今，物联网影响着我们与周围事物的日常互动，甚至使我们工作环境的可持续性成为可能。将来，我们可以期待物联网创造全新的工作角色、头衔，并完全改变我们通勤、通信和协作的模式。下面列出了物联网对我们未来工作产生的影响，这些影响模糊了人机之间的界限。

1. 工作：高效、准确

第一，创造高效通勤方式。有人统计，我们把大约15%的通勤时间都花在了交通上，17%的燃料都浪费在了等红灯的过程中，而道路上的传感器、交通摄像机和中央分隔带将会改变车辆和司机的交互作用。通过监测交通速度、信号灯、事故和当前路况，编程汽车甚至道路都将向司机的移动设备发送最高效的驾驶路线，减少通勤时间，节省油钱，并最终让我们的道路通行更加安全。

第二，减少办公室聊天。水冷却器可以连接到物联网，使饮水的过程更加智能。水冷却器（咖啡机等）可以记住个人的偏好，通过员工的声音和动作辨识需求，不用等待就能获得想要的饮品，这样就可以减少众所周知的办公室聊天。

第三，提高工作效率。社交工具，像Box、Skype和Facebook，已经吸引了下一代劳动力的注意。视频会议和成像系统将成为工作方式的主导，就像千禧一代和数字原生代依靠短信、FaceTime，以及"视频群聊"进行真实的、综合的工作通信一样，不仅节省了时间，还使社交工具与现代协同工作系统合二为一。

第四，预测产品"健康"。一般情况下，产品交易后，客户和供应商之间的互动就会消退，至少在下一个购买周期或产品出现问题之前不会有所互动。前瞻性技术能够把握产品的"健康"情况，在产品出现问题之前查明问题所在。在下一个售后服务的时代，前瞻性产品监控意味着企业能够让顾客满意，持续监控产品"健康"，避免任何可能产生的问题。

2. 经济社会：创新、和谐

第一，创造新的职位。数字时代已经开辟了新的IT职位，这些职位远远超过办公桌和代码的局限。随着物联网的兴起，关于云计算和大数据的工作正变得比以往更专业。Gartner在去年的报告中称，首席数字官的数量正在逐渐增多，预计到 2015 年，25%的企业都会设置这个职位来管理它们的数字目标。企业要想拥有大数据和分析学创造的价值，数据科学家是不可或缺的重要资产，同时越来越多的首席数据科学家、分析师，甚至是首席客户满意官也将出现在我们的视野里。也许有些头衔我们现在连想都想不到。

第二，给非结构化数据创造结构。利用得好，物联网就能在非结构化数据转化成结构化数据时，创造新的价值。分析数据并将数据分解成有意义的情报和分析法，不仅能给我们提供丰富的客户信息、产品行为信息、市场地位信息、员工生产力信息，还能预测未来的成功。

第三，打造绿色企业。如今，一些写字楼和住宅已经安装了智能电表。在不久的将来，安装智能电表会成为建设现代大楼基础设施的基本标准之一。安装的运动传感器会随着人们的移动，控制照明设备、加热器、咖啡机，甚至是电视的开关。百叶窗也安装了这些传感器，通过温度和阳光控制窗户的开关，提高了能源的利用率和产出，节省了金钱，改善了环境。

3. 生活：舒适、有序

第一，进行位置追踪。物联网使位置追踪变得更容易。目前通过手机、汽车，甚至在医院，我们都能对联网设备的位置进行地理标记，节约宝贵的资源，比如时间和金钱。企业能对它们各方面的业务进行追踪，不管是库存，还是成形的订单，都能以最快的速度定位，配置现场维护、支持服务以及需要的员工。工具、工厂和车辆都将通过定位技术连接起来，使整个链条高效运行。

第二，改变医生的工作方式。物联网也将改变医生的工作方式、病人在医生办公室或医院的经历，以及全体的医患关系。而将来，物联网能使智能设备直接从病人身上读取数据，医生则可以进行远程医疗，实时访问病人信息。新技术还意味着医生可以给远在大半个地球之外的病人进行诊疗，这样就改变了医生的工作地点和工作方式。

第三，根据天气计划工作日。随着虚拟劳动力的增加以及工作日变得越来越灵活，天气将影响团队的工作效率和通勤的决定。在未来，数十亿的传感器将被整合到不同的监听设备和气象站，无论这些设备和气象站是在天空，还是在地面，使用大数据能够更好地预测地球的心跳，进行更加复杂和准确的天气预报。对于上班族，这意味着他们能提前获知更为准确的降雨、冰雹和降雪信息，决定什么时候去上班（相反，我们也可以在天气最好的时候在家休息）以及选择怎样的交通方式（雨天怎么办？我们会选择火车）。

第五章 物联网案例之中瑞思创商业模式

Ideas create value
思想创造价值

企业精神：思想创造价值。

企业使命：推动 EAS 和 RFID 两大行业发展，造福人类，奉献社会。

企业核心价值观：我们凝聚在一起为从事的领域奉献智慧、创新、技术，致力于 EAS 和 RFID 在零售业应用的推动，创造社会价值，成就快乐自我。

中瑞思创：零售科技的引领者！

一、公司概况

杭州中瑞思创科技股份有限公司（以下简称中瑞思创），成立于 2003 年 11 月，是一家专业从事零售商品电子防盗系统（简称"EAS"）和无线射频识别系统（简称"RFID"），集研发、生产、服务于一体的高科技企业。2010 年 4 月 30 日，中瑞思创在深圳交易所创业板正式挂牌上市，股票代码为 300078。作为服务于零售业的全球著名品牌，中瑞思创是国内唯一一家在电子商品防盗行业的上市企业，同时专注于无线射频识别系统定制化硬件产品和行业应用解决方案的开发与服务，是全球零售支持领域新理念的开拓者和引领者。

中瑞思创公司现拥有总资产 12 亿元，员工 1500 余人，在中国香港、瑞典、意大利、西班牙、美国等多个国家和地区建立子公司，是全球零售系统解决方案领域的龙头企业和最具规模的生产基地之一。产品远销至世界各地，获得来自 70 多个国家客户的信赖与好评。公司坚持走品质第一、自主创新的道路，并与中国科学院深度合作，拥有全球领先的 EAS、RFID 开发与应用平台，公司专注零售科技的研发，致力于为全球零售企业提供最好的开架销售保护、顾客体验方案、信息智能化解决方案。公司先后被评为"浙江省专利示范企业"、"杭州市工业企业信息化应用试点企业"、"杭州市外贸创新型百佳十强企业"、"杭州市社会责任建设先进企业"。新防盗软标签项目作为国家火炬计划项目获国家科技部立项；ESL 电子货架标签系统被评为"中国 RFID 优秀应用成果奖"；2011 年公司收购意大利零售体验企业 TBS；2012 年，公司收购全球第一个发明 EAS 保护盒的国际品牌 MW，公司走向国际化战略全面启动，"century"已成为全球零售科技创新及品质保证的品牌典范。

说起中瑞思创，我们不由会谈起坚持自主创新的总裁路楠。在路楠看来，如果没有了创新，这才是一个公司最大的风险。路楠把创新分为两种境界：第一种是更新换代，将旧的东西进行再次研究，从而进行改善。这是一种"新"的体现。第二种是创造，创造不曾有过的产品，成为行业的"造物者"，而这就是路楠所认同的创新。路楠认为，"思创"则代表着"思想创造价值"，所有的价值都是由思想创新而得。

"现在我们仍处于比较初级的物联网行业。特别是在中国，这一行业还有很多的发展潜能。下一步，我们应该思考如何跳出防盗领域，在做好防盗的同时，提升起社会价值。"路楠说，这一切都将是一种创造，创造一种以前从没有过的前景。还记得 2000 年，对互联网非常感兴趣的路楠，首先尝试将电子防盗产品在国际互联网上寻找客户。那时电子商务才刚萌芽，阿里巴巴也才刚上线。企业的产品在网上挂了近半年，期间样品一件件寄出，却没有一点回音。路楠也不着急，照样上他的网，研究行业的产品。直到一天，一家意大利公司发来电子邮件，希望其能完成 30000 件产品的订单，并要求第二周就交货。在顺利完成第一单后，这家意大利客户成了公司大客户，双方一直合作至今。

对于这样的选择，路楠说，这是一种战略。"当时国内对于商品防盗系统还属于萌芽阶段。而国外对这一方面的应用和开发则比较成熟，如果我们的产品和技术可以在国际市场站稳脚跟甚至引领行业发展，在中国市场的发展就不成问题。"事实证明，他对了。如今，在欧美不出三条马路就能碰上中瑞思创的产品，全球有 60 多个国家和地区在使用中瑞思创的产品。乐购、麦德龙、欧尚、GAP、H&M 等众多国际零售业品牌都在使用"中瑞思创"生产的各类硬标签、电子类标签、墨水标签、酒瓶扣、保护盒……

中瑞思创目前主要经营的是 EAS、RFID 相关产品的研发、制造和销售，以及行业应用解决方案的开发、实施和服务。公司收入主要来源于商品防盗硬标签、软标签及其配套附件和服务，各型 RFID 标签及配套产品和服务。由于受全球经济形势尤其是欧美经济疲软的影响，再加上公司最近投资力度加大以及大力开拓国内市场等缘故，2012 年各项指标均有一定幅度下降，但 2013 年公司业绩就有所反弹，实现较快增长。具体如图 5-1 所示。

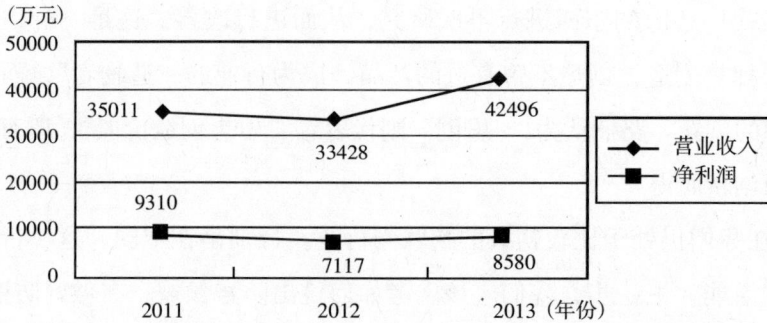

图 5-1　中瑞思创 2011~2013 年营业收入及净利润变动图

2013 年，公司实现主营业务收入 41448 万元，较上年同期增长 24.67%；实现归属于上市公司股东的净利润 8580 元，较上年同期增长 20.56%；基本每股收益 0.51 元，加权平均净资产收益率 7.41%。其中，EAS 业务实现销售收入 39454 万元，占主营业务收入的 95%，而 RFID 业务实现销售收入 1995 万元，仅占主营业务收入的 5%。

按产品来说，硬标签销售收入 27600 万元，占主营业务收入的 67%；软标签 9670 万元，占主营业务收入的 23%；防盗标签和 RFID 标签各占 5%。同时，中瑞思创在国外销售较好，高达主营业务收入的 90%，而国内市场仅为 10%，具体如表 5-1 所示。

表 5-1　2013 年中瑞思创的主营业务收入的构成情况　　　　　单位：元

		主营业务收入	所占主营业务收入百分比（%）
分行业	EAS	394535725.52	95
	RFID	19948524.97	5
分产品	硬标签	275994701.95	67
	软标签	96702266.57	23
	防盗标签附件	21838757.00	5
	RFID 标签及其他	19948524.97	5
分地区	国外销售	372592557.88	90
	国内销售	41954692.61	10
合计		414484250.49	100

目前，中瑞思创拥有包括 EAS、RFID 和 ESL 等丰富、创新的产品体系，而且还能够为零售行业及其他领域提供一站式解决方案，大大提高了公司的核心竞争力。为此，公司的经营模式设定如下：在自主设计开发的基础上，为世界级的系统集成商、零售业商家提供电子商品防盗方面的全方位产品和服务；专注 RFID 标签及设备的设计开发，提供具有竞争优势的 RFID 产品和服务，为零售业技术创新提供有价值的 RFID 解决方案，在物流及供应链管理等领域提供 RFID 行业应用。2013 年，公司整体表现良好，EAS 业务和 RFID 业务都稳步提升，具体产品及业务说明如下：

第一，EAS 业务。EAS 业务稳步发展，实现销售收入 39454 万元，同比增长 21.93%。产品结构进一步优化，其中高附加值的电子标签、天线（系统）、解码器等产品销售比重持续提高，较上年同比增长超过三成；软标签实现销售近亿元，较上年同比增长近四成。公司 EAS 产品品种丰富，几乎涵盖了目前行业中的全部类别，并且每年都有几十个新产品面市，2011 年新上市产品达到 30 余个，其中不乏行业突破性产品，填补了行业空缺。公司的新产品开发能力，进一步保证了公司的行业领先地位，有效地降低了同行业不正当竞争带来的风险。

第二，RFID 业务。RFID 业务虽然总体处于产能建设、拓展市场的前期发展阶段，并受到 2013 年下半年美国 Round Rock 专利诉讼对全球 RFID 应用发展的影响，但仍实现销售收入 1995 万元，同比增长 124.20%，呈现良好的发展势头，在 Round Rock 专利和解后表现更加明显。2013 年，全资子公司上扬无线经过近一年发展，生产管理、工艺技术日益成熟，产能扩展按计划有序推进，接单能力大幅提升，新的客户开拓工作进展顺利，有望迎来较快发展。全资子公司思创汇联 RFID 标签系统及设备建设项目，目前基建主体已基本完成。报告期内，思创汇联在场地产能限制、各项资源投入有限的不利情况下，克服困难、锐意进取，特种标签的经营和服务业务开展得有声有色，成功开拓了用于电力、铁路、车辆管理、市政管理等行业的特种标签项目，在行业内积累了一定的知名度。

公司目前具有较完整的 RFID 产品线，其生产制造设备能满足各型的 RFID 电子标签及其特种标签的生产。2011 年公司正式开始批量生产高频（HF）和超高频（UHF）天线、inlay、标签、服装吊牌、票据、有源标签、特种标签、读写器、电子价格标牌 ESL 等 RFID 产品，其应用涵盖物流仓储、零售业、制造业、医疗、身份识别、防伪、交通、动物识别、图书馆和煤矿等诸多行业领域。此外，公司是全球少数几个有能力自主研发生产 ESL 系列产品的企业，已经在 2011 年实现销售，该产品市场前景十分广阔。

中瑞思创作为 RFID 应用的一站式产品服务商，提供新型服装领域电子标签、水洗标签、吊牌、织唛以及多款高频和超高频标签产品、TBS 服装魔镜导购系统、ESL 电子货架标签系统、RFID 数据写入服务等。中瑞思创致力于打造零售行业及其他领域提供一站式解决方案，如 RFID 产品的一站式服务（如图 5-2 所示）。目前主要涉足零售安防、零售智能化、零售体验和零售供应链四大板块。

图 5-2　中瑞思创的 RFID 产品一站式服务

第一，零售安防。零售安防包括电子商品防盗系统和智能防内盗系统。其中，电子商品防盗系统（EAS）是商品开价销售的保护神，帮助商家通过开架销售提高销售额，同时减少由盗窃带来的商品损耗。声磁系统（AM）及射频系统（RF）两种 EAS 技术，满足不同的保护需要，确保高检测率、零误报。配合多种保护解决方案，实现更高抗干扰性、更宽的出口保护距离。智能防内盗系统是对附着智能标签的商品进行监控，当系统探测到商品经过收银台，在规定的时间里没有进入正常系统结账时，系统即会发出报警，提示风险的智能系统。

第二，零售智能化。中瑞思创与苏宁合作的 ESL 电子货架标签系统，就属于零售智能化。电子货架标签系统是可替代传统纸质价格标签的电子显示装置，用于远程无线网络管理价格。通过计算机远程控制来改变商品价格而无须人工操作、在同一个数据库平台上电子货架标签与 POS 系统始终保持价格一致、具备促销和动态定价功能等特有优势正推动零售价格和信息管理进入一个全新的时代。

第三，零售体验。零售体验当然要数 TBS 魔镜系统。思创子公司 Century Solutions 的魔镜系统是结合射频识别技术、传感技术和光学技术等多项技术，通过内置客户管理软件，使客户一目了然地了解服装基本信息及服饰搭配信息等的服装导购系统。这一全新的购物体验能有效提高服务质量、延长顾客店内停留时间从而提高销量，并具备智能盘货的功能。

第四，零售供应链。零售供应链包括 iTLS 云控智慧工厂系统和 CIT 烟草物流产品体系。其中，iTLS 云控智慧工厂系统是运用物联网各种技术手段，采集反馈生产过程中各种数据，经过处理分析后帮助管理者找到瓶颈或制约因素，并提供详细的数据支持协助消除瓶颈，让产线真正流动起来！重复以上步骤，最终提高工厂有效产出，降低在制品库存。作为全国一流的烟草物流整体解决方案提供商，思创宣道 CIT 产品体系涵盖了烟草物流的全供应链过程，在基于物联网技术的前提下，从软硬件定制化开发到整体应用集成上为烟草物流提供全方位的产品和解决方案。这就是 CIT 烟草物流产品体系。

【专栏 5-1】　　　　TBS 魔镜带来购物新体验

她是一名服装销售人员，一名时尚顾问，也是一名优秀的品牌推广人员，她就是由杭州中瑞思创科技股份有限公司推出的一款全新的服装销售系统——TBS魔镜。

当顾客拿着衣服进入试衣间，魔镜将有一面镜子转化为一个触屏电脑，镜面上浮现出衣服的基本信息，面料、款型、颜色、价格以及尺码。只需轻触屏幕的一角，这些浮现的信息就被隐藏起来，魔镜又变成了一面真正的镜子，以便顾客观察实际穿着效果。如果尺码不合适，只需在魔镜上选择"尺码不合适"，系统会自动检索当前门店该款服饰的库存信息，选择合适的尺码，请求信息将会发送到门店售货员的终端。客户只需在试衣间等待一会儿，售货员就会把指定的服饰送到试衣间来。在等待的同时，何不看看设计师的推荐搭配呢？系统会自动推送与客户所选服饰搭配的

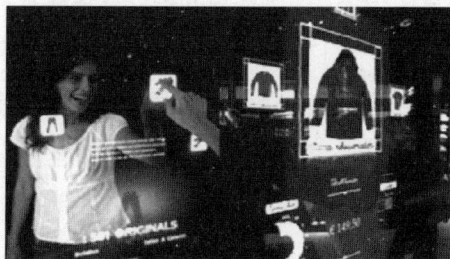

图5-3　TBS魔镜

其他产品，点击可以看到推荐产品的详细信息，如果喜欢，点击镜面上的"请求"功能键，售货员也将把该产品带到试衣间来。

魔镜推送给顾客的信息远比一个普通售货员传递给客户的信息多，对于中高端品牌的时尚类产品，其客户群一般都对品牌有一定的忠诚度。魔镜系统的忠诚度管理系统将牢牢抓住这些顾客。将内嵌RFID芯片的VIP卡发放给顾客，当持有VIP卡的客户拿着产品站在魔镜前，不仅商品的价钱会根据持卡人积分相应地打折，同时还提供了一些更为高级的服务，如"收藏"、"拍照"、"微博分享"等功能，将新品服饰抢先试穿，分享给朋友，听听他们的意见。如果还是犹豫是否购买，没有关系，点击加入"收藏"，该产品信息将存入VIP卡，客户可以稍后决定购买与否，只要持有VIP卡，就可以用任何一台连接互联网的电脑访问门店线上平台，在线支付，购买"收藏"的产品。

魔镜中使用的图片、文字信息均来自于品牌自己的数据库，不需要专门为魔镜拍摄产品照片，编辑产品信息文字。在新品上市之前，所需数据就都已经建立起来了，用于新品画册、线上销售等。魔镜通过访问云端的数据库，自动同步产品数据，信息不会滞后于新品的发布。

整个系统运行还需要有RFID标签的配合。在这一点上，中瑞思创具有其独到的优势。公司生产制造各种吊牌标签，可以作为服装的源标签使用。另外，中瑞思创的服装防盗标签集成了RFID模块，为服装门店实现商品信息化提供了捷径。用RFID针替换传统服装防盗扣上的普通针，即可低成本

地为服装商品附着 RFID 标签。

　　TBS 魔镜是中瑞思创于 2011 年 8 月收购的一家意大利公司 The Big Space 的产品，以原装进口的方式引入国内。TBS 魔镜在国外多家品牌门店得到应用，显著提升了门店的销售水平。根据各品牌的调查统计，使用魔镜后顾客对话率提升 26%，顾客平均每次消费金额提高 40 美元，平均每次购买商品件数增加 0.6 件，顾客门店滞留时间延长 6.1 分钟。TBS 魔镜首席设计师 Dick Lockard 说："我们卖的不是魔镜这一台设备，而是一种全新的购物体验。"

二、从传统 EAS 厂商向物联网系统解决方案
提供商转型

　　物联网时代的到来，中瑞思创选择主动求变，从原有的 EAS 产品提供商向物联网解决方案提供商转型。为此，中瑞思创确立了坚持 EAS 与 RFID 相融合，从单一的 EAS 产品提供商向自动识别商用解决方案提供商和运营服务商转型的公司发展战略。

　　1. 以前只想做中国最大的 EAS 产品提供商

　　中瑞思创最早主要是做安防行业中的电子商品防盗系统产品供应商，主要产品包括硬标签、软标签、解码器等，应用于服装类商品、鞋类皮带、眼镜、数码家电等多类商品中。现在，中瑞思创已发展成为国内 EAS 行业唯一一家上市企业，在电子商品防盗标签、源标签多个领域处于全球领先地位，是全球领先的零售商品防盗系统制造商和方案提供商。

　　10 年前，刚刚起步的中瑞思创与中国众多 EAS 的产品制造商一样，充当着外国公司的代工厂。2004 年，中瑞思创从成立技术研发部，开始从 OEM 向原始

设计制造商（ODM）转型。多年来，中瑞思创获得了几十项技术专利，研发出上百种产品，牢牢站稳国内 EAS 行业龙头地位，并于 2010 年 4 月在深圳交易所挂牌上市。2012 年，中瑞思创更是收购了全球第一个发明 EAS 保护盒的国际品牌 MW，标志着其成功走向国际化发展战略。

如今，中瑞的产品远销全球 66 个国家与地区，不论是技术上还是产能上都达到了国际水准。同时，随着中国零售业的逐渐成熟，"墙里开花墙外香"的中瑞思创也开始逐步关注国内市场。2010 年，中瑞思创开始尝试性做批发业务，将在国外已经成熟的产品引入国内。2012 年，麦德龙、沃尔玛等零售巨头主动向中瑞思创抛出了橄榄枝，要求直接采购其 EAS 安防产品，中瑞思创意识到，是时候发展中国市场了。因为，除了零售连锁百强企业在使用 EAS 安防设备，现在零售业对电子安防产品的使用率还比较低，因此未来 EAS 产品市场依然巨大。与此同时，中瑞思创成立市场部，开始布局国内 EAS 产品市场，同时将其特色——零售防损增值方案引入中国。因为，在它看来，防损不是某个防盗产品、某个防盗点就可做到的，需要整个方案的互相配合。目前，中瑞思创的 EAS 方案涉及超市、药店、专营店、电器连锁等多个零售业态，合作伙伴包括麦德龙、乐购、华润万家等多家知名零售企业。

图 5-4　零售超市防损

【专栏 5-2】　　中瑞思创：商业防盗系统供应商

走在大型超市里，商品琳琅满目，顾客也是熙熙攘攘，仔细观察，就会发现超市里"暗藏"了不少防盗"武器"。拿我们日常购物最常见的打上编码的标签而言，如果未经收银员"消磁"，则在出门的时候就会出现警音的鸣叫声。对于这样的纸标签，基本上我们买多少产品就要消耗多少标签。中瑞思创的防盗系统产品线就包含这样为超市"贴标签"的内容。

事实上，越来越多的超级市场、百货广场等地方采用开放式货架，这可以让顾客与商品"亲密"接触，但同时，也给商家增添了商品失窃的烦恼。某百货商店的售货员表示，对我们来说，卖衣服的时候还要注意防盗，有时候一大意，赚到的钱还没有被偷走的多。可以说，防盗系统产品有巨大的潜在市场。CFRR（位于英国诺丁汉的零售研究中心）的统计资料显示，顾客盗窃和员工盗窃构成了商品损耗的主要原因，占到了商品损耗总额的77.7%。众所周知，零售商的毛利率并不高，所以如何防盗以降低成本就成了商家要花心思考虑的重要问题。

在国外，用电子系统防盗已经成为惯例，市场渗透率超过了 50%，而在国内市场上渗透率还不足 5%。尽管在北京、上海等一线城市的超市、百货商店内，电子防盗系统已经有了广泛的应用，但是在国内的大部分地方并未采用这样的系统。大多数地方还是通过"人防"来实现——由店员看着场地。相比电子防盗，"人防"一方面是因为由人看着效果不错，另一方面是因为人力成本比较低。然而，伴随劳动力成本的逐渐上升，用机器取代人力将成为发展趋势。电子防盗已属必然的发展趋势。中瑞思创提供的就是这种防盗标签，与零售业可谓息息相关。

随着新兴零售业的多元化发展，零售商对防盗装置的要求越来越高，不仅要求高精度、隐蔽，还要求附着商品信息识别等其他功能。因此，EAS 技术向 RFID 技术方向发展是必然趋势。与传统的 EAS 系统相比，RFID 技术可以带来哪些改变？

从长远来看，EAS 防盗标签和 RFID 技术整合是大势所趋。因此，中瑞思创将逐渐顺利转型为 RFID 技术产品，在这个过程中将得到长足发展。

2. 物联网商业模式：向物联网系统解决方案提供商转型

在商场买衣服，不用试装，通过智能显示屏就能看到自己试穿衣服后的整体效果；在超市，拿起任意一棵菜在收费口一刷，就能显示这棵菜来自哪里，何时采摘……这些物联网技术的应用，都要靠射频识别技术系统，它相当于物联网的中枢神经，大幅提高管理与运作效率，降低成本。RFID 电子标签技术是物联网中非常重要的一项技术。RFID 是快速读写、长期跟踪管理，最有发展前途的信息技术之一。

随着物联网产业的兴起以及行业趋势发生变化，公司审时度势迅速融入前景更宽广的 RFID 领域。中瑞思创是目前防盗标签最大供应商，通过研发生产 RFID 标签和终端设备，迎合零售业大规模应用 RFID 技术的发展趋势。通过加大研发投入，真正实现自主研发，中瑞思创开始由单纯的产品提供商转型为系统方案服务商，并整合上下游资源进入系统集成业务领域。

当前，中瑞思创正在从传统 EAS 行业进军物联网领域，从硬件制造商迈向整体解决方案提供商。传统 EAS 业务保持 20% 增长，电子货架标签（ESLs）和 RFID 标签是未来业绩高增长的主要保障。其中，苏宁 ESLs 大规模推广，中瑞思创是前期旗舰店试点唯一供应商，先发优势明显；RFID 行业高增长，明年 6 亿标签产能释放。

发展至今，中瑞思创历经多次转型阵痛。2004 年，中瑞思创成立了研发中心，开始了从 OEM 到 ODM 的转型。2009 年，中瑞思创又涉足物联网行业，开始从 EAS 转向 RFID 产品设计、制造。2011 年 8 月，中瑞思创收购了从事开发和应用客户界面的射频识别技术即 RFID 电子标签解决方案的 TBS 公司。同年，公司合资设立了控股的浙江思创理德物联科技有限公司，进一步拓展 RFID 业务。

TE836N   TE837N

基站 DB316   手持设备 HT303

图 5-5 中瑞思创的 ESLs 电子货架标签

可以说，每次的转型，都让中瑞思创获得前所未有的发展良机。

三、中瑞思创物联网商业模式成功路径分析

中瑞思创是全球领先的零售商品防盗系统制造商和方案提供商，国内 EAS 行业唯一一家上市企业，在电子商品防盗标签、源标签多个领域处于全球领先地位，在 RFID 技术领域处于国内领先水平。

1. 从传统 EAS 行业进军物联网行业

很早之前，中瑞思创就根据自己对技术的领悟，加上行业的判断，确立了自己的行业定位，即各类特种标签、各类有源无源标签及 RFID 硬件制造商和 RFID 行业应用解决方案提供商。到目前为止，公司目前主营 EAS、RFID 产品及行业应用方案的开发和服务。公司 EAS 业务实现了稳步增长；RFID 业务也在逐渐扩张。不仅如此，公司已完成了多类特种标签的设计开发，并为 ESL 系统、智慧仓储系统提供了解决方案。目前在市场上初步树立起了中国零售安防解决方案品牌形象。

由于预见到物联网的巨大商机，中瑞思创正从传统 EAS 行业进军物联网领域，从硬件制造商迈向整体解决方案提供商。传统 EAS 业务保持 20% 增长，ESLs 和 RFID 标签是未来业绩高增长的主要保障。目前公司主要从事 EAS 产品和 RFID 产品的研发、生产和销售。EAS 系统在欧美等国家已普遍使用，在国内，EAS 系统也逐渐被广大商家接受并采用。公司是全球最具有规模和实力的 EAS 产品生产基地之一。公司所处的 RFID 行业处于起步阶段，市场空间巨大、发展前景广阔。全球的 RFID 标签销售市场以及国内的物联网应用市场未来发展潜力可观。

随着全球经济的持续发展和人们消费能力的提升，EAS 产品所依附的零售市场仍将保持较快增长。根据鼎汉咨询及国家统计局年鉴显示，在过去的 5 年中，全球零售销售额一直保持稳步的增长，增幅保持在 10% 以上，在 2010 年达到了将近 18 万亿美元的水平。在中国，过去 5 年的商品零售额节节攀升，虽然 2009 年增速下滑，但是仍然达到了 12.53 万亿元，增速为 12.53%。在随后的 2010 年中国的商品零售额快速增长，达到了 15.46 万亿元，增速高达 23.38%。

与此同时，零售业失窃损失居高不下有望促使 EAS 标签渗透率不断提高。2010 年全球零售货品损耗额达 1073 亿美元，占全球零售销售总额的 1.36%。随着开架销售比例的提高以及零售防损被广泛关注和重视，EAS 标签在高失窃率商品上的使用比例还有很大的提升空间。全球的零售商为了避免零售损耗，每年的支出都在百亿美元级的规模。2010 的全球防损支出比上年增加 9.7%，共 268 亿美元。防损投入的增加，带来的是 2010 年全球损耗率 5.6% 的下降，进一步表明了防损的重要性以及继续持续加大安防投资的必要性。

此外，源标签计划的兴起进一步助推 EAS 标签的渗透率。根据英国诺丁汉零售研究中心（CRR）对全球大型零售商的调查，北美、欧洲和亚太地区大约分别有 68.7%、69.3% 和 47.3% 的零售商采用源标签计划。

物联网产业得到了全球经济体的一致重视，目前正处于快速发展期。全球物联网开发和应用仍处于起步阶段，发达国家和地区抓住机遇，出台政策、进行战略布局，希望在新一轮信息产业重新洗牌中占领先机。日韩基于物联网的"U 社会"战略、欧洲"物联网行动计划"及美国"智能电网"、"智慧地球"等计划相继实施，物联网成为抢占"后危机"时代各国提升综合竞争力的重要手段。

从全球物联网的发展来看，物联网现在正从技术领域向产业领域过渡，其在商业应用上前景非常广阔。据工业和信息化部预测，2015 年我国物联网市场规模将逾 5000 亿元，2020 年更将达到万亿元级。而根据美国科技行业专业研究机构 Forrester 的预测，物联网所带来的产业价值要比互联网大 30 倍，物联网将会形成下一个万亿元级别的信息产业业务。国内赛迪顾问研究则预测，至 2015 年，中国物联网整体市场规模将达到 7500 亿元，年复合增长率超过 30%。

我国政府将物联网产业纳入战略性新兴产业规划，并明确列入《国家中长期科学技术发展规划（2006-2020 年）》和 2050 年国家产业路线图。2011 年 4 月财政部和工业和信息化部共同出台了物联网专项，明确每年 5 个亿支持物联网的发展，物联网专项基金的管理办法于 2011 年 4 月 8 日印发。2012 年 2 月，工业和信息化部联合印发《物联网"十二五"发展规划》，指出物联网已成为当前世界新一轮经济和科技发展的战略制高点之一，发展物联网对于促进经济发展和社会进步具有重要的现实意义。党中央和国务院高度重视物联网发展，在发展规划的重点任务中明确要求：以形成和完善物联网产业链为目标，引入多元化的竞争机制，协调发展与物联网紧密相关的制造业、通信业与应用服务业。重点突破感知制造业发展瓶颈（包括传感器/节点/网关、RFID、二维条码等核心制造业高端化发展），推进物联网通信业发展，加快培育应用服务业，形成产业链上下游联动、协调可持续的发展格局。

目前，我国 RFID 行业处于高速发展的行业，市场需求才刚刚开始启动。据预测，2014 年全球 RFID 市场容量将是 40 亿枚，3 年后可到 100 亿枚。IIPA《2013-2017 年中国 RFID 行业调研报告》预测，到 2015 年中国 RFID 行业规模将达到 373 亿元，主要的增长动力来源于社保卡和健康卡项目、交通管理、移动支付、物流与仓储、防伪、金融 IC 卡迁移等细分领域。全球 RFID 应用出现良好的发展势头。

中瑞思创基于成为零售行业科技引领者的战略定位，公司制定了自己的发展战略：坚持"做强主业、选育人才、创新发展"12 字发展方针，巩固和发展 EAS 的前提下，深入拓展 RFID 业务，提升公司新品开发、方案设计等业务能力，并积极向自动识别商用解决方案提供商和运营服务商转型。为此，中瑞思创稳步发展 EAS，大力拓展 RFID，积极开拓国内市场，提高产品与解决方案的市场竞争力，提高产品的市场占有率。

EAS 和 RFID 技术的融合是未来发展的一个必然趋势，零售商在投资 EAS 的同时也在寻求集成的店铺信息化解决方案，以实现检测、管理，提高店铺的运营效率，增加顾客购物体验。RFID 技术以其无线快速扫描，信息容量大且可修改等优点，成为信息技术在全球物流系统的革命性的新突破。目前欧美的零售商已经开始加大对 RFID 的投资，以实现整个销售流程的可视化。RFID 作为物联网传递信息的前提，是整个物联网产业链最基础部分也是最先受益者，其发展前景备受市场看好。对于中瑞思创来说，能否把握好物联网发展的机遇深入 RFID 产业，对企业可持续发展具有重大意义。

从公司自身来看，中瑞思创已有的 EAS 技术和业务可为 RFID 的发展奠定良好基础。公司生产的软标签所用电感线圈部分和 RFID 天线部分生产设备类似，对于生产 RFID 电子标签的计划而言非常有利。在产能消化上，公司在 EAS 领域已有的高市场知名度和全球客户资源，对 RFID 产品的推广更为有利。

近年来积极布局 RFID 市场的中瑞思创，通过收购和新建投资，正逐步把 RFID 打造成长期增长点。公司在 2011 年 8 月收购了专注于客户界面射频识别技术解决方案的 TBS 公司，尝试在零售领域拓展 RFID 业务。目前公司已经开发出基于 RFID 技术的电子价格标牌系统，该款产品在零售行业得到很大肯定，并成功应用于苏宁电器示范店。此外，公司在 2012 年 2 月 24 日公布了一个 3.58 亿元的 RFID 投资计划，预计 2014 年 8 月完成建设，2016 年初达产后，相关产能将大大提升。中瑞思创已经逐步完善了在 RFID 领域的战略布局。

2. EAS 与 RFID 融合的盈利模式

在盈利模式这块，中瑞思创还是跟着公司的发展战略走。以前更多的是主营 EAS 标签产品，现在开始向自动识别商用解决方案提供商和运营服务商转型，不仅涉足 RFID 行业，而且还开始在 RFID 领域布局。

2013 年，中瑞思创营业收入稳步增长。一方面，EAS 业务稳步发展，实现销售收入 39454 万元，同比增长 21.93%。产品结构进一步优化，其中高附加值的电子标签、天线（系统）、解码器等产品销售比重持续提高，较上年同比增长超过三成；软标签实现销售近亿元，较上年同比增长近四成。另一方面，RFID 业务虽然总体处于产能建设、拓展市场的前期发展阶段，并受到 2013 年下半年美国 Round Rock 专利诉讼对全球 RFID 应用发展的影响，但仍实现销售收入 1995 万元，同比增长 124.20%，呈现良好的发展势头，在 Round Rock 专利和解后表现更加明显。

由于 EAS 涉足多年，在市场上已经有自己的领导力和号召力，所以在整个业务收入中所占比重达到 95%，RFID 刚刚起步，并且受 Round Rock 专利诉讼的影响，虽然有所增长，但仅占据 5% 的市场份额，如图 5-6 所示。

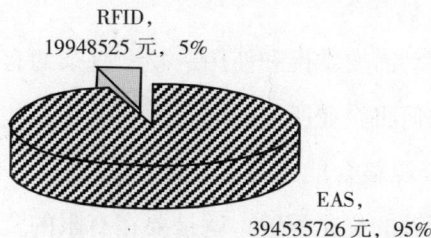

图 5-6 中瑞思创 2013 年分行业的主营收入构成

具体到分产品而言，硬标签营业收入 275994702 元，占主营收入的 67%，软标签营业收入为 96702267 元，占主营收入的 23%，防盗标签 21838757 元，占主营收入的 5%，RFID 标签 19948525 元，占主营收入的 5%，如图 5-7 所示。

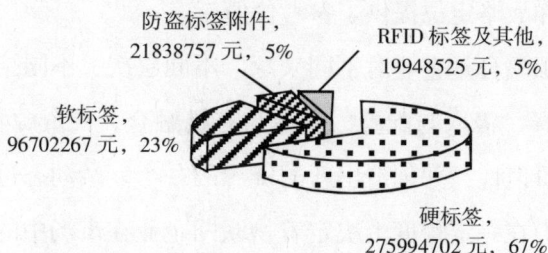

图 5-7 中瑞思创分产品的营业收入

由此可见，公司收入主要来源于商品防盗硬标签、软标签及其配套附件和服务，各型 RFID 标签及配套产品和服务。2013 年，公司实现营业收入 42496 万元，同比上升 27.13%，主要系公司通过一系列内部管理、营销服务、产品创新等方面的优化升级，实现了整体业绩的较快增长。发生营业成本 25406 万元，同比上升 26.5%，主要是营业收入同比上升。具体来说，公司新增订单（含中标但未签订合同的订单）共计 42990 万元。其中，按行业划分：EAS 业务新增订单 39693 万元，RFID 业务新增订单 3297 万元；按销售区域划分：国内市场新增订单 6040 万元，国外市场新增订单 36950 万元。

目前公司的经营模式：在自主设计开发的基础上，为世界级的系统集成商、零售业商家提供电子商品防盗方面的全方位产品和服务；专注 RFID 标签及设备的设计开发，提供具有竞争优势的 RFID 产品和服务，为零售业技术创新提供有价值的 RFID 解决方案，在物流及供应链管理等领域提供 RFID 行业应用。

3. 内外部资源的有机整合

企业进行的经营活动需要掌握和使用一整套复杂的有形和无形资产、技术和能力，但更重要的是如何将企业所掌握的资源进行整合，使这些有限的资源为企业创造最大的价值。资源整合能力是企业战略的手段，也是企业组织能力的表现，整合就是要实现资源的优化配置，就是要在有限的资源中实现企业的最大价值。对于物联网企业来说，资源整合能力和战略定位是紧密相连的。物联网企业在制定战略过程中必须考虑到自身的资源整合能力，因为战略的制定需要了解企业拥有哪些资源，是否拥有能力去使得资源得到最佳的发挥，选择何种资源能够使企业的竞争力增强，哪些资源会让企业事半功倍。所以，资源整合能力为物联网企业的行业选择和战略定位提供了参考价值。

同时，由于资源整合是企业对不同来源、不同层次、不同结构和不同内容的资源进行识别与选择、汲取与配置、激活与有机融合，使资源具有较强的柔性、条理性、系统性和价值性，并创造出新的资源的一个复杂动态过程，因而物联网企业的资源整合能力在一定程度上决定着物联网企业在市场中的地位。物联网企业各自所掌握的资源是不尽相同的，不同于传统企业，它应用于互联网这个瞬息变化的环境，因而也许没有掌握最多的资源，但是能最有效地发挥自身资源才是最重要的。企业的资源可以分为企业内部资源即自有资源和外部资源。企业内部资源包括企业的研发资源、生产资源、人力资源、资本资源等各类资源，如何将这些资源进行有效的协调，从而使得这些资源更好地为企业所利用是资源整合能力的最重要的一方面。企业外部资源可以包括政府资源、同行其他企业等方面的外部资源，如何将这些不属于企业自身的资源可以为企业所用，同时能够增强企业自身竞争力的外部资源整合能力同样是不可小觑的一方面。

中瑞思创就是整合行业内的一切可利用的资源，发力于国外市场，并积极开拓国内市场。无论是在传统的 EAS 领域，还是在刚进入的 RFID 领域，中瑞思创的发展始终还是离不开其对内外部资源的整合。

（1）从内部资源整合看，中瑞思创的内部资源主要体现在研发、人才两大板块。

第一，研发资源。中瑞思创是行业内产品研发技术尤其是高端电子标签的研发引领者和技术创新者，拥有行业内规模最大的技术研发中心。其 EAS 研发中心是行业中唯一的省级企业技术研发中心。近 10 年来，研发中心在技术人员队伍建设和技术研发成果上均取得可喜的发展。如今，研发中心拥有 81 名科技人员，专注于 EAS 和 RFID 两大体系，形成了多学科、多层次、知识结构合理的人员梯队。

2013 年，公司共计获得专利授权 47 项；完成专利申报 49 项，其中 7 项为发明专利，主要包括 RFID 标签、RFID 烟草行业应用、ESLs 等；开发完成并首次发表软件著作权 5 项；新产品开发能力大幅提高，以 RFID 研发为例，共完成新品开发 54 项，成功转化率 55%以上。公司在自主研发的展示保护类产品和系统的开发上取得积极进展，已经从以往单纯的硬件产品销售提升到能为零售 3C 卖场提供整套的解决方案，产品的性能稳定性和消费体验舒适度等得到了客户的良好反馈。

第二，人才资源。公司自成立以来，十分重视高科技研发人才、营销人才和管理人才的培养、引进和积累，尤其注重研发团队的建设和培养。公司现有技术人员 160 人，约占公司总人数的 16%。公司通过引进人才、建立 TTT 内部培训制度、完善 SBU 激励和考核细则、实施宽幅薪酬体系、一线员工跨岗管理等方式优化公司人力资源管理。上述制度的实施，拓宽了公司员工的学习渠道、上升通道，加强了对中层的绩效激励和业务能力培养，有利于实现一线员工的自主管理、内部管理。

2013 年，公司重点推行了内外结合的多层次人才培养计划，提升了公司的学习氛围，增强了企业凝聚力和人员稳定性。内部员工组成讲师队伍，针对各级干部、专员开展主题丰富的讲座；与上海知名企业管理咨询机构合作开办"中瑞思创管理干部技能提升训练营"。通过施行 SBU 考核激励机制，为中层管理干部提供独立运作、独立考核的锻炼平台；通过内部招聘、一线员工跨岗管理等措施，拓宽了普通优秀员工的上升通道和学习渠道。

（2）从外部资源整合看，除了拥有内在强大的研发技术和人力资源外，中瑞思创还拥有丰富的外部资源，包括客户资源和兼并投资的公司。

第一，在客户资源方面，经过多年的精心运营，凭借强大的品牌影响力、优质创新的产品及服务和良好的企业信誉，公司已经在全球建立起庞大而稳定的客户资源网络，遍布全球 66 个国家和地区。随着 EAS 和 RFID 业务的拓展以及新兴市场的开拓，更多的客户加入了公司客户资源体系。公司丰富而优质的客户群几乎包括了国际上本行业内所有知名系统集成商和服务商。国内方面，中瑞思创在国内已建立 8 个直营点和 20 多个代理商；2012 年，中瑞思创与苏宁电器、华润万家、苏果超市等国内大型零售商达成合作。国际市场方面，公司注重开拓海外新兴市场。2012 年，公司新培育亚太市场品牌独家代理商 3 家，新增俄罗斯品牌代理商 1 家，积极寻求南美市场的合作。

第二，在兼并收购方面，包括 EAS 领域对世纪超讯的并购，RFID 领域投资成立思创汇联和上扬无线。其中，2013 年底完成对世纪超讯的股权收购。世纪超讯作为一家 EAS 系统和图书馆自动化流通管理系统研发、生产、销售的国家级高新技术企业，公司产品主要应用于零售业和图书馆。其研发的产品尤其是 EAS 声磁系统，已经成为国内先并跻身国际一流的拳头产品，被国内众多知名零售商广泛采用，并远销全球 60 多个国家和地区。其研发生产的图书馆自动化流通管理系统，已成功应用于国内一大批重点大学图书馆。2012 年中瑞思创投资设立全资子公司杭州思创汇联科技有限公司。思创汇联于 2012 年 5 月 29 日完成工商登记，注册资本 10000 万元，计划总投资 35805 万元，主营业务为 RFID 标签及其配套产品的设计开发、制造和销售。上扬无线于 2012 年 12 月 26 日完成工商登记，注册资本 10000 万元，计划总投资 20000 万元，主营业务为 RFID 标签的研发设计、制造和销售。思创汇联和上扬无线两个 RFID 项目正式投产后，将大大提升 RFID 标签及相关设备产能，提高产品设计和制造能力。通过并购，完善产业布局，延伸产业链。公司在主业及上下游行业的收购兼并方面有所突破。

4. "上市募资"与"投资并购"齐发力

2010 年 4 月，杭州中瑞思创科技股份有限公司在创业板上市，成为国内电子防盗系统行业唯一的一家上市公司。2010 年 4 月 30 日，公司在深圳证券交易所创业板上市，募集资金总额为 9.86 亿元。公司将使用募集资金投资电子商品防盗射频软标签及 RFID 应答器技术改造项目和电子商品防盗硬标签技术改造项目。

中瑞思创 2010 年顺利上市，募投资金项目建设进展良好。"电子商品防盗射频软标签"年产能从 6 亿张提升至 8 亿张。"RFID 应答器技术改造子项目"中 RFID 天线完成试生产并实现可规模化量产，年产可达 5000 万张，基本完成预期目标。"电子商品防盗硬标签技术改造项目各生产环节的自动化方案"都已完成，且都有样机，并已经完成了若干个生产环节的自动化改造，贡献产能超过了本募集资金项目计划产能的一半，取得了初步成效。募投项目的实施，将使公司的产品和客户结构更加完善，公司的市场竞争实力和盈利能力将进一步增强，公司的可持续发展能力得以提升。

第一，2011 年，完成了对 TBS 资产的收购。2011 年初，公司与 TBS 就收购 TBS 签订了《合作意向书》，2011 年 8 月双方签订《资产收购协议》。2011 年公司已完成该收购事项，新成立的瑞士 CS 公司自行研发设计的 RFID 魔镜系统在雅诗兰黛集团旗下的 MAC 品牌销售导购项目上取得前期突破。TBS 是零售业客户体验解决方案和技术的领导者，专注于开发和应用客户界面的射频识别技术（RFID 电子标签）解决方案。通过提供服务、软件和应用设备，能够提升客户在不同渠道、平台和场所的客户体验，从而帮助公司扩大销售、增长利润。

第二，收购瑞典 MW Security AB。MW 系瑞典一家专业从事保护盒和其他零售业防损设备研发、生产、销售的公司，公司的全资子公司思创香港以人民币2276.95 万元的收购价格，于 2012 年 3 月 1 日正式与交易对手方签订了《股权转让协议》。

第三，2014 年 1 月，公司以不超过 1428 万美元的价格，收购智利知名零售业安防智能解决方案服务商 GL 公司的 51%股权。未来公司将通过积极的业务整合实现双方在智利乃至整个拉美地区的共赢发展。

目前公司投资设立多家全资子公司，如思创理德、思创汇联、上扬无线、绿泰信息、思创宣道、上海瑞章等。具体情况如下：

第一，2011 年 3 月，公司合资设立了控股的浙江思创理德物联科技有限公司。2013 年 1 月 9 日，公司拟对持股 85.10%的子公司思创理德增资 2000 万元，主要用于物联网集成应用项目的运营拓展，增资后，思创理德的注册资本将由人民币 1000 万元增加至 3000 万元，公司占注册资本的比例由 85.10%增加至95.04%。

第二，投资设立全资子公司杭州思创汇联科技有限公司。思创汇联于 2012年 5 月 29 日完成工商登记，注册资本 10000 万元，计划总投资 35805 万元，主营业务为 RFID 标签及其配套产品的设计开发、制造和销售。

第三，投资设立全资子公司上扬无线射频科技扬州有限公司。上扬无线于2012 年 12 月 26 日完成工商登记，注册资本 10000 万元，计划总投资 20000 万元，主营业务为 RFID 标签的研发设计、制造和销售。

第四，投资设立控股子公司绿泰信息科技（上海）有限公司。上海绿泰于2013 年 2 月 22 日完成工商登记，注册资本 1000 万元，主营业务为 ESLs 及相关有源电子标签系统的设计、开发、生产和销售，公司持有其 92%的股权。

第五，投资设立控股子公司杭州思创宣道信息技术有限公司。思创宣道于

2013年1月17日完成工商登记，注册资本500万元，主营烟草行业物联网技术开发及应用。公司对其出资350万元，持有其70%的股权。

第六，2014年2月，公司以6100万元人民币与其他股东在上海自由贸易试验区共同投资设立了上海瑞章投资有限公司，旨在通过资本合作，进一步巩固和加强与全球RFID芯片巨头企业之一的美国意联科技公司的战略联盟，加快实现公司在RFID产业的迅速发展。

5. 组织架构上的SBU管理创新

在组织架构上，截至2013年末，公司基本形成了EAS制造、RFID制造及行业应用以及营销渠道及服务三大业务板块的组织体系。其中，EAS制造又分为中瑞思创本部、中瑞思创安防、思越科技。RFID制造及行业应用包括上扬无线、思创汇联、上海绿泰、思创理德等，具体如图5-8所示。

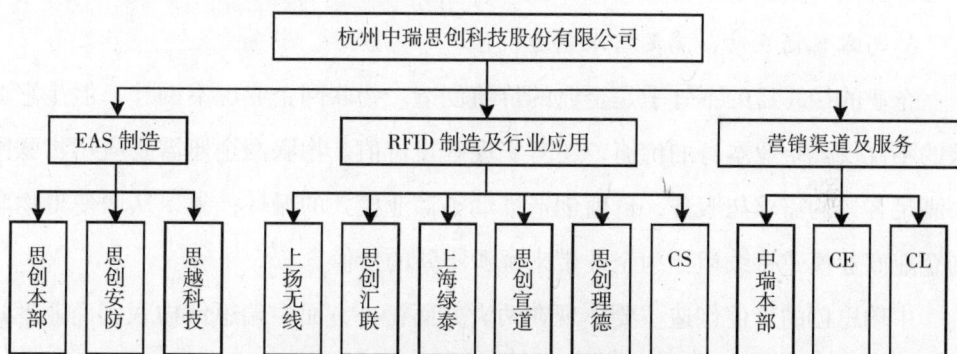

图5-8 中瑞思创公司的组织架构

注：CE是由全资子公司思创香港的全资子公司MW Security AB更名而来。

组织架构确定后，公司还加强经营管理机制转型升级，切实提升公司整体管控水平。公司根据"做强主业、选育人才、创新发展"的总体方针，于2011年年初即引入战略事业单元经营管理机制，形成《公司战略事业单元经营机制方案》和《公司战略事业单元核算办法》。通过该机制，一方面将公司战略发展目标传递落实到每一个战略事业单元（SBU），全员参与经营管理，增强了员工主人翁意识和工作积极性，各SBU整体协调发展，有力保障公司年度经营计划的顺利达成；另一方面使得公司各个层面更深刻地感受到市场化运作带来的压力和动力，从而锻炼并成长了一批精专业懂管理的各个层级的人才，一些能够独当一面的高素质综合经营人才也脱颖而出，为公司持续发展奠定了人才基础。

2013年，SBU管理改革初显成效。公司进一步深化SBU考核、激励机制，通过建立明确的考核、激励指标，有效激发了SBU的积极性和能动性，部分SBU在超额完成2013年度业绩考核指标的同时，也充分分享了业绩成长的丰厚回报，整个SBU机制逐步进入良性发展的轨道。此外，中层经营管理干部得到了更宽松的独立经营运作的锻炼机会，在市场化运作的洗礼下，经营管理干部的思想观念和经营理念发生了巨大变化，从被动式服务自发地转向主动营销，服务意识和执行力大幅提升，积极带动和影响了整个团队。SBU管理改革的稳步推进，培养了一批有担当、敢创新的年轻骨干，为公司顺利完成下一年度发展目标奠定了坚实基础。

6. 与零售商互动，满足需求创造价值

企业的最终目的不外乎是企业的价值创造。物联网企业也不例外，但是它追求的不仅仅是企业本身的价值，还有实现客户价值。物联网企业需要应用物联网来满足客户的需求与服务，价值创造推动了商业模式的循环往复，从而使得物联网企业商业模式持续运作为企业带来源源不断的价值。

中瑞思创的价值创造主要体现在两大方面：一方面中瑞思创物联网商业模式大幅度提升了企业价值；另一方面，中瑞思创也在不断为零售客户创造价值。

第一，中瑞思创的企业价值大幅度提升。2010年4月，中瑞思创在深圳创业板成功上市，成为国内唯一一家在电子商品防盗行业的上市企业，同时专注于无线射频识别系统定制化硬件产品和行业应用解决方案的开发与服务，是全球零售支持领域新理念的开拓者和引领者。2010年，公司实现营业收入31044.6万元。到2013年，中瑞思创共实现营业收入42496万元。短短三年公司在全球经济处境艰难的困境下营业收入增加了1亿元。同时，形成了公司在EAS领域的龙头企业和品牌形象。目前公司产品结构优化，高附加值产品的比重持续提高。公司RFID业务+集成业务，推动物联网龙头步入二次提速发展期。公司上市之

后，依托客户、技术优势，积极培育新的增长点，经过 2 年的投入和培育，2013
年在 RFID 和集成业务这两方面取得重大突破。在 RFID 方面，公司全资子公司
上扬无线射频科技扬州有限公司的 RFID 标签生产项目已于 2013 年 6 月投产，
目前产能是 1600 万张/月，年底达到 4000 万张/月。RFID 业务将高速增长，成为
推动公司二次增长的引擎之一。在集成业务方面，公司开拓国内市场，提升公司
估值。公司国内市场均以集成方式拓展，目前已经与苏宁电器、华润万家、苏果
超市等大型零售商开展合作。公司在此块加大了人、财、物等资源的投入，集成
业务将成为二次增长的又一推力。

第二，为客户创造价值。作为一个设备提供商，中瑞思创明白只有给客户创
造价值才能够真正获得企业的价值。设备商需要提升自己与零售商之间的互动能
力。通过互动了解零售商的需求，帮助零售商发现自身潜在的不足与需求，从而
全面提升 EAS 方案的附加价值，合作共赢。正如中瑞思创副总裁、RFID 事业部
总经理商巍所说的那样，设备商需要转变自身职能，从产品提供者变为需求方案
解决者，与零售商一起发现需求、解决需求。当前零售业正遭遇寒流，而设备商
与零售业唇齿相依，必须要与零售商一同挖掘零售业新的发展方向——通过技术
升级，全面优化提升效率、降低成本。

2012 年，整个零售业遭遇巨大挑战。一方面宏观大环境的增速减缓，消费
力下降，另一方面人工租金成本在大幅上涨，数据显示连锁零售业 2012 年人工
租金成本同比增长 15%以上。同时，电子商务也在不断地挤压着传统零售业。在
这样的环境下，中瑞思创的做法是：与零售商通力合作，通过新技术、新产品的
解决方案，为客户降低成本、提升价值。另外，为零售商按需定制也已经成为国
际趋势。国外成功的零售商对于安防产品都是定制的，美国阿迪达斯就是一个鲜
明的案例。中瑞思创的一款 EAS 绳式捆绑式标签就有十几个变种，都是依照客
户的需求不断设计改变的。因此，未来设备商需要做的更多的是帮助零售商们找
到他们自己的需求。只有定制，才有差异化，才会挖掘到金矿。

第六章　大数据

　　大数据（Big Data）或称巨量资料，指的是所涉及的资料量规模巨大到无法通过目前主流软件工具，在合理时间内达到撷取、管理、处理并整理成为帮助企业经营决策更积极的资讯。

　　互联网的信息处理技术创新——大数据，引发了价值链商业模式的创新。

一、漫谈生活中的大数据

马云卸任演讲说，"很多人还没搞清楚什么是 PC 互联网，移动互联网来了，我们还没搞清楚移动互联网的时候，大数据时代又来了。"

影片《点球成金》讲述了一个三流球队的经理人如何用三流身价的球员打败一流球队的故事。由布拉德·皮特扮演的主角比利抛弃了传统的凭借经验、感觉和个人判断等主观因素来选择球员的方式，而通过对球员的数据进行分析，建立棒球统计学模型，来挖掘那些评价过低的潜在明星。按照现在流行的说法，比利利用了大数据分析，发现了那些价值被低估的球员，颠覆了棒球行业传统的经营模式。如今，在商业、经济等多个领域，决策行为已经日益基于数据和分析，而非经验和直觉。包括公共卫生、经济发展和预测等各个领域在内，大数据为我们带来了很多意想不到的惊喜和便利，也造成了新的危机和麻烦，对全世界来说，一个富于创造力却又充斥着巨大破坏力的大数据时代已经来临。

不少人都曾有过这种经历——刚打开微博，网页就给你推荐了一些"你可能认识的人"，而这些人里面，还真有不少你失去联系多年的朋友、同学；打开购物网站，在网页上显示的推荐购物清单里，你真的发现了一些自己正打算购买的物品；打开新闻网站，系统推荐的新闻正中你的胃口。

如今，喜欢在互联网上购买书籍的人会发现，当你搜索某一本书时，常常会同时在页面上看到一个推荐书单，而你会惊奇地发现，书单里罗列的，正是你感兴趣的书籍。这并非书商的神机妙算，也并不借助于专家学者的推荐，隐藏在它背后的，只是一串串数据——海量的巨细无遗的大数据。这些数据记录了过去若干年来，数以千万计的人每一天的买书行为，以致它清楚地知道买这本书的人通常还会买哪些书。

其实，这些都有赖于"大数据技术"，这些网站通过分析你的浏览搜索习惯等众多数据，分析出你的喜好、社交圈甚至是生活习惯……

1. 央视携手百度，"据"说春运、春节

2014 年，我们迎来了一年一度的马年春节。有两件事让我们眼前一亮，一个是由冯小刚导演的马年春晚，无论从形式还是内容上看都可堪比是对之前春晚的一次大胆扬弃与颠覆。另一个就是中央电视台（以下简称"央视"）新闻节目先后推出的创新节目："据说春运"和"据说春节"。2014 年 1 月 25 日，央视晚间新闻首次推出"据说春运"专题节目。新颖的新闻报道方式让人眼前一亮：布满了亮线的地图，像烟花一样绽放的迁徙轨迹，让人对人口迁徙的最新动态一目了然。2014 年 1 月 30 日，正好是除夕之夜，央视的《新闻联播》更是推出"据说春节"节目，首次采用百度地图定位大数据、百度指数来解读春运、年货、年夜饭等新闻。可以说，"据说春运"、"据说春节"这两档节目播出之后好评如潮，央视新闻成为 2014 春运报道中的最大亮点。大数据与新闻的巧妙结合，是央视新闻节目与百度大数据相碰撞而产生的创新性成果。

2014 年伊始，大数据随着马年到来就火啦。央视的"据说"节目，将大数据以老百姓能看得懂的方式，呈现在千家万户的电视屏幕上，这无形之中让大数据几乎一夜成名，大数据一下子就成了无人不知、无人不晓的"明星"。一时间，大数据更是成为人们在城市乡村、街头巷尾所热议的话题。不仅如此，接下来的正月元宵节和全国"两会"更是为大数据火上加油，火得一塌糊涂。诸位想想，中国的元宵节与西方的情人节就真的碰到了一起，你认为会发生什么？这个时候，大数据一定可以告诉我们究竟哪个更火。再就是中国的"两会"，首次用上了大数据，让我们用数据来看待民生话题。可以说，这些不仅让大数据进入我们的视线，更为我们所用，让我们真切感受到大数据带来的实惠。

可以说，大数据的应用无处不在，与生活休戚相关，无论是在公共服务领域，还是在日常生活领域，都越来越离不开大数据。随着大数据的不断发展，未来大数据应用的范围会更加广泛，那时，大数据将成为人们生活中离不开的一部分。实际上，大数据在金融保险、医疗卫生、公共服务、交通运输等行业得到了越来越多的应用，与每个人的生活都息息相关。人们开始更多地应用大数据来为我所用。

（1）《晚间新闻》：用大数据展现"春运"大迁徙。

2014 年 1 月 25 日晚，中央电视台《晚间新闻》与百度合作，首次启用百度地图定位可视化大数据播报了国内春节人口迁徙情况，引发了巨大关注。晚间新闻推出的"据说春运"专题节目播出后，新颖的新闻报道方式让人眼前一亮：布满了亮线的地图，像烟花一样绽放的迁徙轨迹，让人对人口迁徙的最新动态一目了然。

央视《晚间新闻》的报道，是基于百度推出的人口迁徙大数据项目——"百度地图春节人口迁徙大数据"（简称"百度迁徙"），该项目利用百度后台每天数十亿次 LBS（基于地理位置的服务）定位数据进行计算分析，展现春节前后人口大迁徙的轨迹与特征，如图 6-1 所示。

图 6-1　据说春运：大数据展现大迁徙

截至 2013 年 12 月，我国手机网民已高达 5 亿，"通过分析手机网民的定位信息的大数据，能够映射出人群的迁徙轨迹，"百度 LBS 技术总监顾维灏介绍，百度 LBS 开放平台聚集了超过 40 万的开发者，为数十万款 APP 提供定位服务，已覆盖数亿部手机，约占手机网民使用设备

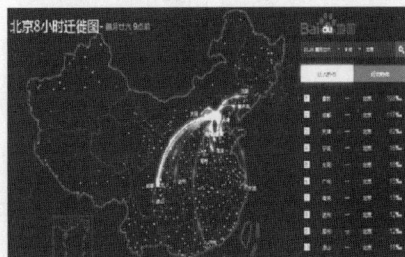

图 6-2　腊月二十六日北京 8 小时迁徙图

总量的 80%。而根据 2013 年 8 月百度对外正式公布的数字，百度地图每日接受 35 亿次位置请求。图 6-2 显示的就是百度地图在腊月二十六日北京 8 小时的迁徙图。

春运是我国乃至全球范围内最大规模的短期人口迁移活动之一，通信是人们在迁徙过程中最基本需求之一，因此手机网民与迁徙人群重合度极高，迁徙人群绝大多数都是手机网民。百度通过云计算平台强大的数据处理能力，加上精准的定位，能够实现全面、准确、即时地反映人口迁徙状况。

2014 年 1 月 26 日，"据说春运"通过百度地图 LBS 定位数据发现，上海—滁州一度成为全国最热门线路（见图 6-3）。通过大数据，央视《晚间新闻》发掘出今年春运的又一新变化：由于高铁大大缩短了城市之间的距离，外出务工者选择工作地时不用再远离家乡，而是就近选择大城市就业。

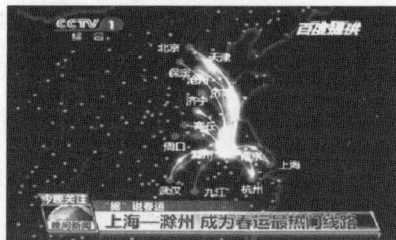

图 6-3 上海—滁州成为春运最热门线路

百度提供的最新迁徙数据显示，北京、上海、重庆是当天人口迁入迁出最多的三个城市，这样的结果并不出人意料。不过，上海—滁州一度跃居最热门线路，这让《晚间新闻》对滁州这个小城市产生了兴趣，央视新闻主播分析，现在坐高铁从滁州至上海只需要 1 小时 40 分钟左右，大量务工人员返乡应该是上海至滁州成为热门线路的主要原因。不仅是滁州，德州、郴州等二、三线城市都一度出现在全国热门线路的前 10 名，这些城市都有个相同的特点：开通了高铁，距离北上广等一线城市不到 2 小时的路程。因此，2014 年春运，大城市与周边城市的短途迁徙打工有望成为一个新趋势。

更有意思的是，"据说春运"还通过百度指数发现，搜索"春运"关键词的用户 80% 是男性，而且 20~39 岁的人群占了总人数的 70% 以上，节目关注点很自然地转移到过年回家相亲的话题上，"80 后过年有九大怕，其中最怕的一条就是被逼婚，"央视主播的这个"神总结"，说出了电视机前单身族们的心声。

（2）《新闻联播》：数据说春运、春节。

央视《新闻联播》推出"据说春节"，首次采用百度地图定位大数据、百度指数来解读春运、年货、年夜饭等新闻。央视新闻频道"数据说春节"栏目，让我们看到由全国两亿多部智能手机移动定位出来的实时春运迁徙图（见图 6-4）。

图 6-4 数据说春运：两亿智能手机画出动态迁徙图

在没有大数据支持之前，春运报道很难让观众直观地感受到，数十亿人次的迁徙是怎样一番景象。观众只能通过奔赴各地的记者的镜头，看到一组组画面和一个个人物，很难由点到面，整体了解春运迁徙。通过百度地图 LBS 大数据技术，观众可以看到每天各个时段的十大热门迁徙线路，排名前 10 位的人口迁入、迁出城市。

央视《新闻联播》再次调用百度地图 LBS 大数据，对返程路线、燃放烟花、春节消遣等方面做了解读，百度数据再度引发网友热议。2014 年春运成都往返北京的线路连续多日跻身全国十大热门线路。百度迁徙显示：返程十大最热门线路 6 条奔向北京！经分析发现，出现这种情况是因为越来越多的人从"过年回家看父母"变成"把父母接到大城市过年"，这样逆向迁徙成为春运新特征。如果没有大数据提供的洞察，逆向迁徙这一新闻点很难被发掘出来（见图 6-5）。

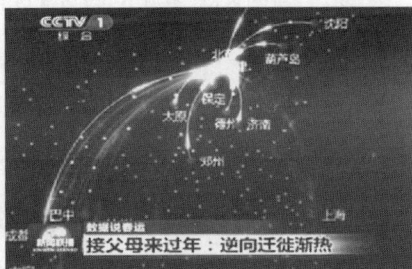

图 6-5　数据说春运：接父母来过年，逆向迁徙渐热

"大数据"在央视《新闻联播》里着实"炫"了一把，数据观察员用数据描述了中国老百姓的流动方向、时尚变化、消费倾向等各种趋势和特点。通过大数据，人们获得了一种解读春节的全新视角。

马年春节，百姓最关注的习俗前 3 名，分别是拜年、贴春联和放鞭炮。在很多人的记忆里，大年三十都是在鼎沸的鞭炮声中度过的。不过，这个年却有些许不同。从数据来看：百度数据显示，网友对烟花爆竹关注度增速下滑，烟花销量同比下降过半。2011~2014 年，网友对于烟花爆竹关注度的增长速度从 43% 降到 15%（见图 6-6）。

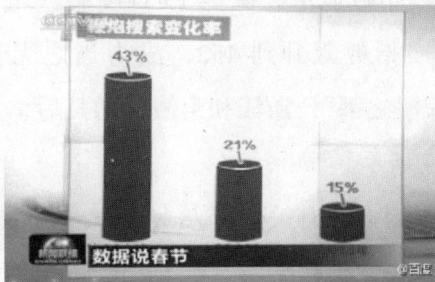

图 6-6　数据说春节：鞭炮搜索变化

而鞭炮少放了，可年味儿不能少。2014 年春节，有句话触动了很多人：你

回家不过七天，而父母可能需要等待一年。春节陪父母有三大方式：看电影、聊天和旅游。数据显示，在如何陪父母过年的热搜中，看电影高居榜首，其次是陪父母聊天和旅游。如果按地域分布，北京人、上海人陪父母看电影的概率最高，可能跟这两地新片上映速度快有关。

数据还显示，春节期间，应聘话题的热搜榜上，20~29岁的年轻人排在首位。他们更钟情于互联网和金融行业。其中，大数据工程师受关注的上涨幅度最高。而按地域分布，过年忙事业最上心的是浙江、江苏和广东三省。

2. 中国的元宵节 PK 西方的情人节

2014年2月14日，是中国传统的农历马年元宵节，也是一年一度的西方情人节。两大节日"狭路相逢"，可谓19年来头一遭。"究竟是享受浪漫的二人世界，还是回家陪父母吃元宵看晚会"，成为网友热议的话题。如何能更准确地"捕捉"网民的"心意"？百度大数据无疑提供了最精准的数字依据。

（1）元宵节 OR 情人节，你会选哪个。

央视报道，百度指数显示2月14日这一天，与"元宵节"关联最大的搜索词是"情人节"，可见，当"汤圆"遇上"玫瑰"，既能陪好"佳人"又能陪好"家人"成为多数中国网民的心声。从地域上看，在排名前10的热门省市中，"情人节"的关注度占据压倒性优势，上海成为唯一一个关注元宵节胜过情人节的城市。全国最浪漫的城市是哪里？据百度浪漫指数显示，截至15日凌晨，北京的浪漫指数飙升到452，成为当之无愧的"浪漫之都"，浙江和上海紧随其后，如图6-7所示。

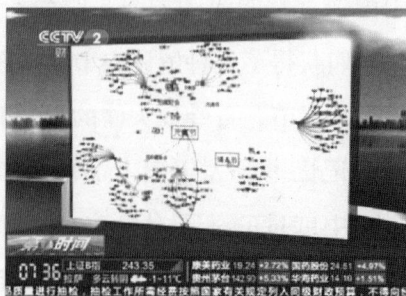

图6-7　百度指数：元宵节与情人节

对此，有关分析人士认为，大数据时代来临已是科技界乃至全社会的共识。在这个数据起决策主导作用的时代，只有对数据进行精准分析，才能与需求智能匹配，进而发挥数据的最大价值，去积极推动个人和企业决策方式的转变。

（2）大数据图谱——百度浪漫指数横空出世。

今天是"2014214"，被网友称作代表"爱你一世又一世"的"超级情人节"。在这个特殊的日子里，哪个地域的人"最浪漫"呢？通过新鲜出炉的中国情人节大数据图谱——百度浪漫指数显示，截至 2 月 14 日 12∶30 实时数据，北京、浙江、上海浪漫指数位居前三，其中，北京浪漫指数为 169，浙江和上海紧随其后。

据了解，在百度搜索"百度浪漫指数"、"浪漫指数"等关键词，结果页会出现百度为网友量身定做的"中国情人节大数据图谱"，彩色关键词气泡不断冒出，实时反映网友关注点变化，右侧的"中国浪漫指数排行榜"也在不断刷新排名前 10 省市。同时，搜索"情人节"、"情人节怎么过最浪漫"等情人节相关词，搜索结果页右侧也会显示情人节大数据图谱的入口级排行榜。

百度浪漫指数显示，截至 2 月 14 日 12∶30，首都北京不负众望冲上了第一名，浪漫指数为 169，浙江紧随其后，上海、河南、天津等地也均入榜。而在排名前 10 中，黑、吉、辽三省全部入围，有网友感叹"原来'豪迈'、'爷们儿'的东三省浪漫实力也爆棚啊，不容小觑！"不过，据百度方面透露，浪漫指数排名会随着搜索量的增多发生实时、动态变化，如果有你的参与，说不定会让你的城市成为又一个浪漫之都。

此外，百度浪漫指数还出炉了"去哪儿吃饭？""送什么礼物？""去什么酒店？""看什么电影？"情人节专属四大榜单，为网友提供最新鲜、最热门、最具代表性的情人节攻略。在"礼物"榜单上，鲜花、化妆品和手表理所当然成了情人节最受欢迎的礼物，而还在送皮包、项链的就通通 OUT 了，"情趣内衣"等礼物已然强势入榜，成为 2014 年情人节中最"亮眼"的礼物。

据了解，百度浪漫指数是百度搜索对大数据挖掘的一种新技术形态，它展现各个省份区域网民的实时搜索行为，并通过彩色搜索气泡在地图上的不断闪动，显现网民不断变化的关注点。随着区域搜索浪漫词气泡的数量增多，地图颜色也会由浅至深。百度浪漫指数上线不仅展示全国各地不同特点的情人节，也可以看到网民们共同演绎的"中国式浪漫"。

对此，有业内人士指出，"互联网时代，大数据已成为最重要的资源之一。百度浪漫指数为网友展示了数据分析的好玩和新意。通过对大数据的分享，让更多人洞察到数据之美，意识到数据的价值，并对个人生活和企业决策提供重要的驱动作用。"

3. 大数据话"两会"

2014 年 3 月 3 日，在全国"两会"召开之际，央视多档新闻栏目联合手机百度解读"两会"热点，通过分析用户的搜索行为数据，来洞察用户对"两会"相关热点的关注度以及人群属性等特征。央视分析称，从百度指数可以看出，网民对"两会"的关注度逐年升高，今年百姓对雾霾、二胎、互联网金融等民生话题关注最多。

（1）"两会"话题迅速升温。

在 2014 年 3 月 3 日开播的央视国际频道《两会直播报道》和新闻频道《两会解码》两档栏目中，百度指数数据被频频引用。"两会内容"、"两会精神"、"两会热点"、"两会解读"等相关关键词检索量在"两会"前两周开始上涨。"两会"前手机百度用户关注度集中在民生相关话题，涉及环保、二胎政策、反腐等多个方面。关注热点排行前 20 位的榜单中，雾霾、二胎、反腐、互联网金融、城镇化占据了前 5 位，值得关注的是，互联网金融作为近期热点已超越城镇化跃居关注榜第四，而食品安全的关注度则首次滑出前五，搜索量仅占比 4.38%。

（2）30~39 岁大叔成"两会"关注主人群。

同时，百度指数移动数据指出，用手机百度关注"两会"的人群以 30~39 岁为主，又以男性居多，30~39 岁的男性成为手机百度用户中关注"两会"的活跃人群，这个年龄段的男性事业正处于上升期，而"两会"的相关政策对其生活工作都会产生较大影响，为了能随时随地搜索到"两会"的最新消息，手机百度自然成了他们最爱用的工具。

此外，百度指数移动数据还显示，"两会"的多个关键词搜索量在手机百度移动端的增幅均明显超过 PC 端。这一方面是由于目前关注"两会"的主流人群与移动互联网用户高度重合，另一方面则源于手机百度的用户持续大幅度增长，目前已经超过 5 亿，这意味着超过 1/3 的中国民众、一半以上的中国手机网民都在使用手机百度。

（3）"两会"大数据，手机百度引领新闻创新。

专家认为，这次央视继春节连续引用百度迁徙图数据之后，再一次大规模使用百度大数据进行专题报道，一方面说明央视对网民行为的关注度正逐渐升高，另一方面也呈现了百度作为中国三大巨型互联网公司之一的大数据实力。

图 6-8 "两会"大数据

基于在移动大数据领域的深厚积累和技术实力，手机百度可以从移动互联网平台上积累的数据中挖掘出更具报道价值和关注度的新闻信息，与传统新闻报道相结合，通过可视化数据将信息传递给受众。而新闻媒体也开始倾向于选择移动大数据来深化新闻报道，给人一种形象、精确、全面、科学、结构化的印象，这是央视多次选择结合百度大数据做新闻报道的根本原因，也将成为未来媒体特别是电视媒体报道传播的一大方向。

百度方面对此表示，"每一次搜索都代表中国网民一次真实的需求，百度希望通过对搜索大数据的分析，与新闻相结合，更准确、更及时地感知网民情绪、洞察社会影响。在央视多次'数据新闻'报道之后，相信会有越来越多的中国网民见证百度大数据的魅力，数据时代需求与决策将实现更精准的匹配。"

二、大数据

"可能感兴趣的人"、"猜你喜欢"、"购买此商品的人还购买了……"在你刷微博、网上购物时，经常会在相应的位置上见到如上提示。这些看似简单的用户体

167

验背后，其实正孕育着被誉为"新油田"的大数据产业。美国互联网数据中心指出，互联网上的数据每年将增长50%，每两年便可以翻一番，而目前世界上90%以上的数据是最近几年才产生的。这些数据又并非单纯指人们在互联网上发布的信息，全世界的工业设备、汽车、电表上有着无数的数码传感器，随时测量和传递着有关位置、运动、震动、温度、湿度乃至空气中化学物质的变化，也产生了海量的数据信息。那么什么是大数据呢？让我们从大数据定义、特征和作用一一进行揭秘。

目前人们对大数据尚未形成一个统一的认识。普遍认为的观点是，正是由于人类行为在社交网络上的交互沟通增长与累积了海量数据，我们很容易相信大数据意味着社交媒体数据。不过IBM商业价值研究院与牛津大学赛德商学院开展的一项调查却颇为意外，社交媒体对大数据市场的影响相对较小，只有7%的受访者这样定义大数据。综合来看，业界对数据的理解与定义，均存在一定的差异（见表6-1）。

表6-1　各个机构的大数据定义

主要机构	大数据定义
麦肯锡	大数据指的是大小超出常规的数据库工具获取、存储、管理和分析能力的数据集，并不是说一定要超过特定TB值的数据集才能算是大数据
国际数据公司（IDC）	大数据即海量的数据规模（Volume）、快速的数据流转和动态的数据体系（Velocity）、多样的数据类型（Variety）、巨大的数据价值（Value）
亚马逊公司	大数据是任何超过了一台计算机处理能力的数据量
Gartner公司	在一个或多个维度上超出传统信息技术的处理能力的极端信息管理和处理问题
IBM公司	大数据应当具备三个特质，可以概括为三个V，即海量化（Volume）、多样化（Variety）和快速化（Velocity）
Informatica公司	大数据由三项主要技术趋势汇聚组成：海量数据交易、海量数据交互和海量数据处理
NetApp公司	大数据包括A、B、C三个要素：分析（Analytic）、带宽（Bandwidth）和内容（Content）
维基百科	无法在一定时间内用常规软件工具对其内容进行抓取、管理和处理的数据集合
同方公司	大指的是数据量级大，结构多元化复杂。数是无规则，无认知历史，实时的。据是对数字的采集加工分析，形成依据，找出论据体现它的价值
赛迪顾问	大数据是指需要通过快速获取、处理、分析以从中提取价值的海量、多样化的交易数据、交互数据与传感数据

【专栏 6-1】 预测世界杯之外，大数据还能做什么

大数据是如何预测世界杯赛事结果的？几家公司之间数据预测模型有何异同？除了预测世界杯外，大数据还能做什么？目前的大数据应用又离精准预测还有多远？

1. 大数据如何玩转世界杯

足球运动是世界上最早应用数据辅助决策的领域之一，也是运用大数据最成功的领域之一。

本届世界杯，体育数据分析师兼作家本杰明·莫里斯从 OPTA 提供的2010 年世界杯以来 22904 场正式比赛的数据中，研究了梅西和其他 16574 名足球运动员与足球相关的所有数据，得出了为什么梅西是最佳球员的结论。

他对比了梅西和其他 16574 名运动员在进球数、助攻数、传球数、射门成功率、过人成功率、点球成功率等几个方面的数据，得出了上述结论。以射门成功率为例，通过计算 GAA（Goals Above Acerage）即表示实际进球数和可能要进球的场景之间的差距。GAA 数值越大表明被浪费的射门机会越少，梅西的 GAA 独占鳌头，可看出他浪费的射门机会非常少。此次世界杯上，共 4 家科技公司参与了比赛结果预测，分别是百度、微软、谷歌、高盛。

华南理工大学大数据研究中心副主任田翔接受《南方日报》采访时表示，大数据预测的逻辑基础是每一种非常规的变化事前一定有征兆，如果找到了征兆与变化之间的规律，就可以进行预测。"大数据预测有四个核心步骤，数据收集、建立模型、统计分析、数据挖掘。"

百度大数据团队为了预测更精准，大数据研究院特别派遣了资深数据科学家团队，利用百度大数据全面搜索过去 5 年内全世界 987 支球队的 3.7 万场比赛数据，并与国内著名彩票网站乐彩网、欧洲必发指数独家数据供应商Spdex 等公司建立数据战略合作伙伴关系，将博彩市场数据融入到预测模型

中，构建了本次"世界杯预测"产品的足球赛事预测模型。

预测模型共涉及 19972 名球员和 1.12 亿条相关数据，所参考的数据来自百度搜索数据、球队基础数据、球员基础数据、赔率市场数据等。分析的球队不仅包括 207 支国家队，还囊括了欧洲、南美、亚洲等联赛俱乐部及低级别球队信息。

百度大数据方面表示，预测模型依据 5 个指标进行构建：球队实力、近期状态、主场效应、博彩数据、大赛能力。

世界杯期间，还有其他众多公司都进行了世界杯预测。微软预测通过分析 Betfair 博彩交易市场数据来构建预测模型；擅长投资分析的高盛，通过对自 1960 年以来的正式国际足球比赛数据的回归分析，通过泊松模型分析了每场小组赛的比分情况；谷歌预测数据则主要来自 Opta Sports 的海量赛事数据，通过球队实力的排序模型，以及基于各个国家球迷到巴西的数量和热情度的主场优势模型，来构建其最终的预测模型。

2. 大数据预测还能做什么

撇开预测是否准确，互联网公司的大数据打破了由传统博彩业垄断的信息规则。大数据预测的普及，让原本的信息不对称性减弱了。对此，田翔认为，大数据预测的出现，让博彩业的赔率算法变得不那么神秘。互联网企业和博彩公司未来合作应该是趋势，"博彩公司提供数据分析，互联网公司提供技术支持"。不仅仅是博彩业，大数据在其他领域的应用也已经开始，最近的一个合作对象是文化影视企业。记者了解到，大数据向影视方面的跨界早有先例。娱乐美国视频网站 Netflix 基于大数据投资拍摄的电视剧《纸牌屋》一夜爆红，让业界意识到数据分析对影视创作的价值。而谷歌曾公布的电影票房预测模型号称可以提前一个月预测电影上映首周的票房收入，且准确度高达 94%。

业内人士分析，未来影院的电影排片、引进电影的选择，甚至是电影开拍前的选角、题材等都可以根据大数据所提供的预测来进行，令产业的运行更高效、经济效益最大化。

此外，大数据还在城市预测、景点预测、高考预测、人口流动、医疗保健、疾病预防等诸多领域开始应用。对于大数据分析在其他各方面的应用，田翔认为总体而言是一个大的趋势。比如，通过百度人口迁徙图可以了解某个城市的人员流入流出情况，从而判断城市发展潜力，对于房地产和相关产业决策影响较大。同时，还可以通过搜集用户的偏好和消费习惯做针对性的营销活动。

3. 大数据离精准预测有多远

《大数据时代》一书中指出，"大数据本身探寻的是一种趋势，而非精准性，若要无限接近统计结果，必须让大数据与精细的传统统计方法互补，而非两者相互替代。"

田翔认为，数据共享度和覆盖率的不一致，导致不同产业之间大数据的预测精确度也不一样。他进一步解释，大数据分析在金融和医疗方面开展比较困难，因为各金融机构、医院之间很难做到数据共享，单一机构所做的数据搜集都只能得到一个较为片面的数据。"这也是中国大数据水平和国际水平存在差距的根本原因。"田翔表示，当前国内并不缺资金和技术，主要是数据门槛较高，而数据的跨行业和行业自身的打通对于大数据的发展来说非常重要。

另外，中国大数据研究起步较晚也是造成差距的一个原因。田翔告诉记者，国内大数据分析仍处于数据采集尝试阶段。

对于目前大数据预测所存在的问题，中投顾问研究总监郭凡礼则认为，主要是缺乏数据共享平台和完善的预测标准。一方面，大数据基础尚不够牢固，企业之间、政府部门之间、行业协会之间尚未形成良好的沟通交流平台，预测之时难免出现以偏概全的问题。另一方面，当下大数据尚未形成完善的预测标准，对于产业发展趋势、企业未来走向、民众消费方式选择等预测还缺乏足够的前瞻性。

> 此外，隐私保护与数据精准之间的平衡也是大数据预测无法避开的话题。数据共融共通就要开放市场，这个市场不仅仅是企业之间开放，个人也要开放。而个人数据的开放则可能存在安全保密和伦理隐私双重问题。郭凡礼认为，如何保护用户的隐私，又保证大数据预测的精准度，是当前阶段大数据应用的一大难题。

事实上，大数据的边界与范围并没有受到限定，不过目前业界对大数据特征的描述主要从 IBM 公司的三个 V 出发，提炼出四个 V：海量化（Volume）、多样化（Variety）、快速化（Velocity）和价值化（Value）。

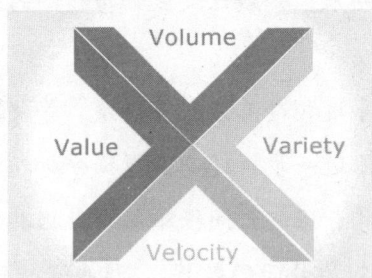

图6-9　大数据的特征

第一，海量化。大数据首先是数据量大，在许多情形下，大数据和海量数据表达着同样的意义。全球数据量正以前所未有的速度增长，遍布世界各个角落的传感器、移动设备、在线交易和社交网络每天都要生成上百万兆字节的数据。根据国际数据公司的研究结果表明，2008 年全球产生的数据量为 0.49ZB，2009 年产生的数据量为 0.8ZB，2010 年增长为 1.2ZB，2011 年更是高达 1.82ZB，2012 年达到 2.7ZB，2015 年将超过 8ZB。IBM 研究称，整个人类文明所获得的全部数据，有 90% 是在过去两年内获得的。然而，因为数据的快速增长，没人能说出社会上究竟有多少数据，因为在提出问题到回答问题的这个时间里，大量数据又已经产生了，这些数据有的被杂乱地放置于某个角落，而有的则被有目的地收集保存着。数据容量增长的速度大大超过了硬件技术的发展速度，以至于引发了数据存储和处理的危机。从大数据市场潜力来看，2012年中国的大数据市场增长率达到了52.4%，市场规模达到3.2亿元。2013~2015年这一段时间，大数据还是成长期，还没有到成熟期。三四年以后，大数据还有非常广阔的成长空间。

第二，多样化。大数据的数据类型非常多。海量数据的危机并不单纯是数据量的爆炸性增长，它还牵涉到数据类型的不断增加。原来的数据都可以用二维表结构存储在数据库中，如常用的Excel软件所处理的数据，称之为结构化数据。比如各行业产生的大量专业数据、电力公司智能电表数据、电信公司的通信数据、银行的金融数据等，而政府部门也有诸如社保部门的社保数据、交通局的交通数据、公安部门的犯罪数据等。但是现在更多互联网多媒体应用的出现，使诸如图片、声音和视频等非结构化数据占到了很大比重，如今，新闻、论坛、博客、微博等产生大量非结构化数据。统计显示，结构化数据增长率大概是32%，而非结构化数据增长则是63%，目前全世界非结构化数据已占数据总量的80%以上。随着非结构化数据的比重越来越大，并显示出其中蕴含着不可小觑的商业价值和经济社会价值，对传统的数据分析处理算法和软件提出了挑战。

第三，快速化。这是我们对大数据处理速度的要求。随着经济全球化趋势形成，生产要素成本不断上升，企业面临的竞争环境越来越严酷。在此情况下，能够及时把握市场动态，迅速对产业、市场、经济、消费者需求等各方面情况做出深入洞察，并能快速制定出合理准确的生产、运营、营销策略，就成为企业提高竞争力的关键。而对大数据的快速处理分析，将为企业实时洞察市场变化、迅速做出响应、把握市场先机提供决策支持。

第四，价值化。价值是大数据的终极意义所在。随着社会信息化程度的不断提高、数据存储量的不断增加、数据来源和数据类型的不断多样化，对于企业而言，数据正成为企业的新型资产，形成竞争力的重要基础。在国内，互联网巨头诸如阿里巴巴、腾讯、百度等，通过其商业平台，搜集了大量人们活动的"痕迹"，并作为商业储存于其数据库中，通过用户的"痕迹"分析，可以准确地知道客户的习惯、需求等重要信息，挖掘其内在价值。可以说，"数据价值化"已经成为企业提高竞争力的下一个关键点。

　　随着物联网、移动互联网、社会化网络的快速发展，企业数据的增长迅速，半结构化及非结构化的数据将呈几何倍数增长。大数据的时代已然来临，大数据必将对信息产业、经济社会、大数据产品化、知识产权和企业营销都有一定的作用，分析如下：

　　第一，大数据推动信息产业创新。大数据是指一般的软件工具难以捕捉、管理和分析的大容量数据，一般以"太字节"为单位，大数据之"大"，并不仅仅在于"容量之大"，更大的意义在于：通过对海量数据的交换、整合和分析，发现新的知识，创造新的价值，带来"大知识"、"大科技"、"大利润"和"大发展"。信息管理专家涂子沛在其专著中如此定义大数据。

　　根据 IDC 的监测统计，2011 年全球数据总量已经达到 1.8ZB（1ZB 等于 1 万亿 GB，1.8ZB 也就相当于 18 亿个 1TB 移动硬盘的存储量），而这个数值还在以每两年翻一番的速度增长，预计到 2020 年全球将总共拥有 35ZB 的数据量，增长近 20 倍。

　　美国社会思想家托夫勒在《第三次浪潮》中提出，"如果说 IBM 的主机拉开了信息化革命的大幕，那么大数据才是第三次浪潮的华彩乐章。"大数据将为信息产业带来新的增长点。面对爆发式增长的海量数据，基于传统架构的信息系统已难以应对，同时传统商业智能系统和数据分析软件，面对以视频、图片、文字等非结构化数据为主的大数据时，也缺少有效的分析工具和方法。信息系统普遍面临升级换代的迫切需求，为信息产业带来新的、更为广阔的增长点。

　　大数据将加速信息技术产品的创新融合发展。面向大数据市场的新产品、新技术、新服务、新业态正在不断涌现。大数据面临着有效存储、实时分析等挑战，必将对芯片、存储产业产生重要影响，推动一体化数据存储处理服务器、内存计算等产品的升级创新。对数据快速处理和分析的需求，将推动商业智能、数据挖掘等软件在企业级的信息系统中得到融合应用，成为业务创新的重要手段。同时，物联网、移动互联网的迅速发展，使数据产生速度加快、规模加大，迫切需要运用大数据手段进行分析处理，提炼其中的有效信息。大数据应用也给云计算带来落地的途径，使得基于云计算的业务创新和服务创新成为现实。而以以上领域为切入点，大数据将推动整个信息产业的创新发展。

第二，大数据将改变经济社会管理面貌。大数据作为一种重要的战略资产，已经不同程度地渗透到每个行业领域和部门，其深度应用不仅有助于改善企业经营活动，还有利于推动国民经济发展。麦肯锡研究表明，在医疗、零售和制造业，大数据可以每年提高劳动生产率 0.5~1 个百分点。宏观层面，大数据使经济决策部门可以更敏锐地把握经济走向，制定并实施科学的经济政策。微观方面，大数据可以提高企业经营决策水平和效率，推动创新，给企业、行业领域带来价值：一是增加收入。零售商可通过对海量数据的实时分析掌握市场动态并迅速作出应对，通过精准营销增加营业收入。二是提高效率。在制造业，通过整合来自研发、工程和制造部门的数据以便实行并行工程，可以显著缩短产品上市时间并提高质量；在市场和营销方面，大数据能够帮助消费者在更合理的价格范围内找到更合适的产品来满足自身的需求，提高附加值。三是推动创新。企业可从产品开发、生产和销售的历史大数据中找到创新的源泉，从客户和消费者的大数据中寻找新的合作伙伴，以及从售后反馈大数据发现额外的增值服务，从而改善现有产品和服务，创新业务模式。

第三，大数据产品化。虽然我们一直在数据运行领域努力，但数据科学家在大数据的大规模操作方面可能会扮演一个角色，加快大数据项目的产品化。这通常只发生在大数据输出具备市场价值，而且通过努力可以一次性的或通过订阅出售给外部客户。

第四，知识产权和大数据。数据科学家可能已经通过诸如专利工作将保护知识产权作为自己角色定位的一部分了。保护知识产权可以是一个总体规划或基于自组织（ad hoc）的发现。而在中型企业或外包服务商的数据科学家的工作可能不包括处理知识产权问题，在大公司的数据科学家需要追求知识产权，以便保护他们的雇主市场上对于竞争对手的竞争优势。知识产权是面向客户的软件和服务。保护知识产权对于企业内部大数据工作则不是那么重要。

第五，大数据对企业营销的作用。营销人员怎样从大数据中获得对其有帮助的信息，为营销工作的推进发挥作用？这是对营销人员的一种挑战和机遇。有调查发现，60%的营销人员很看好大数据。25%的受访者认为，大数据既是一种机遇也是一种挑战，并相信他们能有效地利用好资源。

【专栏6-2】 刘东明：百度大数据预测将颠覆传统商业和规则

从信息化到互联网化营销，成为传统企业营销最关注的话题，如果传统行业不能与互联网经济挂钩，就会与时代脱钩。而一个更值得关注的趋势是，过去大企业垄断行业资源，对市场有绝对的支配权。而如今，通过互联网、百度大数据预测等工具，中小企业能够提前获取信息，寻找不同信息间的关系和匹配度，从而及时洞察市场，精准地找到用户所求。这种颠覆传统的营销模式，也让中小企业迎来更大的发展空间。

刘东明在现场举了个比较生动的例子，通过一个女孩在百度搜索的关键词，比如"生理期推迟"、"怀孕症状"等，可以预测这个女孩有可能怀孕了。百度通过大数据的挖掘和分析，可以建立数据模型，对用户行为进行分析和预测。而最为

图6-10 刘东明

重要的是，通过类似这种信息的预测，能够帮助企业快速实现资源分配、优化产品、提升运转效率。

根据第一象限近期发布报告，百度整体搜索市场份额率达82.8%，而PC端和移动端环比2014年4月均出现明显上升趋势。同时，百度搜索从桌面端向移动端转移过程中，百度品牌保持率5月高达89.6%。百度作为最大中文搜索引擎，横跨PC、移动双端完整布局，未来任何来自于用户端的需求，都能够被百度搜索和记录，而百度通过对这些大数据的分析，可以帮助企业对海量用户行为分析并锁定精准客户。

2014年5月，百度也正式宣布推出大数据引擎，涵盖开放云、数据工厂、百度大脑三大组件。大数据已经走出概念阶段，走到了技术和商业变革

的临界点上，朝真正的落地和应用迈进。在刚刚过去的世界杯中，百度通过大数据预测分析，16 场淘汰赛中预测对了 15 场，预测准确率达 93.7%，最后更是超越谷歌成功预测世界杯冠军。除此之外，城市预测、景点预测、高考预测等，通过这些信息预测，能够让企业主能够更精准把脉市场走向和用户消费需求，对业务模式进行创新和优化，从而提升企业的竞争力。

那么，大数据预测对中小企业企业来说，到底有哪些价值呢？其实有很多应用，比如传统模式中，产品设计往往是封闭的。而通过大数据的分析，能发现未来一段时间的市场热度和趋势，企业就可以提前布局，准备库存和供应链，也能根据线上销售数据预测未来销量，避免脱销或商品积压。而且在企业营销环节应用更为广泛，因为每一个用户都可通过"画像"，得到其真实需求和行为特征，实现真正的精准投放和人群购买。

归功于大数据，百度今年推出了地市级精准营销，区域定向能力从 34 个省市自治区，扩展到 375 个地级市，中小企业可以根据自己的所在地域更加灵活地来定制搜索推广解决方案。除此之外，百度商情通过大数据分析网民需求、市场趋势，对中小企业营销能够起到切实的指导作用。

大数据的产出并不局限于线上，由于移动互联网的到来，使得 O2O 展现出了前所未有的发展前景。百度移动端每天有超过 1 亿次流量分发，拥有 14 个用户量上亿的移动应用 APP。另外，百度立足于 LBS 业务，在线上建立开放平台，线下则利用布局本地生活服务的机会，形成了目前最为完善的 O2O 服务体系，目前 LBS 开放平台每天响应 100 亿次以上的定位请求，借助于在移动、PC、线下全领域结构完整、丰富的大数据资源，百度迁徙、热力图、实时公交等大数据产品为社会生产生活提供了强有力的指导。

总体来看，大数据预测将颠覆传统的商业模式和规则，也会让信息变得更平等、公平，尤其是对于中小企业来说，百度已经开放了大数据的能力，任何企业都会站在同一条起跑线上，通过寻找不同信息间的关系和匹配度，能更精准地找到用户所求，并通过便捷化的渠道满足这种需求。未来将是一个人与服务连接的时代，路径会越来越短。中小企业抓住这一机遇，创新业务模式，将开启全新的发展和成长空间。

三、大数据的应用：大数据预测4个特征，10个典型行业

世界杯期间各家科技巨头利用大数据预测比赛结果，再现"章鱼保罗"雄风。世界杯结束了，但大数据预测还会继续。从夜观天象到气象预报，从童话里的水晶球到今日的科技预言家，从地震云的传说再到科学家猛攻的地震预测，人类一直希望能够更早突破局限看穿未来。随着信息革命的深入，大数据时代的预测更加容易，人类的生活正在被大数据预测深刻改变。

1. 预测是大数据核心价值

人们在谈论大数据的采集、存储和挖掘时，最常见的应用案例便是预测股市、预测流感、预测消费者行为，预测性分析是大数据最核心的功能。

大数据还拥有数据可视化和大数据挖掘的功能，对已发生的信息价值进行挖掘并辅助决策。传统的数据分析挖掘在做相似的事情，只不过效率会低一些或者说挖掘的深度、广度和精度不够。大数据预测则是基于大数据和预测模型去预测未来某件事情的概率。让分析从面向已经发生的过去"转向"面向即将发生的未来是大数据与传统数据分析的最大不同。

大数据预测的逻辑基础是，每一种非常规的变化事前一定有征兆，每一件事情都有迹可循，如果找到了征兆与变化之间的规律，就可以进行预测。大数据预测无法确定某件事情必然会发生，它更多的是给出一个概率。

2. 从天气预报看大数据预测的四个特征

在互联网之前便已经有基于大数据的预测分析了：天气预报。因为互联网，

天气预报为代表的大数据预测的以下四个特征在更多领域得到体现。

第一，大数据预测的时效性。天气预报粒度从天缩短到小时，有严苛的时效要求，基于海量数据通过传统方式进行计算，得出结论时明天早已到来，预测并无价值。其他领域的大数据预测应用特征对"时效性"有更高要求，比如股市、实时定价，而云计算、分布式计算和超级计算机的发展则提供了这样的高速计算能力。

第二，大数据预测的数据源。天气预报需要收集海量气象数据，气象卫星、气象站台负责收集，但整套系统的部署和运维耗资巨大。在互联网之前鲜有领域具备这样的数据收集能力。Web 1.0 为中心化信息产生，Web 2.0 为社会化创造，移动互联网则是随时随地、社会化和多设备的数据上传，每一次演化数据收集的成本都大幅降低，范围和规模则大幅扩大。大数据被引爆的同时，大数据预测所需数据源不再是问题。

第三，大数据预测的动态性。不同时点的计算因子动态变化，任何变量都会引发整个系统变化，甚至产生蝴蝶效应。如果某个变量对结果起决定性作用且难以捕捉，预测则难上加难，比如人为因素。大数据预测的应用场景大都是极不稳定的领域但有固定规律，比如天气、股市、疾病。这需要预测系统对每一个变量数据的精准捕捉，并接近实时地调整预测。发达的传感器网络外加大数据计算能力让上述两点更加容易。

第四，大数据预测的规律性。大数据预测与传统的基于抽样的预测不同之处在于，其基于海量历史数据和实时动态数据，发现数据与结果之间的规律，并假设此规律会延续，捕捉到变量之后进行预测。一个领域本身便有相对稳定的规律，大数据预测才有机会得到应用。古人夜观天象就说明天气是有规律可循的，因此气象预报最早得到应用。反面案例则是规律难以捉摸，数据源收集困难的地震预测，还有双色球彩票。

3. 大数据预测的典型应用领域

互联网给大数据预测应用的普及带来了便利条件。除天气预报之外，还有哪些领域正在或者可能被大数据预测所改变呢？结合国内外案例来看，以下 11 个领域是最有机会的大数据预测应用领域。

第一，体育赛事预测。世界杯期间，谷歌、百度、微软和高盛等公司都推出了比赛结果预测平台。百度预测结果最为亮眼，预测全程 64 场比赛，准确率为67%，进入淘汰赛后准确率为 94%。现在互联网公司取代章鱼保罗试水赛事预测也意味着未来的体育赛事会被大数据预测所掌控。

谷歌世界杯预测基于 Opta Sports 的海量赛事数据来构建其最终的预测模型。百度则是搜索过去 5 年内全世界 987 支球队（含国家队和俱乐部队）的 3.7 万场比赛数据，同时与中国彩票网站乐彩网、欧洲必发指数数据供应商 Spdex 进行数据合作，导入博彩市场的预测数据，建立了一个囊括 199972 名球员和 1.12 亿条数据的预测模型，并在此基础上进行结果预测。

从互联网公司的成功经验来看，只要有体育赛事历史数据，并且与指数公司进行合作，便可以进行其他赛事的预测，比如欧冠、NBA 等赛事。

第二，股票市场预测。2013 年英国华威商学院和美国波士顿大学物理系的研究发现，用户通过谷歌搜索的金融关键词或许可以预测金融市场的走向，相应的投资战略收益高达 326%。此前则有专家尝试通过 Twitter 博文情绪来预测股市波动。

理论上讲股市预测更加适合美国。中国股票市场无法做到双向盈利，只有股票涨才能盈利，这会吸引一些游资利用信息不对称等情况人为改变股票市场规律，因此中国股市没有相对稳定的规律则很难被预测，且一些对结果产生决定性影响的变量数据根本无法被监控。

第三，市场物价预测。CPI 表征已经发生的物价浮动情况，但统计局数据并不权威。但大数据则可能帮助人们了解未来物价走向，提前预知通货膨胀或经济危机。最典型的案例莫过于马云通过阿里 B2B 大数据提前知晓亚洲金融危机，当然这是阿里数据团队的功劳。

单个商品的价格预测更加容易，尤其是机票这样的标准化产品，去哪儿提供的"机票日历"就是价格预测，告知你几个月后机票的大概价位。商品的生产、渠道成本和大概毛利在充分竞争的市场中是相对稳定的，与价格相关的变量相对固定，商品的供需关系在电子商务平台可实时监控，因此价格可以预测，基于预测结果可提供购买时间建议，或者指导商家进行动态价格调整和营销活动以利益最大化。

第四，用户行为预测。基于用户搜索行为、浏览行为、评论历史和个人资料等数据，互联网业务可以洞察消费者的整体需求，进而进行针对性的产品生产、改进和营销。《纸牌屋》选择演员和剧情、百度基于用户喜好进行精准广告营销、阿里根据天猫用户特征包下生产线定制产品、亚马逊预测用户点击行为提前发货均是受益于互联网用户行为预测。

受益于传感器技术和物联网的发展，线下的用户行为洞察正在酝酿。免费商用 WiFi、ibeacon 技术、摄像头影像监控、室内定位技术、NFC 传感器网络、排队叫号系统，可以探知用户线下的移动、停留、出行规律等数据，进行精准营销或者产品定制。

第五，人体健康预测。中医可以通过望闻问切手段发现一些人体内隐藏的慢性病，甚至看体质便可知晓一个人将来可能会出现什么症状。人体体征变化有一定规律，而慢性病发生前人体已经会有一些持续性异常。从理论上说，如果大数据掌握了这样的异常情况，便可以进行慢性病预测。

结合智能硬件，慢性病的大数据预测变为可能。可穿戴设备和智能健康设备帮助网络收集人体健康数据，心率、体重、血脂、血糖、运动量、睡眠量等状况。如果这些数据足够精准且全面，并且有可以形成算法的慢性病预测模式，或许未来你的设备就会提醒你的身体罹患某种慢性病的风险。KickStarter 上的 My Spiroo 便可收集哮喘病人的吐气数据来指导医生诊断其未来的病情趋势。急性病却很难预测，突变和随机性特征使之难以预测。

第六，疾病疫情预测。基于人们的搜索情况、购物行为预测大面积疫情暴发的可能性，最经典的"流感预测"便属于此类。如果来自某个区域的"流感"、"板蓝根"搜索需求越来越多，自然可以推测该处有流感趋势。

继世界杯、高考、景点和城市预测之后，百度近日推出了疾病预测产品。目前可以就流感、肝炎、肺结核、性病这四种疾病，对全国每一个省份以及大多数地级市和区县的活跃度、趋势图等情况，进行全面的监控。未来，百度疾病预测监控的疾病种类将从目前的 4 种扩展到 30 多种，覆盖更多的常见病和流行病。用户可以根据当地的预测结果进行针对性的预防。

第七，灾害灾难预测。气象预测最典型的是灾难灾害预测。地震、洪涝、高温、暴雨这些自然灾害如果可以利用大数据能力进行更加提前的预测和告知便有助于减灾防灾救灾赈灾。与过往不同的是，过去的数据收集方式存在着死角、成本高等问题，物联网时代可以借助廉价的传感器摄像头和无线通信网络，进行实时的数据监控收集，再利用大数据预测分析，做到更精准的自然灾害预测。

第八，环境变迁预测。除了进行短时间微观的天气、灾害预测外，还可以进行更加长期和宏观的环境和生态变迁预测。森林和农田面积缩小、野生动物植物濒危、海岸线上升，温室效应这些问题是地球面临的"慢性问题"。如果人类知道越多地球生态系统以及天气形态变化数据，就越容易模型化未来环境的变迁，进而阻止不好的转变发生。而大数据帮助人类收集、储存和挖掘更多的地球数据，同时还提供了预测的工具。

第九，交通行为预测。基于用户和车辆的 LBS 定位数据，分析人车出行的个体和群体特征，进行交通行为的预测。交通部门可预测不同时点不同道路的车流量进行智能的车辆调度，或应用潮汐车道；用户则可以根据预测结果选择拥堵概率更低的道路。

百度基于地图应用的 LBS 预测涵盖范围更广。春运期间预测人们的迁徙趋势指导火车线路和航线的设置，节假日预测景点的人流量指导人们的景区选择，平时还有百度热力图来告诉用户城市商圈、动物园等地点的人流情况，指导用户出行选择和商家的选点选址。

第十，能源消耗预测。美国加州电网系统运营中心管理着加州超过 80% 的电网，向 3500 万个用户每年输送 2.89 亿兆瓦电力，电力线长度超过 25000 英里。该中心采用了 Space-Time Insight 的软件进行智能管理，综合分析来自包括天气、传感器、计量设备等各种数据源的海量数据，预测各地的能源需求变化，进行智能电能调度，平衡全网的电力供应和需求，并对潜在危机做出快速响应。中国智能电网业已在尝试类似大数据预测应用。

对于单个家庭来说则可以通过智能家居设备，记录家庭成员的起居习惯，感知用户的舒适度，预测用户的温控能耗需求，进行智能的温控装置控制，还可结合阶梯电价表来帮助用户省钱。Nest 正式基于大数据预测用户能耗需求的成功产品。

除了上面列举的 10 多个领域外，大数据预测还可被应用在房地产预测、就业情况预测、高考分数线预测、选举结果预测、奥斯卡大奖预测、保险投保者风险评估、金融借贷者还款能力评估等，让人类具备可量化、有说服力、可验证的洞察未来的能力，大数据预测的魅力正在释放出来。

【专栏 6-3】　　出招：百度糯米释放内力 大数据技术优势成重拳

自 2014 年初百度收购糯米后，糯米网毫无意外地改名为"百度糯米"。然后，在百度的支持下，糯米接连展开了"37"女生节与"517"两次全国范围内的大型活动。其中，"37"女生节活动是百度糯米整合后的首度亮相，百度从资金上给予了充分的支持，斥资 1 亿来进行活动促销。活动当天网站流水翻了 10 倍以上，为百度糯米的持续稳健发展开了一个好头。然后，5 月 17 日，百度糯米举办"517"（我要吃）吃货节，在业内首次推出基于百度大数据的美食排行榜，并完成对用户的个性化需求匹配，将百度在 LBS 与大数据方面的技术优势好好秀了一番。

从以上两次活动来看，收购后的糯米在百度的滋润下已然显现出老树开新花的美好前景。"37"女生节，百度投入过亿，直接导致的结果就是日活跃用户数翻了一倍，一举超越大众点评，资本的投入差距导致了行业竞争天平的倾斜，这是外功的表现；"517"吃货节，在引入百度大数据之后，使得本次吃货节的运作方式与传统团购玩法相比有了颠覆式的变化，百度的大数据与技术优势得到了完美展现，这是内功的释放。当然，小试牛刀的表现还不足以说明百度能在 O2O 领域霸气逆袭，因为它的前面还有两大竞争对手，且自身也在整合阶段。

1. 百度糯米还在"连接"更多的路上

据《2014 年 5 月中国团购市场统计报告》数据显示，5 月团购行业整体成交额首次突破 50 亿元，达到 54.6 亿元，环比增长 12.8%，同比增长 1.2 倍。美团、大众点评与百度糯米分列前三位，占据了团购市场份额的 83%，团购市场更加集中化，寡头时代到来。

随着糯米改名"百度糯米"，百度给了糯米源源不断的资金支持与品牌背书。尤其是，糯米之前在地推人数上的差距也将不再成为其短板，这也是之前糯米落后于美团与大众点评的重要原因之一。很有趣的一个数据是：美团、大众点评以及糯米的总地推人员数量差恰好是它们的份额之差。但是，现在这个局面正在发生变化：听说百度糯米的销售团队将会迅速膨胀到 1 万人，达到此前的 5 倍，远超美团和大众点评。百度的财大气粗与进军 O2O 领域的决心更是可见一斑。同时也说明了，站在巨人的肩膀上做事的确要舒心很多。

但是，活动的刺激永远只是短期的，之后必然归于平静。因为想要做全国性的 O2O 服务平台的话，必须能够实现最大范围以及最大规模的"连接"，无论是连接人与信息，还是连接人与服务。所以，百度正发力投入资金和重兵来弥补这块短板，加之其流量入口、各地代理商资源以及活动资源的支持，"连接"的能力有望得到充分释放。

2. 大数据与个性化推荐成就百度糯米

目前来看，美团、大众点评与糯米在商业模式上并没有太大差异。无非是比拼谁的地推能力更强，覆盖的城市更多，知名度更高，合作的商家数量更多，服务体验更好。除此之外，如果团购向生活服务演进，势必会面对用户需求的飞快增长，团购网站必须向着个性化推荐的方向发展。唯有通过搜索技术、大数据手段在数亿用户以及海量团单和线下商业服务的连接中实现一对一的精准匹配、个性化定制与推荐服务，才能让团购网站挖掘其中蕴含的商业价值。从这个角度上说，百度的技术优势将发挥更大的作用，从而扮演O2O领域连接人+服务的重要参与者，帮助用户从海量的同类服务中找到自己最心仪的那一个。

如果说以前是"众里寻她千百度，那人却在灯火阑珊处"，那么现在有了大数据之后便可以实现"身无彩凤双飞翼，心有灵犀一点通"。我们也可以通过一个简单的案例"找找感觉"：一位带着宠物狗的老先生希望通过手机找到能够接受宠物的酒店休息一晚。目前的团购解决逻辑中，任何团购服务提供商无法满足这样差异化的个性需求，但搜索引擎可以。搜索引擎的智能匹配、智能分析、大数据等保证率方面，百度可以做到按用户的需求甚至习惯分配最适合用户的信息。以此切入线下服务的互联网化，可以预计用户个性化需求的匹配能力及其背后的技术实力就有可能成为胜败的关键。同时，将"带着宠物狗找酒店"的用户精确分配给能接纳"带宠物客户"的酒店，也能让那些能够提供个性化服务的商家脱颖而出，不至于淹没在泛需求的红海之中。

对百度糯米而言，唯有依托百度的大数据、搜索引擎及精准推荐等核心技术，实现用户个性化需求匹配，引领团购网站与O2O服务向精细化运营方向迈进，才能让百度糯米的用户享受到极致的用户体验。这也是百度O2O"连接+找到"的核心目标。如今我们身处信息爆炸的时代，已经被巨大的信息所淹没，即便"连接"到了人与信息，但如果不能方便快捷地"找到"想要的信息，那也是白搭。

四、大数据的未来发展

如今，我们站在了IT产业变革的节点上，感受着巨浪的侵袭：云计算和大数据的发展促使 IT 产业生产力发生重大变革；生产力的变化让许多技术和模式拥有了新的血液；同时，互联网和社会也面临着重构……此时此刻，谁能看清变化趋势，谁能抓住变革先机，谁便能拥有更大的筹码。

1. 生产力之变革：系统架构+数据+人

IT 产业生产力变化，在百度大数据首席架构师林仕鼎看来，可以从四个时间段来分析——大型机时代、PC 时代、互联网时代、云计算时代。

"在大型机时代，硬件是主要的生产力。"现任百度首席架构师林仕鼎道出了他的观察与思考，"到了 PC 时代，软件是主要生产力。"而进入互联网时代后，IT 产业生产力变为了软件+人。"一个软件开发出来后，很多工程师会去不断地升级、完善这个软件"。

那么，云计算和大数据让生产力发生了什么样的改变？林仕鼎直言："在云计算时代，IT 产业生产力变革成了系统架构+数据+人。"

云计算带来的计算、存储资源集中化效应，以及数据量的激增，都使得系统架构在 IT 产业发展中发挥越来越关键的作用——因为支持云计算和大数据的基础就是系统架构。大数据时代的到来，也使得数据更多地参与到了系统和各种服务的构建中。

"在这个新的时代，软件和系统架构可被看成一整个系统，更多的人参与进来修改、维护、升级这套系统，同时，依靠海量数据来完善这个系统，提升系统性能。"林仕鼎点出了新生产力三个要素间的关系。

以百度搜索为例，林仕鼎介绍说："用户输入一个搜索请求，有时一开始我们很难确定在搜索结果页面，以什么样的排序呈现给用户合适。那么，我们就会分别依照一定的算法，制定两个排序方法，并在用户中，随机选 5% 的用户使用排序方式 A，5% 用户使用方式 B。之后，将海量的对比结果和数据反馈回机器学习平台，去分析、挖掘相关算法的优势，进而制定出更优的排序方式，完善百度搜索系统。这样，会使用户在百度搜索中更好地获得想要的结果。"

2. 计算范式之变革：数据中心计算

实际上，IT 产业生产力变革也就意味着计算范式的变化。如前所述，计算、存储资源集中化效应，以及海量数据的存储与处理需求，使得系统架构发挥越来越重要的地位，而这一现象也代表着计算范式的变化。"计算范式正逐步从桌面系统（即单机计算）向数据中心计算发展。"林仕鼎表示。

范式的变化同时引发了软硬件设计原则、思路的改变——整个 IT 产业的技术根基都在发生着剧烈变革。

根据林仕鼎介绍，数据中心计算与单机计算相比，在系统设计理念上的一大改变就是对容错的处理思路。"在单机设计理念中，系统一定是越可靠越好，原因很简单，你只有一台机器，坏掉就没了。所以，在设计时，要在系统里面加很多冗余信息和校验逻辑，这样在出现错误后还可恢复。在数据中心计算中，主要是分布式系统。分布式系统假设所有的设备最终都会发生故障，所以它可以容忍任意一台设备出现问题。这使得两者在系统设计上拥有很多差异。"

另外，单机计算和数据中心计算的应用场景也不同，前者是单用户多任务，而后者则是多用户单任务，因此系统设计要更多地考虑并行性问题。百度自主研发的 SSD 就是这种理念下的产物。

在传统的 SSD 架构中，是由一个总的 SSD 控制器来控制下面的 Flash 存储单元，这样的优势是黑箱化、层次化，不利之处是 SSD 往往读取较快，写入较慢，容易形成瓶颈。而百度根据应用需求，取消了 SSD 架构中的写缓冲、擦写平衡等复杂逻辑，大幅简化 SSD 控制器的设计。通过将一个大的 SSD 划分为 N 个单元，每个单元都有独立的控制器和存储单元，这些信息和控制接口暴露给上层存储系统后，形成了多个管道，并行读取、存储效率可以大幅提升。

这种设计上的创新，使得百度自研 SSD 相对 SATA SSD 性能提升 6 倍，成本降低 10%，相对 PCIE Flash 性能提升 2 倍，成本降低 40%。

3. 社会之变革：重构互联网

云计算和大数据已经带来了像 IT 生产力、计算范式、开发方式这样偏架构和技术的变革，但在林仕鼎看来，它们最大的价值在于让社会得以革新与升级。"技术只有当真正能够去改变人的生活时才会更有意义。"林仕鼎坚持着这一信条。而要让社会变革，就需要依靠云计算和大数据重构互联网。

想象一下这样一个场景：当你在公司系统里确认完出差事宜，你手机上的某个订飞机航班的 APP 就推送给你几个符合你喜好的航班，供你选择。当你在手机上一键选择完后，相关租车 APP 就跳出来让你直接预约出租车，提供往返机场或异地开会时的接送服务；并且在你预订完机票后，你的手机会自动进入航空公司选座系统……

要实现这一切，需以云计算为基础，并融合、连通来自各种渠道的海量数据。但目前的情况是，数据和资源都是分散的。"现在的互联网有很多问题，比如每个用户的数据是分散的，这些数据被割裂在不同的设备上、不同的应用间，同时，计算资源也很分散。"林仕鼎表示。所以，互联网需要重构。

林仕鼎描述了重构互联网的关键：搭建统一的云操作系统。"真正的云平台实际上是一个人人共享的统一操作系统，所有数据、服务、用户的 ID、业务系统本身都聚合在一个平台上，形成一个大规模、合作创新的平台。由于有了全局的数据，大数据算法可以发挥作用，这个平台在工程师和用户以及大数据的推动下不断进化，最终会变成一个超大的、囊括性的统一智能系统。这本质上就是对互联网的一次重构。"

人与机器合一组成的这个"生命体"，实际上是把最终的结果和产生这个结果的原因连接在一起了，在林仕鼎看来，这个"生命体"将会快速进化，最终重构整个社会。

据悉，百度也在努力地促进各种数据融合、串联起来，以推动百姓生活乃至整个社会的变革与发展。

4. 大数据的主要发展趋势与战略机遇

• 成为重要战略资源。在未来一段时间内，大数据将成为企业、社会和国家层面重要的战略资源。大数据将不断成为各类机构，尤其是企业的重要资产，成为提升机构和公司竞争力的有力武器。企业将更加钟情于用户数据，充分利用客户与其在线产品或服务交互产生的数据，并从中获取价值。此外，在市场影响方面，大数据也将扮演重要角色——影响着广告、产品推销和消费者行为。

• 数据隐私标准将出台。大数据将面临隐私保护的重大挑战，现有的隐私保护法规和技术手段难以适应大数据环境，个人隐私越来越难以保护，有可能会出现有偿隐私服务，数据"面罩"将会流行。预计各国都将会有一系列关于数据隐私的标准和条例出台。

● 与云计算深度融合。大数据处理离不开云计算技术，云计算为大数据提供弹性可扩展的基础设施支撑环境以及数据服务的高效模式，大数据则为云计算提供了新的商业价值，因此，从2013年开始，大数据技术与云计算技术必然进入更完美的结合期。总体而言，云计算、物联网、移动互联网等新兴计算形态，既是产生大数据的地方，也是需要大数据分析方法的领域。

● 分析方法发生变革。大数据分析将引发一系列重大变革。就像计算机和互联网一样，大数据可能是新一波的技术革命。基于大数据的数据挖掘、机器学习和人工智能可能会改变小数据里的很多算法和基础理论，这方面很可能会产生理论级别的突破。

● 网络安全问题凸显。大数据的安全令人担忧，大数据的保护越来越重要。大数据的不断增加，对数据存储的物理安全性要求会越来越高，从而对数据的多副本与容灾机制提出更高的要求。网络和数字化生活使得犯罪分子更容易获得关于人的信息，也有了更多不易被追踪和防范的犯罪手段，可能会出现更高明的骗局。

●大数据学科诞生。数据科学将作为一个与大数据相关的新兴学科出现。同时，大量的数据科学类专著将出版。

●催生数据分析师等职业。大数据将催生一批新的就业岗位，如数据分析师、数据科学家等。具有丰富经验的数据分析人才成为稀缺资源，数据驱动型工作机会将呈现出爆炸式的增长。

大数据带来重要战略机遇，第一是新一代信息技术融合应用新焦点，会在未来创造比较大的商业价值、社会价值、经济价值。第二是信息产业持续高速增长的新引擎，大数据对数据存储产业包括整合设备产生巨大推动，同时数据挖掘市场也会得到很好的发展。第三是行业用户竞争力得到不断提升，更好地定位到自己的目标市场，更好地扩大企业未来市场份额，这时候企业具有更强的竞争能力，在数据方面扶持会更多，市场会发展更快。从国家角度来看，国家现在还没有把大数据作为发展方向，《国务院关于加快培育和发展新战略性新产业的规定》、《国民经济和社会发展"十二五"规划纲要》和《"十二五"国家战略性新兴产业发展规划》都提到海量数据处理软件要开发，智能海量数据化处理相关软件开发产业化，推进高性能服务器海量数据存储也要产业化。

从市场机遇来看的话，我们看到国内各地云计算已经遍地开花了，包括北京、天津、上海、武汉、西安、重庆、无锡等这些地方政府都在制定自己的云计算产业规划，我们认为未来他们势必会把大数据作为他们的发展方向，大数据在未来能给这些云计算产业基地或者园区提供更好的价值。从行业角度来看，大数据分成三个维度：优先关注行业，互联网、电信、医疗、制造、金融等；值得关注行业，交通能源、零售、教育，这都是大数据未来发展的方向；适当关注行业，房地产业未来也有突破。

第七章　大数据案例之美亚柏科商业模式

美亚柏科：作为国内电子数据取证与网络信息安全行业的龙头企业，美亚人将永不止步，锐意进取，势将成为行业的持续领跑者，公司秉承以"为客户创造价值，为员工创造机会，为股东创造利益，为社会承担责任"的企业使命。

员工四律：敬业、精业、勤业、创业。

三准则：自觉维护美亚柏科根本利益；保护信誉就是保护一切；主动、高效、细致、真诚。

打造国际领先的电子数据取证与安全产品及服务提供商！

可还记得，2012年一部历史侦探悬疑电视剧火极一时，它就是电视剧《神探狄仁杰》，剧中对人物的刻画和剧情的分析都让人们印象深刻，而剧中主人公的那句台词——"元芳，你怎么看"，更是成为时下最为流行的网络词汇。类似这样的描写古代破案的影视作品还有很多，比如著名的《包青天》、《大宋提刑官》。相信看过这些作品的很多人都会对主人公们细致入微的现场勘察和鞭辟入里的案情分析而深深折服。在这些影视作品中，有很多这样的场景，主人公徘徊在案发现场，或左右观察或低头搜索，仔细地寻找对案情具有极其重要作用的现场证据。在古代，由于受到技术条件的限制，衙门对证据的获取基本靠经验和个人观察力，这样的取证方式受太多因素的影响，很多证据容易被忽略。而这种情况直到在化学、生物学、医学等学科的兴起并应用于刑侦上之后才有所改变。人们利用先进的各种仪器，捕捉犯罪分子的活动证据，并在实践中大获成功。

然而，随着科学技术的进步，特别是计算机、互联网和各种电子产品的运用，计算机犯罪、网络犯罪也层出不穷，而对于这些犯罪行为，靠以往的技术手段很难对其进行预防和打击，因此，电子数据取证产品和技术应运而生，让网络犯罪及计算机犯罪无所遁形。然而，进入大数据时代以来，信息量的爆发式增长，对数字取证工作形成了一个巨大的挑战，如何从大量数据中获取所需要的信息，并进行分析、鉴定，是数字取证工作者面临的主要问题。

目前，国内在这一领域获得较高成就的企业，即为坐落于美丽海滨城市——厦门的美亚柏科。然而，美亚柏科的产品及服务不仅有电子数据取证，还有信息安全、云服务、无人机等几百种产品和服务，而且电子数据取证的运用也不仅仅局限于犯罪证据的获取上。接下来，本文将为大家展现一个全面的美亚柏科！

一、公司介绍

美亚柏科信息股份有限公司成立于1999年，是一家专业从事电子数据取证和网络信息安全的技术研发、产品销售与整体服务的国家级高新技术企业，并于2011年3月16日在深交所创业板正式挂牌上市（股票简称：美亚柏科，股票代码：300188），是全球仅有的电子数据取证行业两家上市企业中的一家（另一家为美国的Guidance公司）。2013年，美亚柏科荣登《2013福布斯中国潜力上市公司100强》榜单第39位。

通过10年的发展，美亚柏科已经形成涵盖电子数据获取设备、电子数据分析系统、电子数据销毁设备、互联网内容安全搜索、网络数据防护等系统共100余款成熟产品，并与厦门大学、中国刑警学院等院校结成研发合作伙伴，形成了自己的研发和培训中心，在电子数据取证行业中成长为龙头企业之一，市场份额逐年提升。公司拥有员工900多人，下设有20多个分支机构，及中证、中敏、珠海新德汇、香港鼎永四家控股子公司和创聚、福建宏创、巨龙信息、杭州攀克四家参股子公司。

自成立以来，美亚柏科一直从事信息安全行业中电子数据取证和网络信息安全的技术研发、产品销售与整体服务。在电子数据取证领域，2008年市场占有率即为国内第一，达到41.78%；而在网络信息安全领域，目前尚未形成稳定的市场竞争格局，也无外资进入。同时，美亚柏科整合自身经验成立美亚信息安全学院，培养企业骨干及行业专业人才。公司于2005年获得了福建省司法厅颁发的电子数据"司法鉴定许可证"，建立了国内领先的电子数据鉴定中心——福建中证司法鉴定中心，组成了技术实力雄厚的鉴定专家队伍，提供全面的电子数据鉴定服务。2011年10月，美亚柏科获得重点产业振兴和技术改造项目"厦门超级计算中心"（厦门云计算中心）的立项批复，该中心于2012年3月正式运营启动，计算峰值超过200万亿次/秒，是海西地区规模最大的计算平台，同时也是国内首家由企业承建及运营的超级计算中心。2010年率先推出国内唯一的电子数据取证调查员认证培训及考试（MCE认证），获得行业广泛认可，制定电子数据取证行业技术认证的中国标准。2013年，人力资源和社会保障部教育培训中心联合美亚柏科在全国范围内开展"电子数据调查分析师岗位培训项目"，凡是参加培训并通过考核者均将获得由人力资源和社会保障部教育培训中心颁发的岗位能力证书。中证司法鉴定中心是国内四大主要的电子数据司法鉴定中心之一，也是全国第一个通过 CNAS 认可的非公电子数据鉴定机构。自 1999 年成立以来，美亚柏科在数字取证、网络信息安全、云计算等领域取得丰硕成果，并获各级奖项和荣誉上百余次。

美亚柏科是国内领先的电子数据取证与安全产品及服务提供商，主营业务包括电子数据取证产品和网络信息安全产品两大产品系列，电子数据鉴定服务和互联网数字知识产权保护服务两大服务体系，其中电子取证产品一直为其主要业务。经过十几年的努力，美亚柏科已经成为业内特别是数字取证领域的领头羊，业绩蒸蒸日上。从 2008~2012 年的营收数据上来看，经过近 4 年的发展，企业的营业收入将近翻了两番，从 2008 年的 9000 万元增长到 2012 年的 3.5 亿元，年平均增速达到 40% 以上，具体如图 7-1 所示。根据 2013 年年报显示，美亚柏科公司实现营业收入 3.9 亿元，较上年同期增长 11.55%，实现净利润 5629 万元，较上年同期下降 28.23%，美亚柏科公司收入增长稳定，处于一个高速稳定发展时期，目前美亚柏科已经迈入一个新台阶。

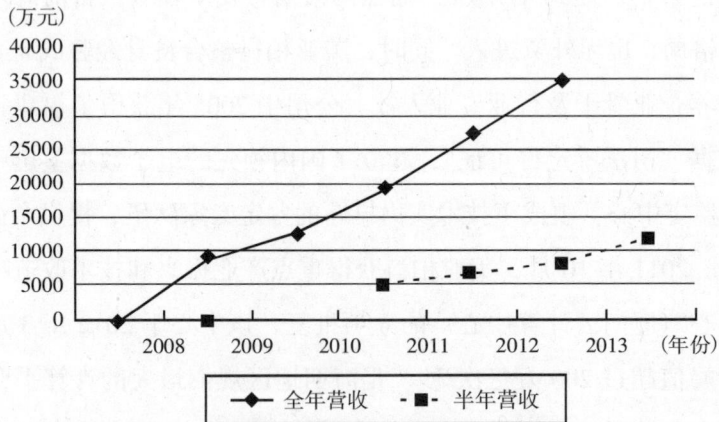

图 7-1　美亚柏科 2008~2013 年营业收入情况

因为公司产品主要销售于司法机关、行政执法部门等，这些客户的普遍特点是，上半年制订计划、预算审批，下半年实施和验收，所以公司产品销售收入的实现主要集中在下半年尤其是第四季度，具有明显的季节性特征。因此，从半年营收线来看，美亚柏科上半年营收大约只有全年营收的 1/4，公司产品销售收入在上、下半年具有不均衡的特点。而且，受公司业务季节性特点影响，公司上半年收入和利润占全年收入和利润的比重较低，季节性资金需求和现金流量不均衡。因此，公司必须努力加强生产计划和财务预算管理，尽可能降低季节性因素导致的资金需求和现金流量不均衡问题的影响。

同时，随着业绩的增长，美亚柏科的市值也呈现稳定增长趋势，自上市以来，股价由 12 元稳健上升到 17 元，如图 7-2 所示。

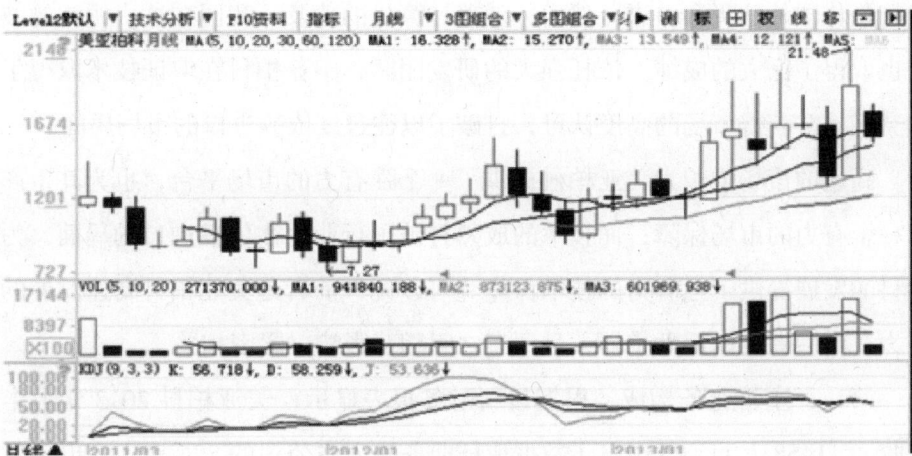

图 7-2　美亚柏科股票月线

美亚柏科的高速发展一方面得益于市场需求的高速增长，另一方面得益于国内取证技术的逐渐成熟。随着网络和计算机的高速发展和普及，人们通过各种终端设备和互联网进行工作、消费、社交、信息搜索等，企业、政府、学校等各种组织机构也通过互联网或者建立信息系统进行各种商业或非商业活动，无论是我们的工作还是生活，电子产品的应用已经成了不可替代的部分，人们进入了信息时代。随着信息时代的到来，人们的生活和工作方式都产生了巨大的变化，生活更为便捷，工作更有效率，而与此同时，人们的生活和工作的痕迹也都以数据的形式记录到了这些电子设备上。然而，信息时代的便捷和高效并不仅仅为我们的正常生活和工作带来好处，其也为犯罪带来了"福音"，使得犯罪变得更为隐秘和高效，这从网络犯罪在近几年呈上升趋势的事实中就不难看出。而执法机关在证据的获取上，已经不仅仅停留在物理上或者化学上，数字取证已成为了不可或缺的部分。因此，执法机关对数字取证产品的依赖将为这一领域带来巨大的市场需求，特别是在 2012 年电子数据被正式列入"刑诉法"和"民诉法"，成为独立有效的法律证据。这将直接拉动相关政府部门以及企业的需求。

1994 年，国务院颁布《中华人民共和国计算机信息系统安全条例》，自此数字证据正式进入了刑侦领域。然而，当时我国的计算机技术处于一个待发展的阶段，网络技术、计算机技术都处于较为落后的水平，而大部分取证产品与相关技术均是从国外购买和引进。然而，随着计算机的普及，我国在这一领域的技术发展也取得了巨大的成绩。依托强大的研发团队，美亚柏科在取证技术取得了相当的突破，并获得市场的高度认可，打破了以往过度依赖进口的市场局面。

高速的市场增长为美亚柏科提供了一个强有力的市场平台，也为其生产提供了一个有力的市场保障；而技术的成熟打破了行业以往依赖进口的局面，为美亚柏科的发展提供了强有力的技术保障。可以说，前者是美亚柏科高速发展的外部引力，而后者是内部助推器，且两者之间相互影响，紧密相关。

第一，主营业务构成。根据最新财务报表显示，美亚柏科 2013 年上半年营业收入 11458 万元，其中电子数据取证业务收入占公司的 80% 以上；电子数据鉴定及互联网知识产权保护业务收入占比为 10.9% 左右，而网络信息安全业务占比为 8.7%，如图 7-3 所示，从数据上来看，美亚柏科的营收仍然是集中于传统强势领域——电子数据取证产品及服务，网络新安全产品和数据鉴定及互联网知识产权保护业务，其营收也达到了公司整体营收的 20%，为公司业绩做出了不可忽视的贡献。

第二，盈利能力分析。根据最新的财务数据表明，2013 年前三季度归属于母公司所有者的净利润为 1416.02 万元，基本每股收益为 0.064 元，较上年同期减少 52.94%。相对于 2012 年，公司整体盈利能力下降明显，净利润率、净资产收益率、营业利润率、销售毛利率、销售净利率等指标均下降，具体如表 7-1 所示。

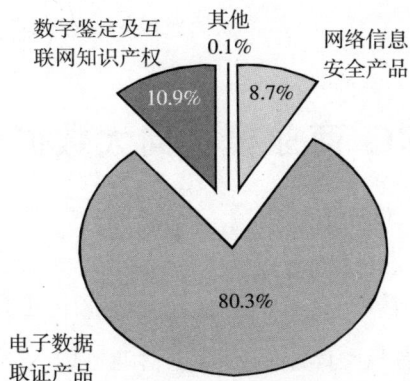

数字鉴定及互
联网知识产权
10.9%

其他
0.1%

网络信息
安全产品
8.7%

80.3%

电子数据
取证产品

图 7-3　美亚柏科 2013 年上半年主营业务构成

表 7-1　美亚柏科盈利能力指标情况　　　　　　　　　　单位：%

指标	2012 年	2013 年第一季度	2013 年第二季度	2013 年第三季度
净利润率	22.45	-8.49	0.17	7.58
净资产收益率	10.84	-0.49	0.02	1.81
营业利润率	15.24	-28.86	-8.98	1.26
销售毛利率	59.97	43.75	49.90	55.27
销售净利率	22.45	-8.49	0.17	7.58

资料来源：美亚柏科财务年报。

　　通过了解，随着公司规模扩大及新业务拓展，2013 年公司增加了人员储备和固定资产购置，导致人员人工费、资产折旧等较 2012 年同期增加比较多。同时，在社会信息化程度迅速提高、电子证据入法等大环境的推动下，电子数据取证产品需求也逐渐由司法机关延伸至各行政执法部门以及企事业单位，市场容量不断扩大的同时，市场竞争也日益加剧。此外，通过代理商销售产品的比重上升和硬件产品销售收入比重上升，以上主要因素导致公司上半年综合毛利率较 2012 年同期有所下降，影响了公司净利润水平。

二、从 CS PRO 商业模式向大数据商业模式转型

自成立以来，美亚柏科一直从事信息安全行业中电子数据取证和网络信息安全的技术研发、产品销售与整体服务，其主营业务由"三大产品、五大服务"组成。三大产品包括电子数据取证系列、刑事技术产品系列及网络信息安全系列。五大服务依托于"云计算中心"，面向全行业客户主要提供取证服务云和搜索云服务，而面向民用及其他行业则提供公证云服务、电子数据鉴定服务和数字知识产权保护服务。

1. 美亚柏科的产品聚合

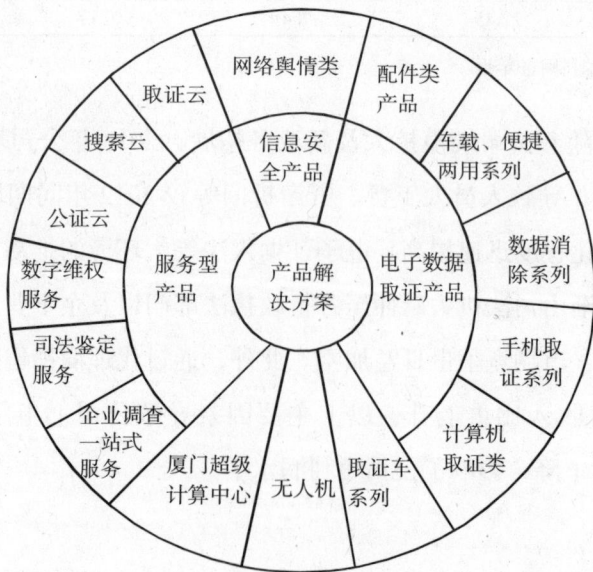

图 7-4 美亚柏科产品系列

随着计算机犯罪个案数字不断上升和犯罪手段的数字化，搜集电子证据的工作成为提供重要线索及破案的关键。恢复已被破坏的计算机数据及提供相关的电

子资料证据就是电子数据取证。电子数据取证一般包含电子证据的收集、电子证据固定、电子证据认定这三个过程，而取证的不同阶段也需要相应的电子设备或者技术。目前，美亚柏科在电子数据取证这一领域在国内当属老大，其产品涵盖了从电子证据收集到固定，再到分析鉴定等一系列过程所需要的设备及技术，而且每一环节均有多种产品，以满足不同条件下的差异化需求。诸如现场获取系列，美亚柏科就有包括DC-8670、DC-8700 SATA、DC-3011SC等十几种相应的设备。同时，针对不同的设备终端，还分为计算机取证系列、收集取证系列、车载便携两用取证系列。

【专栏7-1】　　　电子数据现场搜查箱DC-3011SC和取证魔方DC-8811

图7-5　DC-3011SC电子数据现场搜查箱　　　图7-6　DC-8811取证魔方

DC-3011SC电子数据现场搜查箱是厦门市美亚柏科信息股份有限公司自主研发，提供工作人员进行快速、简便地获取分析计算机数据信息的现场快速搜查设备。该设备配套齐全、功能全面，可按实际情况定制电子数据获取策略，提供公开及特定场合现场搜查方式；在现场不仅可以在10~30分钟内完成目标计算机现场搜查工作，以时间线的方式重现计算机使用过程，还可根据对现场计算机硬盘数据进行不拆机获取或拆机高速复制，完成特定数

据获取等线索快速提取工作，对现场搜查工作有着积极的作用。

DC-8811取证魔方是一款适合执法部门现场进行勘查分析的综合取证一体化设备。该产品采用全球领先的高速硬盘复制、自动取证分析、动态系统仿真等多任务并行处理技术，同时提供了符合司法有效性的写保护功能，使得现场进行证据固定、电子数据取证分析工作简单快捷，大大提高现场勘查取证人员的效率。"取证魔方"被誉为取证界的"瑞士军刀"，是功能最全面的便携式现场勘验一体化设备。

1. 刑事技术产品

《刑事诉讼法》第82条第1款规定：侦查是指公安机关、人民检察院在办理案件过程中，依照法律进行的专门调查工作和有关的强制性措施。而刑事技术产品即为在侦查过程中所需要的一些专业器件，诸如我们在电影和电视中最为常见的指纹采集系统、弹道分析系统等。美亚柏科根据证据的类型，将刑事技术产品分为痕迹检测类、文件检测类、理化检测类、图像检测类等几十种产品。例如现场全波段CCD1032M产品，是为现场指纹提取量身打造的便携型警用全波段CCD无证照相系统，是刑事现场勘查的最新无损指纹提取利器，适用于照相、指纹、痕迹、文检等专业领域。

2. 信息安全产品

美亚柏科的互联网舆情分析系统，是其网络信息安全领域的主打产品，包括微博分析系统、美亚舆情网、互联网舆情分析平台、舆情服务平台等。美亚柏科设立美亚互联网舆情研究室，在公司自主研发的搜索云平台支撑下，为政府、企业、个人提供各类互联网信息、情报服务，是国内领先的互联网信息研究机构。研究室拥有互联网情报分析专家、搜索云体系研发人员、行业信息专业运营人员100多人，依靠云平台的强大数据处理能力，全面满足客户的现代化信息搜集和海量信息的分析需求，为其决策提供准确、可靠的依据。

网络舆情分析是基于互联网上的数据而进行的，其所面对的数据量大多是以TB甚至PB来计算的，是真正的大数据。比如美亚柏科的ST2000互联网舆情分析与控制平台，依托云计算与搜索引擎技术，可对境内网络的论坛、新闻、博客、微博等各种媒体信息进行全面、及时的搜索，并做深度综合分析研判，跟踪已知舆情和聚焦未知舆情，跟踪结果可实时地通过移动终端推送给客户。美亚柏科的网络舆情分析可以对某一事件、某一个人、某一个企业甚至是某一个关键词，适时了解其特征、现状，甚至预测其未来动向。而要实现这些，则必须基于海量的数据基础。

【专栏 7-2】　　美亚搜索云对新西兰毒奶粉事件舆情信息分析

2013年8月2日，新西兰乳制品巨头恒天然集团向政府通报称，其生产的3个批次浓缩乳清蛋白中检出肉毒杆菌，受污染原料共计38吨，影响包括3个中国企业在内的8家客户。肉毒杆菌是一种致命细菌，0.1克即可致人死亡。因此，事件自披露以来持续发酵，吸引了国内外众多舆论的关注。对此，美亚柏科通过舆情分析控制系统和云搜索平台，从新闻、论坛、微博、博客等平台中获取相关舆论信息，并对此事件的发展趋势做出分析。

如图7-7所示，新西兰毒奶粉事件经恒天然主动曝光后，舆情热度的演变经历了由低逐步到高的走势，仅仅5天就达到预警的水平，此事件对相关企业的负面影响越来越严重。

根据美亚搜索云监测数据显示，信息主要分布于谷歌新闻、百度新闻、网易网、人民网等新闻媒体网站，新闻报道占80%的信息量；天涯社区、凤凰论坛和腾讯微博等自媒体平台，占近20%的信息量。可见，网民对事件的关注度远不及网络新闻媒体。同时，美亚柏科通过搜索云，对事件的媒体评论、网民热帖、网名观点等舆论信息进行跟踪、统计、分析，精准掌握网络舆论动态。

未来，不仅仅是网络舆情分析需要面对着庞大繁杂的信息量，电子数据

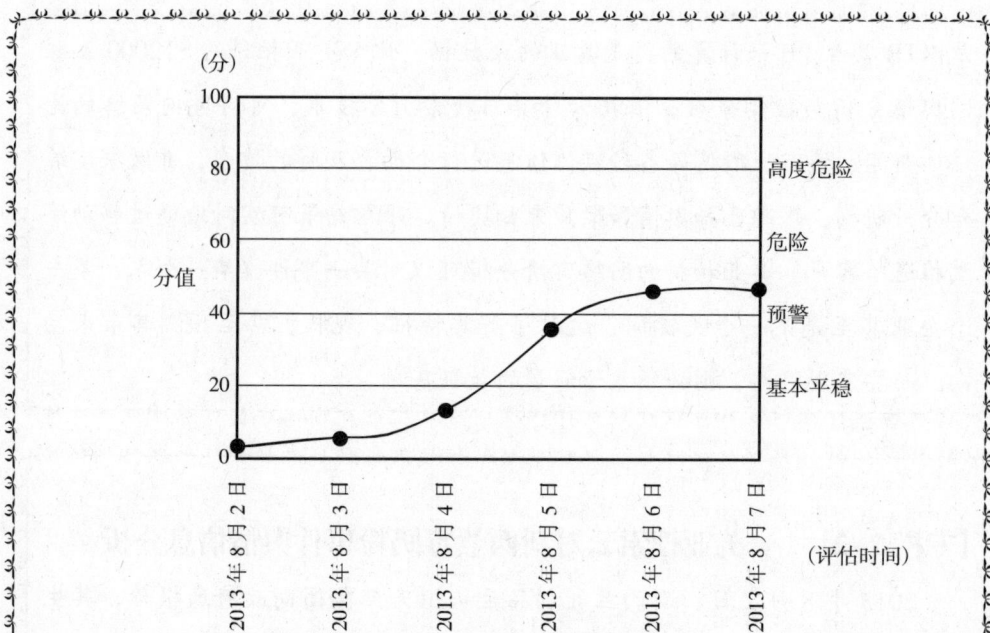

图 7-7　新西兰毒奶粉事件发展趋势

取证也需要从大量的数据中找出所需信息，大数据不仅影响着美亚柏科网络舆情领域，也影响着包括数字取证、云服务、数据鉴定、数字知识产权保护等在内的大部分领域。

专项服务是由三大产品衍生出来的，目前美亚柏科的专项服务有云服务、电子数据鉴定服务、数字知识产权保护服务、企业调查一站式服务。

第一，云服务。2012 年 3 月，厦门超级计算中心（云计算中心）运营启动，标志着美亚柏科正式进入云计算领域。云计算中心计算峰值超过 200 万亿次/秒，是海西地区规模最大的计算平台，同时也是国内首家由企业承建及运营的超级计算中心。依托强大的云计算平台，美亚柏科相继推出各种云服务，其中取证云、搜索云、公证云为美亚柏科的三大云服务。

取证云可通过美亚光闸单向传输系统对业务数据进行内外网隔离，所有数据通信加密进行，确保业务数据安全。用户业务数据彼此隔离，为用户提供取证工作包间。基于超算中心取证云平台和强大的取证服务团队，取证云可实现常用取证资源下载、在线解析、基础信息库查询、取证 GPS、邮箱取证。

美亚"搜索云"舆情服务平台实现云计算与搜索引擎技术相结合，对境内网的论坛、新闻、博客、微博等各种媒体信息进行全面、及时的搜索，并做深度综合分析研判，跟踪已知舆情和聚焦未知舆情，通过多种移动终端推送并展示给客户。

电子数据公证云项目是和厦门鹭江公证处合作开发的一款面向全国民用市场的电子数据在线取证、存证以及公证的服务产品，旨在解决社会公众电子数据取证难问题。通过公证云，人们可以随时随地完成取证、存档等操作，而且无须担忧信息安全问题。

第二，电子数据鉴定服务。美亚柏科所属的福建中证司法鉴定中心于 2005年正式获得电子数据司法鉴定资质，是我国首批电子数据司法鉴定机构，全国第一个通过 CNAS 实验室认可的非公电子数据鉴定机构，是国家电子数据鉴定行业的领头羊。借助优秀的专业技术，为政府部门、企事业单位及社会公众提供同一性鉴定、原始性鉴定、功能鉴定、来源鉴定、电子数据恢复等数据鉴定服务。

第三，数字知识产权保护服务。互联网数字知识产权保护服务是面向社会公众提供的一项网络维权服务。美亚柏科可为网游、影视、音乐、出版、商标以及计算机软件等数字作品提供知识产权保护工作，为数字作品权利人及传统作品的数字化发行与信息网络传播情况，提供侵权预警、调查取证、出具司法鉴定报告、协商索赔等全面维权服务。美亚柏科成功为《让子弹飞》、《金陵十三钗》、宝马、LV 等进行维权服务。

第四，企业调查一站式服务。2012 年 6 月 18 日，美亚柏科启动"企业调查一站式服务"。美亚柏科根据国内企业的实际工作情况及业务特点，设计了包含员工离职审计、数据防泄密系统、电子取证培训、取证专用设备租赁、取证调查服务、司法鉴定等"一站式"企业调查解决方案，帮助企业有效地提高防泄密能力，大幅降低商业秘密和员工违规导致企业受损的风险。"企业调查一站式服务"

的启动，标志着美亚柏科由"产品"转向"卖服务"的业务经营及运营模式。

2. 原有的商业模式

自成立以来，公司一直以政府、执法机关、司法部门等为其主要客户，依靠先进的技术创新和人才优势，美亚柏科建立了以客户需求的快速响应和提供优质持续服务为核心的 CS PRO 商业模式，即专业的（Customer Satisfaction 客户满意）综合性营销方法，使美亚柏科在数字取证领域一直处于国内领先地位。经过十年的发展，美亚柏科已经在信息安全领域取得巨大的成就，在技术上和人才资源上均处于行业领先地位，这是企业的核心优势。同时，公司融合换位思考、客户参与、建立信任、顾问咨询、快速响应和品牌及口碑效应等多种营销方法，以客户需求为导向，极力强调客户满意。以垂直客户为基础，依托企业技术、人才优势，秉承以客户满意为核心的营销理念，以"聚零为整"的销售模式，美亚柏科建立了 CS PRO 商业模式，如图 7-8 所示。

第一，独特的业务定位：公司发挥在电子数据取证和互联网内容安全搜索方面的技术优势，聚焦于电子数据取证和网络信息安全的细分市场，定位清晰，不蔓不枝。客户单位大多由国家、省、地市、区县四级垂直结构构成，很容易形成垂直的规模推广，客户单位的示范效应明显。

第二，技术、人才优势：国内电子数据取证起步较晚，很多核心技术都掌握在国外知名取证企业或机构手中，给国内企业形成了很大的竞争压力。公司经过几年的艰辛努力，成功走过了"代理—消化吸收—自主研发"的发展道路，掌握了电子数据取证领域的多项核心技术，形成了全系列具有自主知识产权的产品，成功树立了电子数据取证行业的民族品牌。同时，美亚柏科还拥有国内首家电子数据鉴定实验室、国内领先水平的仿真实验室、网络技术研究实验室等。在人才方面，美亚柏科现拥有包括教授、博士、硕士及技术、管理等高级人才在内的各类人员 900 多人，其中研发及技术人员 205 人。本科及以上学历人员占研发人员总数的 90% 以上，云集了行业众多技术专家，是行业前瞻技术和新技术研究的重要力量。

第三，以客户满意为核心的营销理念：公司立足于为客户提供电子数据取

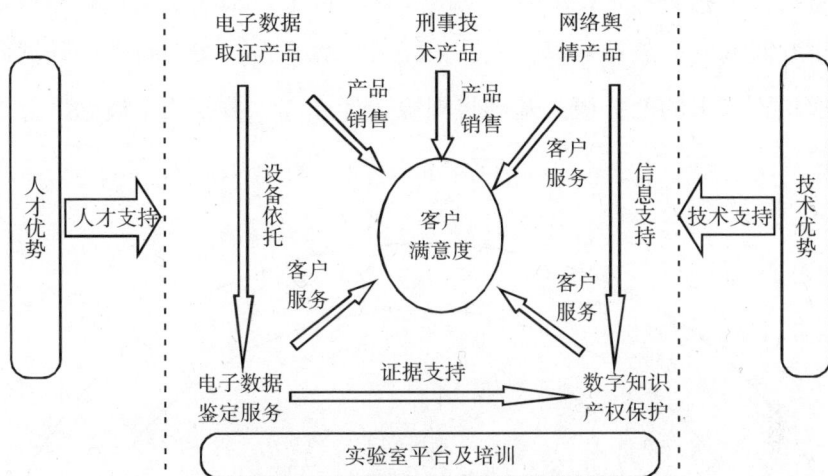

图 7-8 美亚柏科原有商业模式

证、网络信息安全等技术培训，以及公司各产品的使用培训，以培训带动销售。至今，公司已完成电子数据取证和网络信息安全相关技术培训近 200 期。同时，公司设立了 M007、M008、M009 三个专业、快速、高效的技术响应团队，为客户提供现场培训、产品售前售后服务、顾问咨询等多种形式的服务，"全程服务，全面安心"的服务理念极大地带动了产品销售，并以此树立了良好的口碑，品牌形象逐步得以树立和巩固。

第四，"聚零为整"的销售模式：经过 10 年的努力，公司已形成较为全面的产品系列，并实现标准化定制，公司逐步走出卖单个产品的销售模式，通过为客户建设"电子数据取证实验室"提供整体化的解决方案。这一模式的成功实现，一方面可直接参与客户的整体规划，增强了客户的依赖性；另一方面更有利于培训与服务的定制和打包，提高客户的认可度。

3. 大数据商业模式转型

继计算机、互联网后，人类正在进入大数据时代的现代信息社会，大数据正开启一次重大的时代转型，在诸多领域，大数据浪潮正在引发颠覆性创新。在大数据时代，以利用数据价值为核心，新型商业模式正在不断涌现。能够把握市场机遇、迅速实现大数据商业模式创新的企业，将在 IT 发展史上书写出新的传奇。

美亚柏科顺应市场要求，在原有的商业模式基础上，加入了云计算和大数据元素，基于互联网的开放性数据信息，依托云计算平台，极力打造大数据商业模式，美亚柏科未来的商业模式基础将围绕云计算和大数据两个概念进行，如图7-9所示。

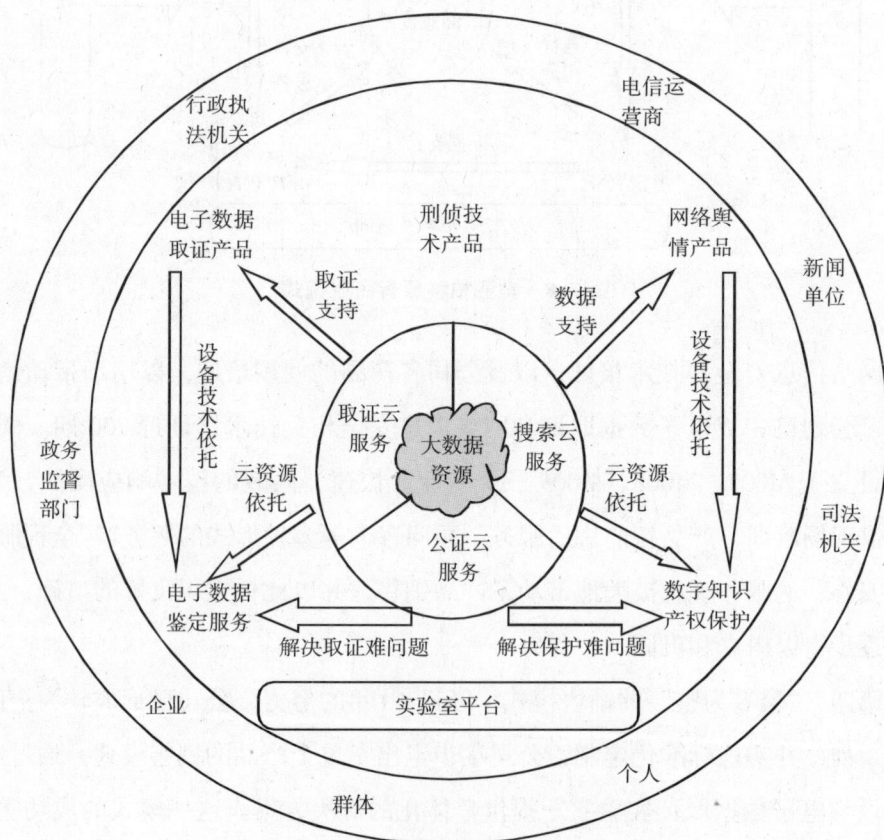

图7-9　美亚柏科大数据商业模式

　　美亚柏科是一个大数据技术提供商和大数据分析服务提供商，也是一个大数据分析平台。在大数据产业链中，美亚柏科是一个专业提供数据收集、分析、鉴定服务的第三方企业。

　　作为大数据技术提供商，美亚柏科业务围绕着数字取证和网络舆情产品的技术和工具，运用于数据收集、存储、检索、挖掘。大数据技术提供商模式迎合了大数据时代对海量数据进行挖掘整合的需求，而且移动互联时代的海量消费数据给其发展带来了巨大的市场空间和成长机会。

作为大数据分析服务提供商，美亚柏科通过多种渠道获取数据，并进行分析或鉴定，以作为数字证据，或者运用专业的分析工具和分析方法，对数据的特点、规律、未来变动趋势进行分析与判断，把分析判断结果提供给客户，例如美亚柏科的网络舆情产品，能够有效提升企业利用数据的能力，帮助企业快速掌握市场变化、深入洞察客户需求，从而迅速做出决策。同时，通过云计算平台，客户还可以随时随地进行数字取证分析、网络舆情监测，而无须通过专门的终端设备。

而作为数据分析平台，美亚柏科通过弹性租赁的方式为用户提供集数据存储能力、运算能力与分析能力于一体的平台服务。用户不需要为数据的处理分析配置任何软硬件 IT 基础设施，只需要通过浏览器上传数据到分析平台，调用平台提供的分析工具，就能对数据进行各种统计与分析。

第一，大数据源。大数据商业模式中，庞大的数据资源是整个商业模式的核心内容，是企业运行的基础。美亚柏科数据资源基本来自于互联网开放资源，目前其支持门户类网站和部分社交网站，具体包括新闻、论坛、博客、微博、视频等。这些网站每天产生大量的数据信息，是名副其实的大数据。在信息时代，论坛、博客、微博的媒介上的发帖和言论是最能反映当前流行趋势和舆论导向的。美亚柏科依靠优秀的技术及强大的分析能力，很容易地就能从这些看似杂乱的数据堆中找出客户想要的信息，也很容易地就捕捉到一些危险言论的信号，加以监控和及时采取适当措施。美亚柏科通过对数据的获取和分析了解消费者需求，并运用分析结果，制定相关策略，满足消费者需求。

第二，云计算模式。美亚柏科在互联网海量信息分析上有着深入的研究和长久的技术积累，目前已经建成了每秒 200 万亿次的云计算中心，为海量信息处理提供雄厚的基础资源，同时创建"搜索云"服务，从庞大的数据海洋中获取需要的信息。美亚柏科"搜索云"由 500 多台信息采集终端组成，同时覆盖 30000 多个国内采集点和 1000 多个境外采集点。当然，美亚柏科的云计算服务还有"公证云"和"取证云"，通过云服务，客户可以随时通过中断进行数据搜集、固定、分析、鉴定等工作，只要一个网页浏览器就可以实现，而无需专业设备或者是安装专业软件。同时，云计算的运用也使美亚柏科数字取证业务及其衍生业务的商业模式正在向 B2C 转型，用户完全可以通过互联网完成线上交易。搜索云、公证云、取证云以及开放式的互联网？平台都是建立在这个模式之上的。目前来说美亚柏科与计算服务的 B2C 商业模式是符合逻辑的，未来数字取证及其衍生业务市场需求巨大，且壁垒较高。积累大量客户资源，从大量客户中产生大数据，是未来大数据模式的要求，而 B2C 模式恰好满足积累大量客户的需求。

三、美亚柏科大数据商业模式创新路径

大数据好似一个埋藏于地底深处的大宝藏，而云计算就是通向大宝藏的那条地道。也许这样的比喻有些太过，但是，大数据和云计算之间的紧密联系确实是一个无懈可击的事实。没有云计算，那大数据的价值就无法被充分挖掘；而没有了大数据，那云计算的强大处理能力就显得有些英雄无用武之地。美亚柏科的大数据模式离不开云计算的支持，发挥"超级计算中心"的优势，让大数据模式走得更深更远，是美亚柏科对未来的展望。而企业在制定大数据业务战略时，需要分析自身业务基础和数据能力，选择适合的大数据商业模式。

1. 由单纯的软硬件产品销售转变为"产品+服务"的销售模式

美亚柏科的主营业务可以分为两个大类：电子数据类和网络安全类。其中电子数据类主要是电子数据取证业务和电子数据鉴定服务，后者是在前者的技术上进行进一步的分析处理的业务；网络安全类的产品主要有互联网内容安全搜索类产品、互联网数字知识产权保护服务。

（1）电子数据取证及其衍生行业。

从我国情况来看，涉及侵犯计算机及网络系统中的电子数据的违法犯罪案件呈逐年增长态势，所涉领域包括银行、证券、保险、贸易、工业企业以及国防、科研等各个行业。目前，电子数据取证产品已在公安、检察院等司法机关得到认可。海关、工商、税务等行政执法部门也在执法过程中引入电子数据取证技术。根据赛迪顾问的预计，在未来 5 年内，电子数据取证行业的市场容量增长速度将至少保持在 20%以上，到 2015 年将超过 9 亿元。

电子数据鉴定是电子数据取证业务的衍生，是指鉴定人运用电子数据鉴定工具和技术，对诉讼或各种纠纷中涉及的电子数据进行恢复、鉴别和判断并提供鉴定意见。目前国内仅有 3%的案件使用到该技术，随着渗透率的提升，未来市场空间还很大。据统计，我国从首例计算机犯罪（1986 年利用计算机贪污案件）被发现至今，涉及计算机网络的犯罪无论从犯罪类型还是从发案率来看，都在逐年大幅度上升。现在美国至少有 70%的法律部门拥有自己的计算机取证实验室，而我国计算机取证实验室在司法、执法部门的占比远低于此。然而，目前国际上专业进行电子物证取证软件研究或设备生产的机构提供的解决方案实际只覆盖了 80%的取证领域，其中在针对电子物证被损坏或删除的取证还仅仅停留于逻辑层上，缺失的 20%就是针对存储介质硬件级问题的解决方案。

由于盗版的普遍存在，电影、电视和网络游戏等数字文化产业每年损失大量的经济收入，而互联网作为传播媒体，传播源分散、传播速度快、及时性强这些特点又导致网络维权难度非常大。互联网数字知识产权保护提供商利用自身研发技术优势，为委托人提供实时监控、检测报警等服务，极大地节约了委托人的维权成本。随着全国电影票房和网络游戏市场的快速增长，对网络盗版维权的需求将日益扩大，该市场的前景很光明。目前，美亚柏科的维权服务覆盖国内 70%以上的大片的网络维权业务，而网络游戏和电视剧的网络维权的增速同样迅猛，在迅速发展的网络维权行业中取得了先发优势。

（2）互联网信息安全。

近年来，随着互联网日新月异的发展，网络安全管理已经从原来的基础设施和应用软件层面转向内容层面，政府和企业对网络舆情的监测和管理都呈现出迫切的需求。国内互联网内容安全搜索类产品主要应用于政府部门网上监管和企事

经有学者打过一个很形象的比喻：如果将企业比喻成一个人，商业模式所要解决的是人生规划的问题，而盈利模式则是对如何吃饭的问题进行回答。民以食为天，虽然一个人的一生有很多事情要做，但吃饭却是头等大事。下面我们就从盈利模式五大构成要素这一角度，来看看美亚柏科是怎样解决吃饭这个头等大事的。

第一，客户价值也叫盈利增长点，是指企业可以向顾客提供哪些有价值的产品或服务，这种客户价值可以为企业解决一系列的问题，它是企业的利润点。美亚柏科的"三大产品"和"五大服务"是其主要的盈利增长点。"三大产品"为客户提供电子数据取证、刑侦技术、网络舆情的软硬件产品，而"五大服务"基于"三大产品"及大数据，为人们提供专业的电子数据鉴定和数字知识产权保护服务。

第二，顾客范围指的是企业提供的商品或服务的购买者和使用者群体，这些群体是企业的目标顾客，他们是企业利润的唯一源泉。顾客范围所要解决的问题就是向哪些用户提供价值。要想获得最大的利润，就要选择最有吸引力的目标顾客。如图 7-10 所示，美亚柏科的主要客户为政府司法机关及行政执法部门，企业也占了较大一部分，而个人及其他组织或群体仅占5%。这种顾客结构是由企业产品和服务的特性所决定的，美亚柏科的龙头业务为数字取证业务，其针对的客户群体大多数为司法机关和行政执法部门，而诸如产权保护、数字鉴定、云服务、网络舆情的产品所相对应的客户则主要以企业为主。未来，随着云计算和大数据商业模式的逐渐成熟，这种客户结构必然会有所改变。美亚柏科在坚持传统领域的竞争优势之外，必然还要扩展云计算和大数据领域所需的"大客户"。届时，美亚柏科对司法机关和行政部门客户依赖程度将会有所降低，企业客户与个人客户的占比将会上升。

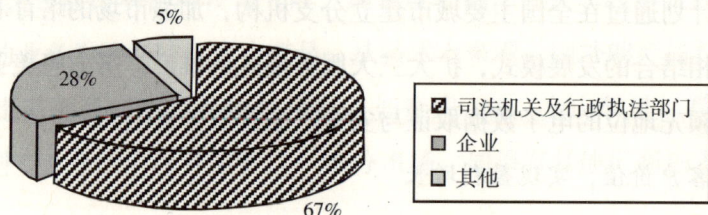

图 7-10　美亚柏科客户构成

　　第三，收入来源也叫利润源，即从哪些渠道获取利润，它可以为企业带来哪些收入，解决的是收入来源问题。比如，电子商务企业的收入来源有产品销售收入、广告收入、社区门户收入、注册费等。而美亚柏科的收入主要有三大渠道：软硬件产品收入、服务收入以及培训收入。最初的美亚柏科是靠代理国外数字取证产品生存，那时的美亚柏科虽然有一定的技术实力，但是显然并没有完全把这种实力转变为市场价值，那时的收入来源也仅仅局限于软硬件产品的销售上。然而，随着美亚柏科的发展，通过吸收国内外领先技术，经历过了代理阶段，美亚柏科进入了技术的消化吸收阶段，此时，美亚柏科自身在这一领域上的科技创新能力才慢慢显现出来，并逐渐转化为市场价值，美亚柏科的收入来源不仅是销售软硬件产品，而且是能够向客户提供各种专业服务和完整的解决方案。如今，美亚柏科已经是业内的领先者，其不仅能够为企业提供各种专业产品，更能为企业提供完整解决方案，同时，美亚柏科将通过建设"取证云"、"搜索云"、"公证云"等大型服务平台为用户提供服务，逐渐转变公司产品销售模式，由单纯的软硬件产品销售和方案提供转变为"产品+服务+培训"的销售模式，并以培训带动销售。

　　第四，价值活动也叫利润杠杆，是企业生产产品或服务以及吸引客户购买和使用企业产品或服务的一系列相关活动，必须与企业的价值结构相关，它回答了企业能够提供的关键活动有哪些。价值活动主要由企业内在价值链活动、对行业系统而言的供应链、渠道、客户等基本力量综合构成。在企业内部价值的实现上，持续不断的技术创新，使得产品及服务在不断更新换代，同时，以培训带动销售则有助于其产品推广，美亚柏科在产品和模式上的创新，也使得企业的商业模式处于持续的演变中，不断探索最能实现市场价值的最佳模式。而在客户拓展方面，公司在继续深耕司法机关市场的同时，大力拓展其他行政执法部门及企业用户市场，由此可极大扩展其市场空间，实现"跨行业拓展"。同时，在渠道建设方面，美亚柏科在保持与省部级用户良好合作关系的同时，销售渠道向区县级用户延伸，即"渠道下沉"，而由此延伸出的市场空间也将数倍于省部级市场。事实证明，以上各种企业行为，有效地撬动了市场这一块奶酪。

第五，利润屏障是指企业为防止竞争者掠夺本企业的利润而采取的防范措施，它与价值活动同样表现为企业投入，但利润杠杆是撬动"奶酪"为我所有，利润屏障是保护"奶酪"不为他人所动。利润屏障包含着两个方面：企业能力和盈利的可持续性。美亚柏科的企业核心能力主要表现在其持续的技术创新能力和强大的后台支持。美亚柏科拥有多方面的专业人才及一群各领域的专家，而且拥有两个工程技术研中心，时常参加和承担国家级、部委级、省级课题，技术创新能力处于行业领先地位。同时，"超级计算中心"更是为技术创新提供了强大的支持，而且，随着美亚柏科在云计算和大数据领域的逐渐深入，其带来的技术创新将会更为巨大。而美亚柏科盈利的可持续性不仅体现在其顾客群体、销售渠道的稳定性、产品及服务的创新性上，而更重要的是，体现在美亚柏科在此领域中已建立的行业壁垒上。一方面相关行业的企业较少，规模更小；另一方面美亚的研发实力、品牌、渠道和商业模式已经远远将行业的其他公司甩在后面。美亚已经在取证设备这个领域树立起了强大的竞争壁垒，取得了行业先行优势，牢牢地保护着"奶酪"不为他人所动。

综上所述，美亚柏科通过像企业、政府机关、个人提供专业的数字取证产品、数据鉴定、数字知识产权保护、网络安全产品、刑侦技术产品、云服务等产品和服务，获得稳定的利润收入。同时，通过技术及模式创新、渠道下沉、跨行业拓展等企业活动，获得稳定的市场份额，抢占市场这块"奶酪"。并通过保持创新能力以及强有力的后台支持能力，建立行业领先优势，稳固市场地位，实现稳定持续的盈利。

目前，美亚柏科在大数据领域中还处于起步阶段，大数据的商业模式还有待进一步的探索。通过对大数据价值的挖掘，使得美亚柏科的产品和服务更为符合市场竞争的需要，能够提高其在市场中的竞争能力，大数据在美亚柏科盈利模式中暂时起到盈利杠杆的作用。然而，目前的美亚柏科在大数据领域只是一个初级探索者，虽已涉及大数据，但未形成优势，与大数据领先企业还有很大的一段距离。美亚柏科的下一步就是要通过强大技术优势和后台处理能力，深耕大数据领域，获得领先优势，使大数据从利润杠杆转变为利润屏障。

3. 内部资源整合加上外部战略联盟

第一，人力资源整合。一直以来，美亚柏科将自主创新作为其经营理念，并拥有一大批专业人才，这是美亚柏科的核心资源。这些专业人才来自五湖四海，并在各自领域中都取得一定的成绩。对此，美亚柏科实施了一系列资源整合动作，以实现人力资源的最优配置，充分实现人才的价值。美亚柏科设立矩阵管理与事业部相结合的组织结构，成立了刑检事业部、数字法律服务事业部、网络安全事业部、企业电子数据取证事业部，重点业务采取事业部/准事业部的模式运作，以提高人力资源效率及重点项目推广。在绩效考核方面，导入战略绩效管理模式，紧密结合公司战略目标及预算管理设定各项考核指标，进一步推行工作目标责任制，形成综合考评与目标考核、短期考核与长期考核、过程考核与结果考核相结合的考核体系。美亚柏科继续整合公司专家资源，对技术专家委员会和运营专家委员会进行了换届选聘，以充分发挥高端人才对公司重大决策的作用，提高公司的决策水平，以保证公司的正确发展方向。同时，鼓励内部培训，积极构建学习型组织，着力于公司内部各种知识的积累与分享，加强重点岗位的专业培训。

第二，业务整合。上文我们提到，美亚柏科的主营业务由"三大产品、五大服务"共100多种产品组成，产品分为数字取证、刑侦技术产品、网络舆情、云服务、数字鉴定、数字知识产权保护等系列，产品种类繁多。然而，虽然美亚柏科有着八大业务、上百种具体产品，但是产品与产品之间、业务与业务之间并不是毫无联系的。公司秉持"硬件产品装备化，软件产品平台化，小产品大服务"的理念不断创新、不断发展。五大服务是三大产品的衍生业务，八大业务之间既相互独立又互相关联，而进入大数据领域之后，这种联系变得更加紧密。以大数据为核心，运用云计算平台，逐渐融合各项业务，提升业务之间的关联度和综合竞争力。诸如，通过大数据模式，让网络舆情业务和产品变得更为智能、更为精确、更为完善，而通过云计算，又可以让网络舆情业务变得更为便捷、更为简单、更为有效。在美亚柏科的业务整合中，大数据与云计算为其他产品和业务提供了强有力的资源和技术支持，三大产品为电子数据鉴定和数字知识产权保护提供了设备技术支持。业务之间、产品之间相互联系，相互补充，形成一个完善的产品体系。

第三，战略联盟。信息时代既是一个飞速发展、竞争激烈的时代，也是一个市场细分、讲求专业的时代。公平竞争、互补合作是企业迎接竞争、发展优势应有的心态。很久以前，美亚柏科就与厦门大学、中国刑警学院、华东政法大学、南京邮电大学等高校建立战略合作关系，实现产、学、研全面发展。通过与高校的战略合作，美亚柏科有效地形成了自己的研发中心和研发体系，为成为国内领先的电子数据取证与网络安全产品及服务提供商提供有力支持。同时，通过与高校建立战略联盟，有效地整合了企业与高校资源，建立了美亚柏科独特的培训体系。美亚柏科于 2002 年建立信息安全学院，在董事长刘祥南教授的带领下，为各类政法机关、高校、企业提供专业的电子数据取证及网络信息安全教学和技术服。目前，学院拥有专、兼职讲师 60 余名，主要以高校教师和公司专家为主。学院用分布式培训模式，借助百万基金项目，由美亚投入设备，帮助警院建立起实验室及学习中心。以学员需求为导向，产学研结合，整合技能培养理论，全力打造厦门乃至全国范围内技能型、实用型、工程型人才的培养典范，完成从招生、培养到输送的接力式教学生态链，实现学生、院校、企业三方共赢。在同行业中，学院也一直注重与国际知名电子数据取证厂商的合作交流，与 Guidance Software、AccessData、EC-Council、SANS、ISC2 等公司保持密切联系，并成为 Guidance 公司在中国的唯一教学合作伙伴。学院讲师也多有走出国门，参与 CE-IC 等国际计算机取证和网络信息安全等交流活动。

在客户端，美亚柏科同样注重与客户之间的合作，与各级司法、执法行政机关建立长期战略合作关系，为客户提供包括产品、服务、培训等各项合作内容。与此同时，美亚柏科与中国电信福建公司签署战略合作框架协议，双方将通过战略合作，共同开发 3G 移动互联网时代全新信息化产品，并进一步就"区域性云计算中心"的建设达成了合作意向。同时，美亚柏科还积极寻求与大数据企业诸如淘宝、腾讯等的合作机会，以全力提升企业在大数据领域的服务内容与水平。若成功牵手大数据企业，相信美亚柏科在新兴市场拓展、产品与服务推广、资源整合等方面都将会有不小的突破。

4. 股票上市和企业并购及对外投资

第一，发行上市。面对快速增长的市场，美亚柏科产品升级和市场扩张的需求十分强烈。2011 年 2 月 23 日，证监会下发了《关于核准厦门市美亚柏科信息股份有限公司首次公开发行股票并在创业板上市的批复》的文件，证监会规定美亚柏科可以在创业板中发行不超过 1350 万的新股。2011 年 3 月 16 日，美亚柏科在深交所创业板正式挂牌上市，首次向社会公开发行人民币普通股（A 股）1350 万股，每股面值 1 元，实际发行价格 40 元/股，发行后美亚柏科注册资本（股本）变更为 5350 万元。这标志着美亚柏科经过十几年的奋斗，终于进入了资本市场。本次募投项目主要围绕两大产品及服务升级，自主研发能力提高和营销网络完善等方面的建设，以满足现有及潜在客户对产品和服务不断增长的需求，并给公司带来新的盈利增长，提升公司综合竞争力。

第二，并购与投资。为了进一步提高公司产业链的可控性，美亚柏科适时采用横、纵向并购方式，完善产业链，提高资源的配置效率，适应市场需求。自美亚柏科 2011 年上市以来，企业并购和对外投资进入高潮。

2011 年 4 月，美亚柏科召开第一届董事会第十次会议，通过了《关于向两个全资子公司增资的议案》。为了增强公司资本实力，提升公司的业务发展能力，满足相关资质申请和投标要求，公司拟利用自有资金 1700 万元人民币以现金方式向公司下属的两个全资子公司厦门市美亚柏科信息安全研究所有限公司和杭州创聚科技有限公司进行增资，使厦门市美亚柏科信息安全研究所有限公司的注册资本由 200 万元人民币增至 1000 万元人民币，使杭州创聚科技有限公司的注册资本由 100 万元人民币增至 1000 万元人民币。

2012 年 7 月，董事会审议通过了《关于使用自有资金对厦门中敏电子科技有限公司进行增资的议案》。议案拟采用不溢价的方式对厦门中敏电子科技有限公司进行增资，美亚柏科拟使用自有资金 447 万元完成此次增资。本次增资完成后，美亚柏科占厦门中敏 67.73% 的股权，成为厦门中敏电子有限公司的控股股东。同年，为加快公司警用装备和警用信息化业务拓展，美亚柏科与香港瑞鹏科技有限公司共同出资设立香港鼎永泰克科技有限公司，美亚柏科持股 51%。同年，美亚柏科向巨龙软件的全资子公司增资，共取得目标公司 51% 的股权。美亚柏科以 100 万元人民币对杭州攀克网络技术有限公司进行增资，取得杭州攀克注册资本的 10.71%。

2013 年 8 月，美亚柏科发布公告，拟使用超募资金 5854.8 万元收购新德汇 51% 的股权。借助自身在互联网数据处理领域的优势，美亚柏科拟收购珠海新德汇，掘金当下火爆的刑侦信息化市场。本次收购完成后，美亚柏科将控股新德汇。同时，若新德汇 2013~2015 年度经审计后的净利润分别不低于 1022 万元、1204 万元和 1430 万元，美亚柏科将对其剩余 49% 的股权进行收购，实现对新德汇的 100% 控股。通过本项目的实施，公司可以快速进入刑侦信息化市场，是对公司产品和渠道的重要补充；同时，公司也可以利用新德汇已有的营销渠道，加快公司电子数据取证产品在刑侦市场的销售；新德汇在刑侦信息化方面的经验技术，也有利于快速复制到其他司法机关和行政执法部门的信息化市场。公司在大数据处理方面的技术积累、云计算、云存储资源，可以为新德汇的信息化平台提供强有力的支撑。

目前，经过不到三年的并购与投资，美亚柏科拥有中证、中敏、珠海新德汇、香港鼎永四家控股子公司和创聚、福建宏创、巨龙信息、杭州攀克四家参股子公司。2012 年美亚柏科成功入选《福布斯》"中国最具潜力上市公司"第 55 位，而到了 2013 年，此排名上升到了第 39 位。

5. 大数据的价值创造

进入大数据时代，人们很容易就能感受到大数据给我们生活所带来的好处。当你从书本上看到了谷歌、亚马逊、微软在大数据领域中如何取得成功，也知道了大数据运用的各种经典故事，诸如"啤酒与尿布"的故事，预测流感的故事，在我们憧憬大数据的美好未来的时候，大数据却不知不觉已经真实地在我们的生活中活跃起来了。

【专栏 7-3】　　　　　　　　大数据商业价值实现场景

在一个阳光明媚的周末，你准备丢掉上班时所有烦恼好好放松一下，你想去商场好好犒劳自己一番，于是你走进了一个大型商场，这时你的手机收到这个商场内的打折信息，于是根据这些打折信息，你以更少的花费买到了你想要的商品。而当你心满意足地从商场出来，打算找一个饭店饱餐一顿的时候，你收到了周围饭店的各种推介信息。而当你享用美食之后准备回家，此时手机又收到了关于回家路况的实时信息，于是你挑了一段最不拥挤的路开车回家了。回到家，你又收到了一条短信，某个网上书店推介了一本名字叫《大数据商业模式》的书籍，原来前段时间你在网上搜索过关于大数据与商业模式之类的书籍。

以上场景所描述的就是大数据为人们生活所带来的价值。现如今，虽然大数据产业处于一个初步阶段，但是其为我们所带来的价值却已经初露端倪。在上面的场景中，我们所感受到的只是大数据带来的结果。然而，本文更想说的是大数据的价值创造过程。

根据大数据权威专家舍恩伯格的观点，在大数这条商业价值链上，存在着三种大数据价值来源，这三种价值来源分别是大数据本身、大数据技能与大数据思维，而相对应地出现了三类大数据公司。第一类是基于大数据本身的公司，这些公司能够收集到大量的数据，但却不一定能够从大量数据中提取价值，虽然大数据本身也是一种价值。第二类是基于大数据技能的公司，这些公司在大数据处理、分析方面具有很强的优势，但不一定拥有大数据，比如一些咨询公司，技术供应商或者分析公司。第三类是基于大数据思维的公司，这些公司比较特殊，它既不拥有大数据，也没有很强的数据分析、处理能力，它们拥有的是如何挖掘大数据价值的独特想法。目前，大部分大数据公司是属于第一类和第二类的，少数是处于第三类的，而三者兼备的大数据公司更是寥寥无几，比如谷歌和亚马逊。

　　显然美亚柏科目前在大数据领域中不属于第一类，因为它暂时不具备大数据收集的商业平台；也不属于第三类，没有体现出大数据的创新思维。美亚柏科是一个基于大数据技能的企业，在数据分析、处理上面尤其独特的优势。而这个优势一方面体现在其行业领先的技术上，另一方面体现在专业的队伍上。依赖于美亚柏科强大的自主创新能力、平台优势、行业优势以及人才优势，无论是数字取证还是网络安全产品，美亚柏科的技术水平均处于行业领先，满足了客户需求的同时，也实现了企业、客户以及社会的价值。在未来，美亚柏科通过强大的后台处理能力和大数据的挖掘，可以清楚了解各类客户的需求，并通过其完善的产品系列和周到的服务来满足客户的多样化需求。

　　而从微观角度看，大数据的获取、分析、运用，是大数据产生价值的三个步骤。目前，我国大数据时代似乎更多地处于第一阶段：如何搭建平台获取数据。这方面国内做得比较优秀的诸如淘宝、腾讯、百度等企业，通过其商业平台，收集人们大量的活动"痕迹"。然而大数据价值实现的关键——如何提出需求，如何从大数据中分析、挖掘价值，再通过商业应用实现，此问题还需有待重大突破。目前，作为大数据产业链中的第二类企业，美亚柏科似乎是避开了第一阶段，直接进入了第二阶段。美亚柏科通过对大数据的分析、处理，将处理结果提供给客户进行商业应用。

　　根据以上分析，我们可简单用图7-11表示美亚柏科的大数据价值创造过程。

　　美亚柏科是一个基于大数据技能的企业，在整个价值链上，大数据价值来源于大数据技能。美亚柏科从大数据供应商手中获取大数据资源，这些大数据供应商可以是网络公开数据，比如微博、门户网站、交友网站等，也可以是专业的数据库企业，也可以是拥有大数据的企业。而后通过自身的数据处理、分析优势，从大数据中分析、挖掘其价值，并将结果提供给客户。大数据价值的实现最终将表现于数据分析结果的运用上，而美亚柏科的大数据价值创造，更多的是表现于其发现、挖掘大数据背后所隐藏的价值上。

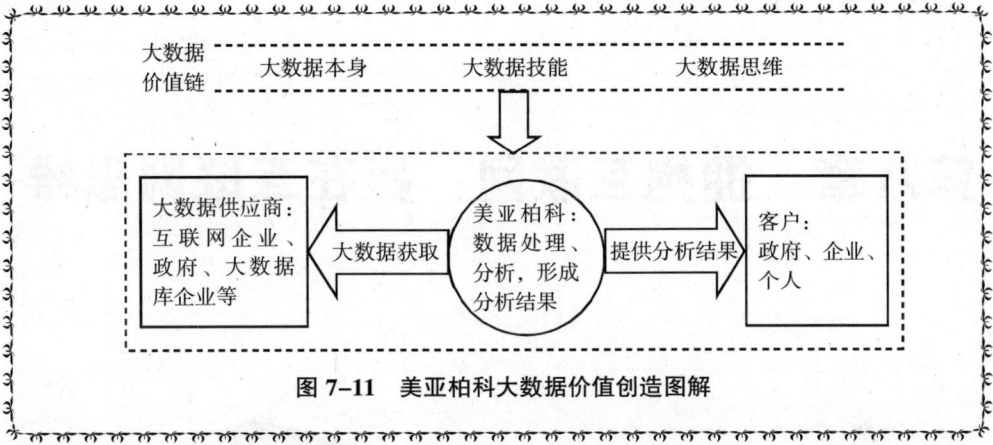

图 7-11　美亚柏科大数据价值创造图解

第八章 拥抱互联网：赢在互联网思维

　　互联网，这个 20 世纪最伟大的发明，在现代人的生活中已绝不仅仅是"重要"，而升级成了"必需"。这种改变在某种程度上是由于整个互联网行业作为新兴产业最有活力，所以想要野心勃勃地积极尝试各种可能性，从最初单一单向的发布信息，到 Web2.0 时代更多地注重用户交互体验。时至今日 Web3.0 时代，将触角更广泛地深入到与其他媒介的合作。

　　互联网思维，互联网思维=精神思维模式+价值思维模式+技术思维模式，是修炼"云物大"神功的内功心法。

一、多么痛的领悟：互联网江湖你曾是我的全部

"互联网思维的导入与否将决定着企业未来的生与死！"

"在未来不用互联网方式来思考问题，就没办法在社会展开竞争！"

"不懂O2O的企业就没有未来！"

"传统行业必须进行颠覆式的创新！"

……

不知道从什么时候，"颠覆"、"彻底改变"、"退出历史"、"没有出路"、"传统=等死"这样一些观点开始冲击着我们脆弱的大脑，充斥着互联网江湖。一时间，有些人趋之若鹜，有些人茫然无措，有些人视之为洪水猛兽，也有些人谈及必豪情万丈。

1. 面对：回首来时的路，没有互联网思维，每一步都好无助

从第一家互联网公司出现到今天不到20年，但互联网无疑是中国经济中最为"年轻"的重要行业。

2011年，整个互联网产业的总体规模超过2600亿元人民币，预计到2014年将突破7700亿元，过去10年里，中国互联网经济的平均增速在60%以上，是国家GDP增速的5倍以上；2000年，中国互联网上市公司只有4家，总市值仅4.2亿美元，到了2011年，这个数字已经超过了40家，上市公司的市值总额也超过了1460亿美元，增长近350倍……

这10年，是中国互联网从萌芽到绽放蜕变的10年，李彦宏、马云、张朝阳、王峻涛、王志东、陈天桥、陈一舟、刘强东……他们都在属于自己的领域奏出了时代最强音。回首来时的路，没有互联网思维，其实他们的每一步都好无助！

【专栏 8-1】　　　　中国互联网江湖录：最年轻的传奇

互联网思维是百度的李彦宏痛定思痛提出来的，刚刚兴起10 多年的互联网江湖以光速在书写着人类文明的新传奇……回首来时的路，没有互联网思维，这群初闯互联网江湖的精英和逝去的英雄们每一步其实都好无助！

图 8-1　互联网的大佬们

1. 2001—2002 年：最坏的日子，最好的时光

2001 年夏天，因为刚刚做完一次不小的手术，李彦宏有了一段难得的"休息"时间。

虽然平静地躺在深圳的病床上，但李彦宏的脑子一刻都没有离开北京的百度公司：怎么才能赚到钱让公司存活下去？

百度成立刚刚一年多，主要的商业模式是"做出最好的中文搜索引擎，卖给门户网站"。搜狐、新浪、ChinaRen 等中国当时主流的门户网站，使用的大多是百度的搜索服务，而百度的盈利主要就是从门户网站那里获得的"服务费"。

可是，2001 年对于全球的互联网产业来说，都是一场难熬的寒冬。2000 年底，美国纳斯达克股市突然崩盘，股指跌去大半，一直虚火中烧的网络泡沫也在一夜之间破灭。冲击波很快就到了中国。随着投资人的断粮，前一夜还风光无限的互联网新贵们开始出现大量的倒闭。

日子越来越难过，曾经出手阔绰的门户网站也开始大幅压缩成本，这其中当然也包括付给百度的"搜索服务费"，很多网站要求的折扣越来越高，而且还常常拖欠。

"商业化、赚钱、活下去。"李彦宏反复思量着这些问题，他决定使百度从幕后转向台前，要做独立的搜索引擎网站，然后通过搜索结果排名的"竞价"实现广告盈利，这就是后来广为人知、在一段时间内为百度带来巨大收益的"竞价排名"模式。

于是，李彦宏开始拖着带病的身体与散布在美国、新加坡、北京的董事们"沟通"自己的新想法，更准确地说是"争吵"，因为几乎没有董事支持他的想法。

一向温和、谨慎的李彦宏却表现出异常的坚定和强硬，百度深圳分公司总经理刘计平后来回忆：从来没有见过李彦宏如此激动，温文尔雅的他甚至说了脏话，连电话都摔了。最后投资人因为李彦宏的"态度"而不是"论据"，勉强同意他去"试一试"。

在和董事会"吵架"的还不只李彦宏，张朝阳和王志东吵得更加激烈，王志东甚至吵掉自己位置，黯然从自己创立的新浪离开。因为搜狐和新浪的股票在纳斯达克已经沦为估价只有几十美分的垃圾股，而且迟迟不见起色。当时中国互联网的"五大掌门"中另一位王峻涛，也在这一年，"辞去"8848董事长的职务。

丁磊倒是不需要与董事会吵架，因为他一直在忙活着把网易这块"烫手的山芋"卖掉，就在他马上就要"成功"的时候，网易的财务却出现了重大问题而导致交易无法进行，股票也在纳斯达克遭遇了长达数月的停牌。

如果说丁磊是没卖掉，那深圳青年马化腾就是卖不掉，因为他一直在为OICQ（后改名为QQ）苦寻买家，但始终没人怜爱。整个互联网都在过冬，谁有心情去买一个小软件公司？2001年6月，一家南非的美国上市公司MIH慧眼识珠，以3000万美金入股，为腾讯备足了过冬的粮食。时至今日，MIH仍是腾讯的最大股东。

这一年的冬天确实格外寒冷，但是春天还是如期到来了，互联网的"剩者"们迅速看到了新的曙光。

2001 年 8 月，Baidu.com 上线，干净清爽的首页界面虽然像极了 Google，但极富特色的中文名字和可爱的爪印获得了网友们认可。

出于成本的考虑，丁磊把网易的总部从北京迁回了广州，但没想到在这里竟然遇到了天赐良机。2002 年是中国"短信大爆炸"的一年，大把大把的现金流入运营商和 SP（无线增值服务商）们的腰包，而身处中国移动最前沿市场——广东的网易抓住了这次良机，网易短信曾经一度占到整个移动梦网业务量的 20%，这是一个非常惊人的数字。

2001 年底，网易推出的网络游戏《大话西游》也取得了空前的成功。这两项业务使得网易低迷的估价一飞冲天，甚至一度三个月内一路从不到 10 美元飙升至近 36 美元，网易也从一个烧钱公司成为一家暴利企业，并帮助丁磊成为 2003 年的"中国首富"，这一年他 32 岁。

2. 2003—2007 年：第二春到来

SP（无线增值服务商）成了无数互联网公司，特别是几大门户网站的救命稻草，但毕竟拿大头的还是运营商；而且，种种不规范的操作和常常处于灰色地带的盈利模式，也给这一商业模式埋下了重重隐患。

真正而纯粹的互联网产业发展的动力来自于网游和电商。有两款游戏是一定要写入中国互联网发展史的：网易的《大话西游》和盛大的《传奇》。迄今为止，这两款游戏都是中国网游史上最赚钱、生命周期最长的两个产品。

陈天桥，这个复旦毕业的上海青年在 2003 年、2004 年成为中国互联网最为耀眼的角色，他的《传奇》一度在线人数超过 60 万人，在中国拥有 65% 以上的市场占有率，高峰时期曾创下平均一天赚 1000 万的奇迹。2004 年，盛大在纳斯达克上市，31 岁的陈天桥成为比丁磊还年轻的中国首富。

另一位逐渐走到舞台中央的大人物就是"英语老师"马云。从 2002 年开始，中国加入世界贸易组织的"WTO 效应"逐渐显现，国际贸易进入了爆发性的发展期。在这场外贸出口大潮中，定位于为中小企业出口贸易服务的阿里巴巴成为最大的受益者。

但中国电子商务的真正春天却得益于中国一次非常大的不幸——非典。北京、广州、上海，这些互联网发展的重地充斥着浓浓的消毒水的味道，闷在家里的人们一边喝着板蓝根，一边开始"被迫"每天使用互联网。而阿里巴巴另外一个足以改变整个互联网面貌的网站——"淘宝网"就诞生在这个危难之时。2003年5月10日晚上8点整，秘密筹备26天的淘宝网正式上线。因为"非典"，马云没有搞任何的庆祝仪式，而是静静地躺在自家的床上，倒上一杯红酒，默默举过头顶，虔诚地祝福淘宝今后的日子能够一帆风顺。2011年，淘宝网单日成交额最高达到43.8亿元。

互联网"冰河季"终于过去了，从2004年开始，一切开始变得生机盎然，甚至可以开始狂欢了，因为中国互联网迎来了第二波上市热潮。

2004年3月5日，手机服务供应商掌上灵通在纳斯达克公开上市，成为首家完成上市的中国专业SP；3月10日，TOM在线同时在纳斯达克和香港联交所挂牌；5月13日，盛大登陆纳斯达克，融资额超过1.5亿美元……

而这场"中概股"旋风以百度的上市达到最高潮。2005年8月5日，36岁的李彦宏带着5岁的百度敲响了纳斯达克的大钟，之前对二十几美元的估价就已经非常满意的他没有想到，上市首日，百度股价收于122.54美元，市值39.58亿美元，并成为第一只股价突破100美元的中国概念股、美国历史中上市当天收益最多的十大股票之一……

李彦宏并没有振臂欢呼，但一向内敛沉静的他已经泪流满面。在之后的庆祝会上，李彦宏只说了一句话：Thank you!

3. 2008年至今：新贵登场

随着中概股们的资本神话不断上演，"网络富豪"们的创业经历和传奇人生成为人们最为津津乐道的话题之一，但是更值得我们关注的，则是他们背后那个正在以惊人速度崛起的大市场。

第一代互联网以门户为核心，第二代以搜索为核心，第三代的核心则是社交。这个趋势5年前就有人看到了，只是大多数人时点没有算准。陈一舟属于走快了的那一种。

陈一舟，绝对算得上是中国互联网的标本级人物和模范老兵，1999 年，在第一波互联网浪潮中，他创办了当时中国互联网上人气最旺的社区 Chinaren，并在寒冬之前将其卖给了搜狐。2002 年国内互联网渐渐有了新起色，陈一舟开始二次创业，并给新公司起名为"千橡"，理由是母校斯坦福大学的校园里有很多橡树，他希望公司如橡树一样快速生长、百年长青。陈一舟门下一度曾集合了互联网上各种各样新奇的概念和玩意，但他一直专注于社区和社交。

2008 年，陈一舟终于等到了自己的春天，也是所有社交网站的春天。这一年，和奥运一样热闹的是"偷菜"，但这只是 SNS 社交网站火爆的一个侧面而已，开心网、陈一舟的校内网（后来的人人网）无疑是当年最炙手可热的互联网新宠。

时间又过了一年，互联网的主题一夜之间变成了团购，从百团大战到千团大战，美团、满座以及陈一舟旗下的糯米个个人气爆棚。但是，这些以社交为基本的"新玩意"还未能得到资本市场的认可。

2011 年 5 月 5 日，人人网在美国纽交所上市，首日市值达到 71.2 亿美元，仅次于腾讯、百度、阿里巴巴，成为国内第四大互联网公司，社交概念终于得到了主流资本市场的肯定。

这家公司怎么了？从 CEO 到普通员工，见人的第一句话都是"您来新浪开个微博吧！"马云是众多顶不住"压力"而开通新浪微博的社会意见领袖之一。实际上，新浪几乎是靠"人拉人"这种最原始的方式，形成第一批最具价值的微博用户群。从 2009 年开始，凭借基于社交属性的新产品——微博，本来不再时髦的老牌门户新浪重新回到互联网舞台的中心，甚至变得"Cool"起来。2012 年 5 月，微博女王姚晨的新浪微博粉丝数量突破 2000 万，仅次于 Lady Gaga 和贾斯汀·比伯成为全球第三名，甚至将"小甜甜"布兰妮、美国总统奥巴马都甩在了身后。

腾讯、搜狐、网易等其他网站也随后加入战局，微博无疑是时下互联网上最重要的制高点，而且它的发展太快了。在微博刚刚推出时，其用户覆盖率只有14%，现在微博在中国网民中的覆盖率已经超过了60%，渗透率从5300万提升到2.41亿。与实名SNS社区、博客或者即时通信相比，微博在过去的一年成长速度是最快的，给这个市场带来的变局是最大的。

尽管微博还不能为新浪带来足够的收入，但新浪远高于盈利能力的股价和市值规模足以说明市场对其未来前景的笃定。更为重要的是，微博所引发的不仅仅是互联网格局的变化，其深度和广度可能会远超过我们的想象。

2. 蓦然回首，互联网思维却在灯火阑珊处

2011年，百度李彦宏说："早晨我跟优卡网的CEO聊天，他把很多时尚杂志的内容集成到网站上，我就问他说，为什么这些时尚杂志不自己做一个网站呢？让你们去做呢？更主要的是他们没有互联网的思维……"10年的互联网江湖的阅历，痛定思痛的一个结论：那时的互联网江湖没有互联网思维。10年后，李总蓦然回首，互联网思维却在灯火阑珊处！

一石激起千层浪！互联网思维之所以在企业界产生如此的震荡，主要是因为它确实成就了一个个的创富传奇，而那些所谓的传统企业也确实在面临着这些互联网思维成就的企业的巨大冲击。我们来看另类传奇色彩的例子吧！

【专栏8-2】　　兵器工业集团尹家绪：可以不懂互联网技术，但是不能没有互联网思维

一、观点

（1）互联网世界讲的是跨界竞争。没有什么永远是我的，也没有什么不可能是我的。在

图8-2　兵器工业集团尹家绪

互联网的世界里，没有什么不可能的事情，看似不可能的事情通过互联网就能做得到，看似不可能发生关系的两个事物通过互联网就能发生关系。

（2）互联网世界讲的是"借船出海"、"羊毛出在狗身上"。这是一个开放的时代，不要干什么事都要自己干，做豆腐不一定非要自己建豆腐坊。

（3）今天的改革，就是要做过去没做过的事，做政策还不明确的事，做经验以外的事，做想都没想过的事，做过去跟自己没有任何关系的事。

二、2014 年新春寄语

今年春晚有一首歌叫《时间都去哪儿了》。一直以来，我都有一种强烈的紧迫感。时光飞逝，2013 年一眨眼就过去了，2014 年的春天已经来临。其实，我们兵器工业也正迎来一个新的春天。春天是播种的季节，只有播下希望的种子，才会在未来收获丰硕的果实。

1. 不在改革中崛起，就在改革中消亡

我说兵器工业正迎来一个新的春天是有理由的。党的十八届三中全会犹如一股春风吹响了改革的号角，这次改革范围之广、影响之深，绝不亚于十一届三中全会之后掀起的改革浪潮。改革就是机遇，特别是对企业来讲，尽管这次改革会加剧市场的竞争，但十八届三中全会提出的要"使市场在资源配置中起决定性作用"、推进混合所有制经济、对国有企业实施分类发展、放宽股权激励政策、改革军队装备采购体制等改革举措都为我们营造了良好的体制机制环境，也给我们创造了与其他竞争对手同台竞争的机会。另外，兵器工业集团经过近年来的发展，也形成了较好的管理、技术和人才等方面的储备，新一轮改革正好给我们送来了扬帆起航的东风。应该说，机遇千载难逢。

但我们也必须清醒地知道，机遇就像带刺的玫瑰，不是谁都能抓得住。改革本身就是一把"双刃剑"，对有的企业是机遇，对有的企业可能就是死亡的先兆。改革就像狂风骤雨，不是每个企业都能看到雨后彩虹。每一轮改革总有那么一批企业悄然崛起，宝钢、华润、中粮等企业已经走向了国际

化，但也有一批企业永远地消失了。10 年前的世界 500 强，如今有三分之一已经在榜上消失，20 年前的 500 强更有一半落榜。国有企业不是铁饭碗，干不好照样破产。20 世纪 90 年代有多少国企被破产分离？军工企业也不是铁饭碗，集团公司有多少有代号的企业被兼并重组了？我们讲改革会带来"三大红利"，但改革的红利不会均匀地、自动地撒落到每个企业身上，只有那些顺应历史潮流、跟得上改革步伐的企业才能够在改革浪潮中凤凰涅槃、获得新生，而那些观望等待、反应迟缓，与时代主旋律唱反调的企业可能永远都走不出冬天。所以，面对历史性的机遇，我们没有理由退缩；面对机遇，我们可以有过错，但绝对不能错过。坐等观望，只能错失良机；迎难而上、创新求变，方可掌握主动，扶摇直上。

2. 可以不懂互联网技术，但不能没有互联网的思维

大家可能都记得，2013 年 11 月 11 日，阿里巴巴旗下的天猫、淘宝一天销售 350 亿元，小米手机 33 分钟销售破亿，拥有杰克琼斯、Only 等品牌的凌致集团 35 分钟销售破亿，GXG 男装品牌 60 分钟销售破亿。同样在这一天，电商汽车之家 1 小时内汽车成交总数超过 4600 单，成交额超过 7 亿元，平均每秒钟卖两辆车。数字是一面镜子，照出的是互联网盈利模式的成功，折射出的却是互联网思维的力量。要想改变口袋，必先改变脑袋，我们的观念必须跟得上互联网时代的发展。我们可以不懂互联网技术，但不能不了解互联网知识；我们可以不搞互联网营销，但不能没有互联网的思维。

互联网世界讲的是跨界竞争。没有什么永远是我的，也没有什么不可能是我的。在互联网的世界里，没有什么不可能的事情，看似不可能的事情通过互联网就能做得到，看似不可能发生关系的两个事物通过互联网就能发生关系。有时你甚至没有看见对手，就已经败了。最近，零售巨头发现，自己的生意被淘宝抢了；银行巨头发现，自己的生意被支付宝抢了；电信巨头发现，自己的生意被微信抢了；电视巨头发现，自己的生意被乐视抢了；手机巨头发现，自己的生意被小米抢了。原本行业里的"老大"甚至是垄断企业在互联网世界里也缺乏安全感，照样被人开仓抢劫。

互联网世界讲的是"借船出海"、"羊毛出在狗身上"。这是一个开放的时代，不要干什么事都要自己干，做豆腐不一定非要自己建豆腐坊。淘宝直接买卖产品吗？小米直接生产手机吗？携程自己建旅馆酒店吗？现在企业的竞争都是一个链条和另一个链条的竞争，单个企业再强大，能打得过一个链条的企业吗？营销能力弱，为什么不可以与营销能力强的企业合作呢？生产能力弱，为什么不可以与生产能力强的企业合作呢？研发能力弱，为什么不可以与研发能力强的企业合作呢？

互联网世界讲的是"快鱼吃慢鱼"。现在互联网已经成为人们生活的一部分，大街上、地铁上、公交上随处可见拿着手机在上网的人。大家通过网络、通过朋友圈实时地了解正在发生的一切。客户对产品服务一经体验马上就会传到网上，并被大家获取。互联网已经成为最及时、最真实可靠的广告载体。网络的速度正在决定企业变化的速度。"大鱼吃小鱼"的年代已经过去，这是一个"快鱼吃慢鱼"的年代，其竞争法则是以"快"制"变"、以变制胜。大企业不一定打败小企业，但快的一定会打败慢的，所以千万不要以不变应万变，千万不要忽视小的竞争对手。

我们虽然处在一个特殊行业，但不要以为互联网离我们很远，不要以为互联网和我们没有关系，也许下一个受到冲击的就是我们军工企业。以 3D 打印、新一代智能组装机器人、开源硬件等为代表的智能制造技术正对传统制造业形成巨大冲击。3D 打印使得"桌面制造"成为现实，而且不需要规模经济就可以实现，一大批创业公司将能够以非常小的资本和规模运作，大型制造企业将逐渐丧失规模优势。新一代的智能机器人成本只有 2.5 万美元，而且不到一天就可以安装完成。开源硬件就像开源软件一样，将使任何一个人都能获得免费的硬件设计。这些新技术将使产品制造速度更快，成本更低，而且是个性化定制。可以预见，制造业的游戏规则即将被改写。美国已经出台《先进制造业国家战略计划》，并成立"国家 3D 打印创新研究中心"和"数字化制造与设计创新研究中心"。前不久，德国也发布了德国"工业4.0"标准化路线图。智能制造正在从构想走向现实。

试问，在这样的背景下，我们还能置身互联网之外吗？不要总认为"我们是老大"，什么东西都"非我莫属"；不要总认为我们特殊，国家就应该给我们政策；不要"躲在小屋成一统"，眼睛就盯着自己家里的那点事；不要觉得"自贸区"这种新鲜玩意和我们没关系。网络时代瞬息万变，牵一发而动全身，我们要在互联网时代生存发展，就必须彻底改变我们的DNA。今天的改革，就是要做过去没做过的事，做政策还不明确的事，做经验以外的事，做想都没想过的事，做过去跟自己没有任何关系的事。

3. 英雄不问出处，市场不看出身

市场面前人人平等，市场规则里没有"官本位"。企业成与败，地位高与低，归根结底是由市场说了算。市场不看出身，更不讲究级别。阿里巴巴的马云有级别吗？华为的任正非有级别吗？海尔的张瑞敏有多高的级别？企业的价值和地位是在市场中体现的，不是集团公司赋予的，不是行政级别决定的，更不是靠哭诉要政策得来的。你在市场上有什么样的地位，你在社会上就有什么样的地位；你在市场上有多大话语权，你在国家战略层面就有多大话语权。

兵器工业是人民兵工的摇篮，这是我们的骄傲。缅怀历史没错，但是过于自我陶醉、沉湎于历史的情结就容易滋生安于现状、不思进取的思想，容易养成靠资历吃饭、靠经验发展的惯性思维。这些令人留醉的过去如不能成为兵器人继续前行的"擂战鼓"，就会变成"曾经比你阔"的"麻醉剂"。不要以为是老牌军工企业，国家什么都给你；不要以为有着不一样的过去，国家就会兜底保护你。企业发展靠的是实力，而不是资历；靠的是适应市场、满足客户需求的能力，而不是企业的背景和出身。三一重工没有什么骄人的资历，但它从十几个人的小作坊已经发展成世界一流的工程机械制造商。华为也没有什么光辉历史，却从几十个人的小公司发展成为行业领军企

业。再看看现在风生水起的百度、联想、沈阳机床等企业，没有哪一个有多么厚重的历史。市场不看过去，不看出身，不看级别，只看现在和将来。如果我们总陶醉于那些已经逝去的辉煌，谁又能保证从战火中走来的兵器工业不会在没有硝烟的战场中打败仗呢？

4. 春天正向我们招手，让我们播下希望的种子

一只乌鸦在飞行的途中碰到回家的鸽子。鸽子问：你要飞到哪儿？乌鸦说：其实我不想走，但大家都嫌我的叫声不好，所以我想离开。鸽子告诉乌鸦：别白费力气了！如果你不改变声音，飞到哪儿也不会有人喜欢你！这个故事告诉我们一个深刻的道理：只有改变自己，才能适应环境。市场法则就是丛林法则，适者生存。春天就在我们眼前，但它不一定非要拥抱你，它只拥抱张开双臂快速调整出优美舞姿的智者。

"张开双臂"就是要解放思想，开放办企业。拥有开放的心态才能获得更多的发展空间，才能整合一切可以利用的资源。拥有开放的心态，才能做不可能的事，企业才会走得更远。我们企业领导人员要带头解放思想，多看一看外面的世界，多关注一下外面的变化，用发展的眼光、开放的思维去谋划发展，在别人未醒之前就找到出路。

"快速调整"就是要反应迅速。今天的时代已不是"以不变应万变"的时代，只有以变应不变，以快变应慢变，企业才有出路。要学会"轻装上阵"，整合资源，让专业的人干专业的事，没必要什么都自己干，只需要干好自己最擅长的就可以了。不要等到技术、资金、人才都到位了才去干，要善于利用别人的优势，借船出海。也不要担心没有安全感，只要企业在整个链条里有独特价值，那就有核心竞争力，就是安全的。

"舞姿"美不美，就是看企业的机制、管理行为等是不是符合市场要求，市场条件下的企业就要一切围着市场转，一切随着市场变，一切跟着市场干。看看集团公司这些发展比较好的民品企业，哪一个不是经过市场的洗礼与考验的？只要企业产品能够满足客户需求，体制机制能够适应市场要

求，那就能拥有市场、赢得市场。企业在市场中有话语权，在社会上就会受到尊重。

二、拥抱互联网思维，就是拥抱未来

互联网时代已经向我们走来，我们身陷互联网的旋涡而常常不能自拔，要么主动去拥抱互联网，要么被互联网所淘汰，这已不是秘密的秘密。我还深刻地记得新东方教育科技集团董事长俞敏洪为畅销书《互联网思维独孤九剑》一书作序，恰好就是以"拥抱互联网"为题，里边有段话读后深受启发。这段话是这样说的，互联网的发展架势是，侵入一个一个传统行业的地盘，先是蚕食，后是冲击，最后是颠覆，侧面试探演变为正面竞争，正面竞争演变为全面洗劫。媒体、图书、旅游、零售、手机、家电、电信、金融……从轻量级的到重量级的，一个个传统产业，眼睁睁地就这样看着它们一步一步地被互联网改变着、重构着，兴衰、胜负、生死都重新来过。原来号令天下的巨头可能摇摇欲坠，甚至死无葬身之地，而名不见经传、不知啥来路的屌丝可能异军突起、雄霸天下。长期盯紧、严防和死掐的同行对手，可能突然变得不再重要甚至同病相怜，而从来不曾防范、一直互不相关的外行可能猛然跨界杀入、横刀夺爱，拿走你的用户、人才和市场。

1. 少林和尚的"智慧改造"

可以说，传统企业正在被互联网企业所颠覆与重构，互联网企业也在不断涉足原有的传统领域。其中有些比较醒目的传统企业，如房地产、家电制造、餐饮企业等都开始进行跨界思维，去主动拥护互联网。以下分享几个以前在各自业内都做得非常好的传统企业，又是如何去拥抱互联网的经典案例，希望能有所启发、有所借鉴。你看，出家人也在进行互联网思维的"改造"。

【专栏 8-3】　　　　　　CASE8-1 少林最近有点忙

原以为出家人身居深山寒寺，不问世事。然而，作为寺庙街的领军人物，少林寺正在拼命打破这一流传千百年传统，忙着扩张，忙着拍电影，忙着"触网"。

2014 年 7 月，阿里巴巴的一个电子商务峰会论坛上，来了一位"不速之客"——河南登封市少林武僧团团长释延鲁是也。他来可不是给马云捧场，而是取经学习，未来少林寺准备开发一款功夫手游，实现互动式武术教育。这款手游真的能做成吗？可能性极大。少林寺住持释永信虽然不懂技术，但他背后代表的流传上千年的神秘文化，这种文化和倡导开放、透明的互联网文化是相背离的，但其蕴含的宁静以致远的精神气质又是互联网人所欠缺的，自然相互吸引，走到了一起。

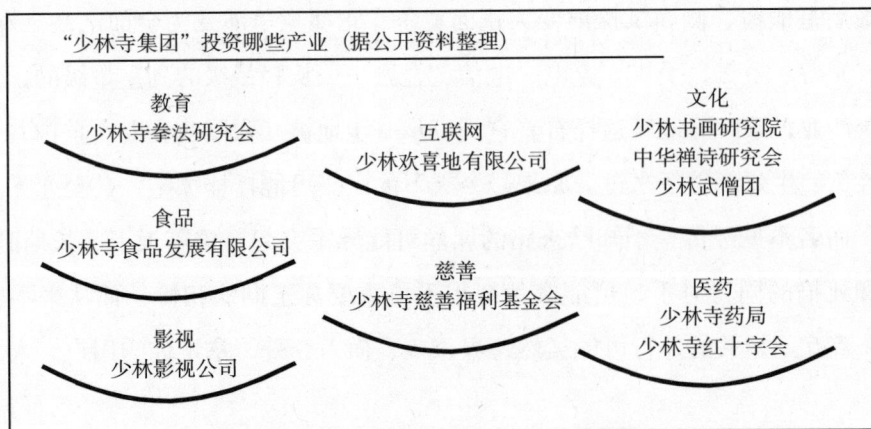

"少林寺集团"投资哪些产业（据公开资料整理）

教育　　　　　　　　　　　　　　　　　　　　　文化
少林寺拳法研究会　　　　　　　　互联网　　　　少林书画研究院
　　　　　　　　　　　　　少林欢喜地有限公司　　中华禅诗研究会
　　　　　　　　　　　　　　　　　　　　　　　少林武僧团
食品
少林寺食品发展有限公司　　　　慈善
　　　　　　　　　　　　少林寺慈善福利基金会　　医药
影视　　　　　　　　　　　　　　　　　　　　少林寺药局
少林影视公司　　　　　　　　　　　　　　　　少林寺红十字会

图 8-3　少林寺：触网、扩张、拍电影

近几年来，少林寺动静很大，建立海外文化中心也好，在淘宝上开店也好，背后都是释永信积极的入世心态，更是对互联网情有独钟，有某种不解之缘。

释永信 16 岁出家，22 岁就成为全国最年轻的住持。1996 年，当许多国人还不知道网络为何物的时候，少林寺就创办了自己的网站。为此有很多人感叹世风不古，千年古刹沦为赚钱机器。这种想法也有一定道理，出家人理当好好修行，传扬佛法，为何还要在万丈红尘花花世界中打滚。而释永信的反驳也很淡定，他早就说过，他的目标是把少林文化打造成为中国文化的一个强势符号，与之匹配的应该是像红学那样的显学，如"少林学"。两种观点针锋相对，暂时获胜恐怕是释永信。因为无论质疑声有多大，否定的人有多少，少林寺的入世之路还在不断向前推进，而不是一棍子被打蒙。这也恰恰说明进入互联网时代后，价值观更加多元化，连有着1500年历史的少林寺都要拥抱互联网，其他行业又该如何面对，是坚持传统，任沧海变化我自岿然不动，还是随行就市，小心试探，步步为营，其间只有价值取向不同，而没有高低贵贱之分。

尽管少林寺已经 WiFi 全覆盖，所有僧人也都配有手机，但是对僧人上网是有严格的限制，所谓用之有度，不执着与沉迷，特别是游戏。释住持曾说，游戏会让人上瘾，电视剧会把人锁住，所以我们不许僧人玩游戏、看电视剧，这是一种戒律。

2."智能家居"TO"智慧家居"：万科向互联网企业取经

2014 年前后，原本就是卖房子的万科开始陆续造访阿里巴巴、腾讯、海尔、小米，取经学习如何去拥抱互联网。关于如何将互联网思维引入房地产运营模式，万科也是一直在苦苦思索与寻觅。万科集团总裁郁亮在深圳的一次内部演讲中首次坦承，他担心未来房地产行业会不会出现类似"小米"的搅局者，以互联网的思维模式打碎行业旧秩序，威胁甚至取代以万科为代表的行业传统模式。正是在这种背

图8-4　万科取经小米：互联网思想

景下，万科开始了其向互联网企业的学习之旅。

第一站：阿里巴巴。2013 年 10 月 31 日，万科集团总裁郁亮带领万科集团执行副总裁周卫军、万科集团副总裁兼物业事业部执行官朱保全等高管，奔赴阿里巴巴总部交流学习。

第二站：腾讯。2013 年 12 月 9 日下午，郁亮又率领了一支由 200 人组成的团队来到腾讯总部"取经"。腾讯公司董事会主席马化腾亲自接待了万科团队的来访，并给万科来访团作了题为《新互联网时代》的内部培训。郁亮表示要"学习腾讯，建立生态系统，自己革自己的命"。

第三站：海尔。2014 年 1 月 18 日，郁亮继续率领 60 多位中高层管理人员到海尔学习其互联网思维，海尔集团董事局主席兼首席执行官张瑞敏和海尔集团轮值总裁周云杰分别作了一个小时的演讲。万科与海尔同样在 1984 年创立，今年都已经 30 周年。2013 年二者的销售收入分别约为 1700 亿元和 1600 亿元。郁亮说，像海尔这样的优秀企业在移动互联网时代都在改组，他对张瑞敏的那句话非常认可，那就是"只有时代的企业，没有成功的企业"。海尔恰恰为万科提供了一个传统制造企业的改组样本。

第四站：小米。2014 年 2 月 11 日，郁亮又迫不及待地带领 90 位公司高管到访小米，雷军出席分享小米发展经验。他们一个是房地产行业领头羊企业，一个是移动互联网领域最具成长性和创新力的公司，一个成立近 30 年，一个仅创立 3 年。郁亮直言，他希望从小米的成功经验中，寻找到房地产行业在未来的生存之路。

在移动互联网时代，颠覆性创新无处不在，市场和行业环境瞬息万变，房地产企业也要有危机感。虽然从安排和布局上，万科目前并不存在明显的短板，这个行业未来 15~20 年向好的趋势也并未改变，但是"人无远虑，必有近忧"。万科希望通过学习和借鉴这些已经经历过创新和变革的企业经验，借助互联网思维改造经营模式，实现更好的发展路径。

3. "中国制造" TO "中国智造"：家电长虹的"软件+模式"

2013 年，对家电行业来说是一个值得记忆的年份，原本"河水不犯井水"

的互联网企业来势汹汹地跨界来袭，其近乎"白送"的硬件实在让人发指。乐视网董事长兼 CEO 贾跃亭公开指出："乐视模式下的超级电视，拥有硬件收入+内容收入+应用分成+终端广告四重收入来源，硬件便宜一点儿又有什么关系。"

"硬件便宜一点"对于互联网企业来说"似乎没关系"，对于用户而言也简直是天上掉馅饼。但对单纯卖硬件+功能的传统家电企业来说，天上掉下来的是冰雹。面对这场飞来横祸，多数的传统家电企业忽然发觉自己手无寸铁、无遮无拦。而最先做出应对的是"正宗川军"长虹，其 CHiQ 系列产品电视、冰箱、空调接二连三、石破天惊的问世，标志着其"硬件+功能"式的传统思维已被"软件+模式"的互联网式思维所取代。

互联网时代到来，长虹提出了基于家庭互联网的 CHiQ 系列产品，加速了家电智能化进程，吹响了向智能家居前进的号角。2014 年开年后仅仅 3 个月内，长虹就接连推出 CHiQ 电视、冰箱、空调三大系列落地产品，加速其 2013 年提出的家庭互联网布局。

（1）家庭互联网产品 1：CHiQ 电视。

2014 年 1 月 18 日，长虹发布了其"拥抱互联网思维"的首款产品——CHiQ 电视，当晚 19 时 48 分，产品正式在官方商城开始预售，965 台电视在 60 分钟内被抢订。CHiQ 电视强调"扔掉遥控器"，将手机、平板电脑和电视的互联互通作为智能电视的重点，实现了大小屏的内容资源

图 8-5　CHiQ 电视

互传，既可以大屏传小屏，也可以小屏传大屏，功能丰富。在方便了操控的同时，也为智能电视带来了更多样的视频资源，手机端的内容全部可以出现在智能电视上。此外，它针对传统电视"交互差"、"无法移动"、"内容查找不方便"三大痛点，通过移动设备之间的多屏协同实现了"带着走、分类看、随时看、多屏看"等功能，获得业内外人士一致认可。

（2）家电互联网产品2：CHiQ冰箱。

2014年2月26日，长虹宣布推出了全球首款全面市场化云图像识别冰箱——CHiQ冰箱。CHiQ冰箱在整合了云图像识别、云计算、物联网、大数据、变频等多种技术之后，做到了"保鲜随时掌控、保质期随时提醒、花钱随时清楚"。在不改变用户使用习惯的情况下，把冰箱做成了一个家庭食品管家。

图8-6　CHiQ冰箱

（3）家电互联网产品3：CHiQ空调。

2014年3月31日，长虹发布了全球首款人体状态感知CHiQ系列空调，实现以"软件+模式"替代"硬件+功能"重新定义空调。CHiQ空调是长虹对现有空调的一种颠覆性创新。CHiQ空调强调"自动感知人体状态"。

图8-7　CHiQ空调

空调可以按照使用者设置的温度自动形成感官曲线，通过双向感应设备让空调自动运行，让室内温度达到最适宜使用者的温度。

自此，长虹基于家庭互联网的差异化终端品牌——CHiQ系列的电视、冰箱、空调全线落地。无论是电视、冰箱还是空调，CHiQ所添加的每一项功能，都是和用户需求息息相关的，没有任何多余的功能和复杂的操作，充分体现了长虹"以人为中心"的家庭互联网思维。

长虹十年磨一剑、厚积薄发，通过"以人为中心"的用户思维和领先业内的创新技术的结合，铸就了今天的长虹"CHiQ现象"。长虹"CHiQ现象"带来的不只是一股家电智能化风潮，更是一种思维变革。目前长虹已成为中国制造业互联网思维式转型的缩影和代表。

4."穿越"舌尖上的中国：粽子——三全粽子——互联网粽子

三全是一家做速冻食品20多年的"老企业"，在互联网思维火爆的当下，也想试试互联网思维到底有多大威力。在互联网思维战略引领下，三全推出了互联网定制首款江南礼粽"龙粽粽"，市场反应超级好。

在端午问候卡片上见过这么几句有点搞怪的话：

"爷，您辛苦了，对自己好点！"

"老板，你和秘书出差的事儿，老板娘知道吗？"

"哥们，还记得澡堂地上那块肥皂吗？睹粽思皂……"

你相信这些卖萌到爆的网络语言是从一只虚拟的粽子嘴里说出的吗？对，就是一只粽子，一只用互联网思维打造出来的粽子产品，这只粽子的主人是国内速冻食品的老大三全食品。

图 8-8　三全虚拟粽子嘴里的卖萌语言

2014 年端午节前夕，三全食品正式发布一款专为互联网电商渠道打造的粽子产品——呆萌版三全龙舟粽，并设计了一个专门的虚拟形象：龙粽粽。一经推出，迅速在各圈引起了尖叫！

"没错，这绝对是一款让你尖叫的产品，它的体验设计已经渗透到每个细节，贯彻的是产品到用户手中才是营销的开始这一互联网营销理念。"负责这款产品策划的三全食品副总裁仇晓康说。

图 8-9　呆萌版三全龙舟粽

的确，这款产品，无论从外包装还是开箱体验食用入口各个环节，都切实感受到绝对是下足了工夫。就连标配的一包擦手湿巾都经过了用心设计："粽湿心太软巾——用一颗柔软的心为主银服务哦！"

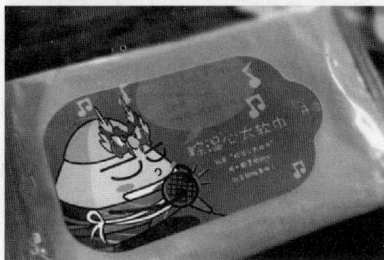

图 8-10　粽湿心太软巾

"我们打造的就是一款有温度的产品，它不只是一只普通的吃完就完的粽

子，而是吃完依然可以陪伴着你的粽子。比如
装粽子的麻布袋子，看起来时尚环保爱不释手，
吃完粽子后还可以用来装手机、装零食、装化
妆品、种绿植等各种你想得到的用法，就这样
每天陪着你，成为你生活的一部分……"仇晓
康还介绍："礼盒也可以用来装啊，当做内衣盒、
袜子盒、首饰盒种种。"

图 8-11　三全粽子袋和礼盒

　　除此之外，这款粽子还充分引入了互联网分享理念，鼓励你将它送爱人、送
闺蜜、送室友、送上司、送前任……总之各种个性化卖萌话已经为你设计好了，
保证让收到的人既惊喜又意外。而在你或你的朋友烦闷的时候，那只虚拟形象龙
粽粽子又会 cosplay 成许文强、白娘子、许仙、柳梦梅、法海等各种呆萌形象来
哄你开心……

　　三全食品"龙粽粽"互联网行销手法：

　　第一，用卡通增强品牌亲近感。卡通是增强品牌亲切感的最好方式，你看三
只松鼠和江小白，还有因为"快到碗里来"的广告语而出名的 MM 巧克力豆，很
多食品品牌都选择通过动漫来传递品牌感觉，因为这样塑造品牌人格化之后，会
更有张力，你的营销将不再仅仅是在食品安全和好吃这个范畴里兜圈圈，你可以
在更大的人文领域，影响消费者的内心。

　　三全食品花了 4 个月的时间，把粽子和龙的元素结合起来，塑造了一个又呆
又萌的圆嘟嘟的形象，尽管需要更精细化地为这个动漫形象勾勒性格、命运、故
事，但现在已经威力不小了，三角形的身体已经被网友恶搞出很多版本。

　　第二，无厘头贺词，赋予粽子新意义。你有没有发现，近两年似乎没有关于
粽子的话题了，为什么？话题疲惫了，关于粽子大家已经提不起兴趣了，你说这
到了端午节，不送粽子吧，不合适，送吧，其实对方也不太看重，没有礼节之外
的话题性。

　　怎么弥补呢？三全从江小白的案例上找到灵感，在每个包装上都印上一段
话，比如："爷，您辛苦了，好好犒劳一下自己吧！""老板，你和秘书一起出差，

老板娘知道吗？"这些话语用"龙粽粽"这个卡通形象说出来，粽子的意义立刻升华了，你要是觉得它们提供的话语不够好，你还可以私人定制，自己想说什么就说什么，让消费者参与到这款产品中来。

很多人感叹，粽子居然也可以这么有调性！没错，这就是传统企业卖萌的关键，你要深入到消费者的文化语境中，呆萌是永不过时的文化，当你在产品的制造上无法插入文化内涵，那就在产品的使用环节移植文化，赋予意义。一个产品能够赋予意义是简单的，规模化的产品还能做到这些，那就太不容易了。

第三，在体验环节做极致创新。每一盒"龙粽粽"里，都送了一个百宝盒，盒子里有湿巾，吃完粽子可以擦手，还有一些其他好玩的小礼品。不要小瞧了这个创新，三只松鼠靠着湿巾和镊子，解决了顾客吃完核桃的痛点，三全也是出于此意。

但三全还多了一步，那就是做了一个布袋子来装粽子。可不要小看这个布袋子，有客户发微博说，买了龙粽粽之后，老人吃的是粽子，年轻人就把这个好玩的形象发到微博吐槽去了，而小孩子却忙着抢印有卡通形象和无厘头贺词的包装袋。

这个布袋还是三全品牌在消费者那里的延续，做这个布袋的时候，他们几乎找遍了国内顶尖的供应商，而后又做了精心的设计。这让消费者吃完粽子，布袋舍不得扔，因为做得太精美了，还可以继续作为手机保护套来用。

第四，社交引爆，推波助澜。以上所有的做法都创造了天然的口碑传播引爆点。卡通形象、无厘头的贺词、布袋，这是一整套的呆萌体系，很多消费者都会自发地传播、点评。

其实，万科、长虹、三全都是传统企业的代表，他们都深知互联网思维的重要，而选择主动拥抱，自然取得了不错的市场表现。

三、赢在互联网：未来新的起跑线

这是一个传统百业都被互联网席卷的时代，不管是零售、电器，还是汽车、金融，抑或酒店、旅游和教育等，谁都难以幸免。我们身处在互联网时代，企业唯一的选择就是拥抱互联网。众所周知，互联网就是未来，这是历史发展的必然选择。要想拥抱未来，就必须要拥抱互联网。马云 2013 年底在韩国首尔大学有一场关于"与未来竞争"的演讲中说过，10 年前，我告诉人家我坚信互联网就是未来。即使成功的不是我们，也会有其他人成功，所以我们必须要努力。直到今天，我仍然相信未来。对于未来，我认为机遇无处不在。因为互联网，因为云计算，因为大数据，这个世界上每个人都有机会。马云还说自己相信互联网不是一个赚钱的工具，而是改善社会的工具，将改变人们的思考方式。可见马云对互联网的热衷，更看到对互联网的精准解读。互联网不仅是信息技术变革，更对我们生活方式、思考模式带来重大转变。

1. 互联网女皇玛丽·米克尔 2014 年都讲了什么

2014 年 5 月 29 日，有"互联网女皇"之称的 KPCB（美国风投基金）合伙人玛丽·米克尔（Mary Meeker）本周在美国科技媒体 Re/Code 举办的 Code 大会上发布年度互联网趋势报告，米克尔是前摩根士丹利互联网分析师，她每年以百页 PPT 展示对互联网领域发展趋势的研究，2014 年展示了 165 页 PPT。在这 165 页的 PPT 中，米克尔分别就互联网用户增长速度、智能手机用户增长速度、移动广告发展、比特币等话题进行解读。

（1）报告内容。

在互联网发展方面，米克尔指出，互联网用户数增长已放缓至不到 10%。

在智能手机发展方面，米克尔指出，智能手机用户数增长速度为 20%，也出现放缓。此外，全球 52 亿移动用户中只有 30% 拥有智能手机。全球电视机用户数仍超过手机用户数，前者用户量为 55 亿。

在移动互联网消费方面，米尔克指出，移动数据流量继续加速增长，同比增幅达到 81%。这主要是由于用户对视频服务的需求，移动平台已占视频消费量的 22%。

在中国市场互联网发展情况方面，米克尔指出，中国移动互联网用户数量已经达到中国互联网用户总数的约 80%。

在比特币发展方面，米克尔指出，现存的比特币钱包数量约为 500 万个，达到年同期的 8 倍。

在移动广告发展方面，米克尔指出，相对于用户在移动设备上花费的时间，移动广告的发展仍未达到相应水平，而印刷广告仍远远超过应有水平。

此外，米克尔在还报告中称，据 StatCounter 统计的数据显示，2014 年 5 月来自于手机的页面浏览量在总浏览量中所占比例为 25%，相比之下 2013 年同期仅为 14%。而另据视频平台 Ooyala 公布的数据显示，在用户观看在线视频的总时长中，来自于移动端的时长所占比例达到了 22%，这一占比相当于 2013 年同期的两倍。

（2）报告中的中国机会。

报告指出，2013 年互联网流量排名前十的公司中有 9 家为美国公司，但 2014 年下降为 6 家。与此同时，中国的百度、阿里巴巴、搜狐与腾讯进入该榜单。目前中国有 5 亿个移动互联网用户，在整个互联网用户中的占比高达 80%，为全球最高。中国或将成为移动互联网的领袖。

对于中国互联网市场，玛丽也有着自己独到的眼光。2013 年 4 月她执笔的长达 217 页的《中国互联网报告》曾轰动一时。她大胆预测中国在 5 年内就可能拥有世界上最多的互联网用户，中国无线短信和在线游戏的相对市场普及率超过了美国，中国互联网未来 10 年甚至 20 年的前景美妙。

2. 赢在互联网，爱拼才会赢

可见，与未来竞争，就必须要拥抱互联网。正站在传统家电与互联网的十字路口上的创维集团，总裁杨东文曾说过"谁反对拥抱互联网，谁下课"。摆在企业面前的当务之急的事情，不是要不要拥抱互联网的问题，而是如何拥抱互联网的问题。

（1）要想赢在互联网，首先要变革思想。

我们要拥有互联网思维。互联网思维就是一种思想变革。360董事长周鸿祎在我的互联网思维的自述提道，"我觉得这是最坏的时代，也是最好的时代。"对于传统大企业来说，他们面对互联网，就像《葵花宝典》，若想成功，必先自宫。有时候，即使自宫，也未必成功。一定要用互联网的思想武装起来，不仅能够自宫，还能宫掉很多大企业。可见，互联网思维，从本质上说，就是自己革自己的命。只有变革思想，颠覆自我，才能借互联网之力，获得重生。

对于传统企业来说，拥抱互联网最大的障碍就是传统企业曾经最成功的经验。那些试图转型的传统企业必须抛弃简单将互联网当工具的做法，从思维的高度拥抱互联网，否则一定不会有理想结果。互联网思维提供一种新的思维方式，运用互联网来颠覆现有的行业或企业思考方式。其实互联网思维的本质是商业回归人性。互联网平等、开放的特性，使互联网思维必然体现平等、开放，也更加人性化。互联网越来越融入我们的生活，涉及吃穿住行各个方面，为了更加适应互联网时代，抓住用户体验和个性化需求，新交易模式O2O、电子商务、第三方交易平台等方式的出现满足了这个时代人们追求创新产品的心理。而对用户体验的把握，其实就是以用户为中心，而非传统的以客户为中心。这些都是思维上的转变。传统企业想要发展创新，不被互联网大浪潮淘汰，就要抓住用户心理，开发个性产品，改变传统的交易模式，这样才能改变"落后"的现象，踏入到与日俱进的时代之中。

（2）平等、开放机会。

互联网带来思想变革之外，还为我们提供了无限可能的均等机会。关于互联网的机会，百度的李彦宏认为：互联网正在加速淘汰传统企业，互联网在整个中国还是一个小的产业，互联网以外的产业是更大的产业，而每一个这样的产业都面临互联网产业的冲击。当然站在互联网人的角度来说，面临着几乎是无限的机会。可以说，互联网为我们打开了机会大门。互联网浪潮不仅给互联网企业带来机会，对于传统企业何尝又不是呢？一方面，互联网给传统企业带来了挑战，另一方面更是为传统企业孕育再次腾飞的新契机。今天看一个产业有没有潜力，就看它离互联网有多远。

互联网强调平等、开放，宣扬机会均等。互联网思维就是利用互联网给很多企业和个人提供一个未来发展的公平机会。不管你是传统企业，还是互联网企业，不管你是企业，还是个人，只要充分理解市场交易本质，利用好互联网工具和互联网思维去优化企业价值链各个环节，自然就能在互联网市场竞争中取得最后的胜利。马云说过，很多人一生输就输在对新生事物的看法上：第一，看不见；第二，看不起；第三，看不懂；第四，来不及。其实，互联网思维就属于一种新生事物。一定要看得见、看得起、看得懂、来得及。这样才能运用互联网思维，把握互联网浪潮。可以说。在互联网上，起跑线都是均等的，互联网给我们很多人提供了均等机会，但是结果未必均等。

【专栏 8-4】　　　　用互联网思维去推进教育均等化

2014 年，作为全国政协委员，百度董事长李彦宏有个关于教育公平的提案。该提案针对基础教育的"起跑线"，引入了"互联网思维"，让人耳目一新。李彦宏提出，要推进教育均等化，其实就是运用互联网思维，缩小城乡之间的基础教育起跑线。

1. 互联网大腕李彦宏提案：推进教育均等化

全国政协委员、百度公司创始人、董事长兼首席执行官李彦宏 2014 年提交了一份要求直辖市、省会城市中小学名校教案、试题等优质教育资源免费上网的提案。他期冀推进教育平等，这一提案更是把目光瞄准了基础教育的"起跑线"。

在李彦宏看来，直辖市、省会城市学校掌握大量优质教育资源，向社会开放不足、共享效果不好，造成了公共教育资源极大浪费；而互联网开放和免费的特性，恰恰有助于化解教育资源不均衡、教育水平不高的问题。

2. 李彦宏为什么将自己的提案直接对准教育公平这样的老难题

原因之一，来自于李彦宏本人成长经历中的亲身感受。他中学所就读的阳泉一中是山西省五所改革试点中学之一，在省内算很好的学校。但如今稍微有点门路的人就会把孩子送到省会太原上学，阳泉一中的优秀教师也被太原的学校挖走。在这种趋势下，能够跟去太原的，都是家庭条件好、有门路的学生，但对于农村的学生而言，他们失去的可能不仅仅是原来的教育条件，甚至还失去了改变自己命运的机会。

原因之二，在于李彦宏对自己的信心，他的法宝是"互联网思维"及"互联网能力"。在提案里，他建议国家相关主管部门牵头制定相关政策，通过各省（自治区、直辖市）教委负责制订本地区实施方案，推动各学校将其教案、课件、试题等资料通过互联网向社会免费公开、共享，鼓励来自非省会城市的优秀中小学校向社会共享教育资源；并通过专项经费、财政补贴等多种方式，完善学校的网络基础设施，提供电子化教育资源制作的培训和服务支持，引导、鼓励学校和教师高质量开展教育资源公开上网工作。

3. 互联网思维：思者无域，行者无疆

互联网思维的追求是自由，是心的自由，也是行的自由。"思者无域，行者无疆"，这是互联网思维追求的境界。互联网思维可以用一句话来概括：From the people，By the people，For the people！

SoLoMoMe［social（社交）+local（本地化）+mobile（移动）+personalized（个性化）］消费群已经崛起，正在掀起第三次零售革命，全球消费者跨越时间和空间实时连接起来。5 年以后，我们将见证人类发展史上最壮观的一次迁徙，所有消费者，将大规模迁徙到移动互联网的数字星球上。如果说 PC 互联网只是俘获了"85 后"和"90 后"这些数字土著人的芳心，那移动互联网则已经全面拥抱新一批数字移民。这些数字移民，他们是"50 后"、"60 后"、"70 后"和"80 后"这些目前的主流消费人群，他们也许从来没有用过 PC 机，他们的大部分人

也从来没有在亚马逊、淘宝或京东上买过一件东西，但他们已经习惯每天通过iPhone 手机、Android 智能手机或 iPad 平板电脑等，与这个世界建立连接，他们在移动设备上，看微博、Twitter 了解天下大事，刷微信、Facebook 了解朋友动态。

移动互联网，未来新的起跑线！移动互联网才是打开互联网思维"潘多拉之盒的钥匙"。

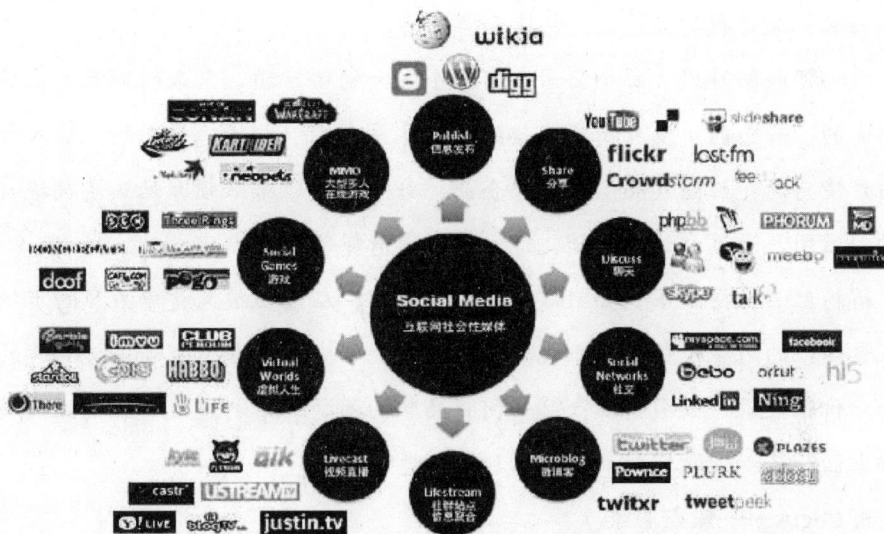

图 8-12　移动互联网时代到了

【专栏 8-5】　移动互联网：打开"互联网思维"的五把金钥匙

移动互联网时代的思维可概括为 5F 思维，包括：

1. Fragment——碎片化思维

移动互联网时代，用户的消费场景发生了巨大变化，我们接触消费者的地点越来越不固定和接触消费者的时间越来越短暂。移动互联网加剧了消费者的三个碎片化趋势：第一是消费者购物地点的碎片化；第二是消费者购物时间的碎片化；第三是消费者购物需求的碎片化。

碎片时间成为赢得消费者的黄金窗口，如何建立起碎片化思维，从看似碎片的世界中汇聚商业的力量？你有五个关键的课题需要研究：①如何让消费者在碎片时间主动选择你？②如何让消费者在一分钟内爱上你？③如何在一小段时间里与消费者建立起令他心动的对话？④如何在一个碎片的时间窗口提供令消费者尖叫的商品和服务？⑤如何通过全渠道覆盖消费者更多的碎片时间？

2. Fans——粉丝思维

粉丝就是生产力，粉丝经济学将大行其道。粉丝，不仅仅是我们品牌忠诚的顾客，也是我们品牌的传播者和捍卫者。

移动互联网时代，每个公司都有一个强大的粉丝团。未来的顾客关系将从单向的、静态的、没有情感连接的会员体系走向双向的、动态的、注入每个粉丝情感的粉丝圈发展。每一个企业，每一个品牌都必须开始热情拥抱自己的粉丝团，通过真诚的对话，建立忠诚的消费部落。

得粉丝者，得天下，如何建立起粉丝思维，从看似彼此竞争激烈的市场中汇聚粉丝的力量？你有三个关键的课题需要研究：①如何重新定义品牌的理念和价值主张，吸引粉丝？②如何将品牌的消费部落打造成粉丝们温暖的精神家园？③如何激发粉丝的激情和参与感？

3. Focus——焦点思维

在移动互联网时代，选对风向，母猪都能飞。聚焦一个需求，窄而深，把它做到 1 万米深。乔布斯曾在接受《商业周刊》采访时说："'专注和简单'是我的梵咒。简单比复杂更难：你必须更努力工作来使得你的思想干净、简单，但这是值得的，因为一旦你做到了，你就可以移山了。"

认准了战略方向和焦点以后，就要像钉子一样，死死地往那里使劲。无论是大企业的创新业务还是新创业的企业，做不到专注，就没有可能活下去。如果你能坚持一两年，你周围全是对手；如果你坚持三四年，你发现对手只有几个；如果你坚持五六年以后，你会发现你没有对手。所以选择了，就坚持下去。

专注才有力量，才能做到极致。如何建立起焦点思维，从看似碎片的世界中汇聚商业的力量？你有两个关键的课题需要研究：①如何做减法，找到焦点战略？②如何将焦点战略做到极致？

4. Fast——快一步思维

移动互联网时代，你得到优势的时间和失去优势的时间可能同样短。创新有时候给你带来的优势和利益越来越少，再一成不变地简单僵化地看待领导力就不能适应多变的平台。当某个小公司的新产品诞生时，企业所制定的策略往往在短短的一两年时间内失去竞争的力量。尤其在世界大变革的时期，往往是那些取得过辉煌的领导人，反应迟钝，最后葬送了这个企业的命运，这是经典的缺乏转型领导力的表现。

时间突然成了企业的敌人，对于无数新创企业来说，稳定是绝对的坏消息。第三次的变革会很快来临，现在一个亿两个亿解决的问题，过三五年后用一百亿都不会扳过来市场机会，因此大家意识、行动要赶上。

尽快出错，不怕错。尽快放弃，不纠结。尽快迭代，不停步。

在飞速变化的世界，站着不动就是最大的倒退。但没有智慧的变革将比不动死得更快。心动不如行动。未来属于那些总是提前出发的人们。

如何建立起快一步思维，从变化多端的世界中找到为快不破的速度？你有两个关键的课题需要研究：①如何加速，找到快速发展的道路？②如何将整个组织的速度与顾客的速度协调一致？

5. First——第一思维

在移动互联网时代，这里的生存法则是赢家通吃。如果你只是第二或第三，你只不过是历史车轮下的那块小石头。但等到你升级成大石头的时候，车轮自然会绕开你。第一，并不一定是销售额第一。如果想要成为第一，就必须打破消费者的思维定式，成为消费者心智里的第一。如何建立第一思维，在自己定位的焦点市场赢得消费者心中的第一？你有两个关键的课题需要研究：①如何定位，找到成为第一的路径？②如何成为第一？

参考文献

［1］陈光锋. 互联网思维——商业颠覆与重构 ［M］. 北京：机械工业出版社，2014.

［2］赵大伟. 互联网思维独孤九剑 ［M］. 北京：机械工业出版社，2014.

［3］钟殿舟. 互联网思维 ［M］. 北京：企业管理出版社，2014.

［4］黄海涛. 互联网思维赢利模式 ［M］. 北京：人民邮电出版社，2014.

［5］项建标等. 互联网思维到底是什么：移动浪潮下的新商业逻辑 ［M］. 北京：电子工业出版社，2014.

［6］比尔顿. 翻转世界：互联网思维与新技术如何改变未来 ［M］. 杭州：浙江人民出版社，2014.

［7］戴夫·格雷等. 互联网思维的企业 ［M］. 北京：人民邮电出版社，2014.

［8］姚宏宇等. 云计算：大数据时代的系统工程 ［M］. 北京：电子工业出版社，2013.

［9］徐立冰. 腾云——云计算和大数据时代网络技术揭秘 ［M］. 北京：人民邮电出版社，2013.

［10］郎为民. 大话云计算 ［M］. 北京：人民邮电出版社，2012.

［11］余来文等. 云计算商业模式 ［M］. 福州：福建人民出版社，2013.

［12］周著. 7种清晰的商业模式 ［M］. 北京：机械工业出版社，2011.

［13］中国电子学会云计算专家委员会. 云计算技术发展报告 ［M］. 北京：科学出版社，2011.

［14］亚历山大·奥斯特瓦德，伊夫·皮尼厄. 商业模式新生代 ［M］. 北京：机械工业出版社，2011.

[15] 虚拟化与云计算小组. 云计算实践之道：战略蓝图与技术架构 ［M］. 北京：电子工业出版社，2011.

[16] 蔺华. 大师访谈：云计算推动商业与技术变革 ［M］. 北京：电子工业出版社，2011.

[17] 雷万云. 云计算：技术、平台及应用案例 ［M］. 北京：清华大学出版社，2011.

[18] 王鹏等. 云计算：中国未来的IT战略 ［M］. 北京：人民邮电出版社，2010.

[19] 国际电信联盟. 互联网报告2005——物联网ITU报告 ［R］. 2005.

[20] 朱晓荣等. 物联网与泛在通信技术 ［M］. 北京：人民邮电出版社，2010.

[21] 项有建. 冲出数字化：物联网引爆新一轮技术革命 ［M］. 北京：机械工业出版社，2010.

[22] 胡向东. 物联网研究与发展综述 ［J］. 数字通信，2010（2）.

[23] 张云霞. 物联网商业模式探讨 ［J］. 电信科学，2010（4）.

[24] 范鹏飞等. 基于运营商视角的物联网商业模式 ［M］. 通信企业管理，2010（12）.

[25] 周洪波. 物联网：技术、应用、标准和商业模式 ［M］. 北京：电子工业出版社，2010.

[26] 吴功宜. 智慧的物联网：感知中国和世界的技术 ［M］. 北京：机械工业出版社，2010.

[27] 张飞舟. 物联网技术导论 ［M］. 北京：电子工业出版社，2010.

[28] 王志良. 物联网——现在与未来 ［M］. 北京：机械工业出版社，2010.

[29] 杨刚等. 物联网理论与技术 ［M］. 北京：科学出版社，2010.

[30] 田景熙. 物联网概论 ［M］. 南京：东南大学出版社，2010.

[31] 郎为民. 大话物联网 ［M］. 北京：人民邮电出版社，2011.

[32] 杨正洪. 智慧城市——大数据、物联网和云计算之应用 ［M］. 北京：清

华大学出版社，2011.

　　[33] 刘云浩. 物联网导论 [M]. 北京：科学出版社，2013.

　　[34] 毕开春. 国外物联网透视 [M]. 北京：电子工业出版社，2012.

　　[35] 魏长宽. 物联网：后互联网时代的信息革命 [M]. 北京：中国经济出版社，2011.

　　[36] 李虹. 物联网与云计算：助理战略性新兴产业的推进 [M]. 北京：人民邮电出版社，2011.

　　[37] 张为民. 物联网与云计算 [M]. 北京：电子工业出版社，2012.

　　[38] 黄桂田等. 中国物联网发展报告（2012–2013）[M]. 北京：社会科学文献出版社，2013.

　　[39] 黄桂田等. 中国物联网发展报告（2011）[M]. 北京：社会科学文献出版社，2011.

　　[40] 宗平等. 物联网概论 [M]. 北京：电子工业出版社，2012.

　　[41] 洪涛等. 物联网经济学 [M]. 北京：中国铁道出版社，2011.

　　[42] 郎为民. 大话大数据 [M]. 北京：人民邮电出版社，2014.

　　[43] 涂子沛. 大数据：正在到来的数据革命 [M]. 桂林：广西师范大学出版社，2013.

　　[44] 郎为民. 大话移动互联网 [M]. 北京：机械工业出版社，2012.

　　[45] 迈尔·舍恩伯格. 大数据时代 [M]. 杭州：浙江人民出版社，2013.

　　[46] Anand Rajaraman. 大数据：互联网大规模数据挖掘与分布式处理 [M]. 北京：人民邮电出版社，2012.

　　[47] 麦德奇. 大数据营销：定位客户 [M]. 北京：机械工业出版社，2013.

　　[48] 车品觉. 决战大数据：驾驭未来商业的利器 [M]. 杭州：浙江人民出版社，2012.

　　[49] 大卫·芬雷布. 大数据云图：如何在大数据时代寻找下一个大机遇 [M]. 杭州：浙江人民出版社，2013.

　　[50] 郭晓科. 大数据 [M]. 北京：清华大学出版社，2013.

[51] 比约·劳布卿等.大数据变革：让客户数据驱动利润奔跑［M］.北京：机械工业出版社，2014.

[52] 郭昕等.大数据的力量［M］.北京：机械工业出版社，2013.

[53] 余来文.创业型企业商业模式的构成要素研究[J].当代财经，2011（12）.

[54] 陈明，余来文.商业模式：创业的视角［M］.厦门：厦门大学出版社，2011.

[55] 徐耀.中国互联网商业模式之殇［J］.企业管理，2011（1）.

[56] 余来文，王乔，封智勇.云计算商业模式［M］.福州：福建人民出版社，2013（11）.

[57] 孟鹰，余来文，封智勇.商业模式创新：云计算企业的视角［M］.北京：经济管理出版社，2014.

[58] 夏婷婷，余来文.神州泰岳云计算商业模式转型分析［J］.物联网世界，2012（12）.

[59] 马燕.神州泰岳不认同微信将取代飞信 暗示运营商讲约束微信.证券日报，2013-01-30.

[60] 毕鹏飞.北京神州泰岳软件股份有限公司企业价值评估分析.时代金融，2013-12-15.

[61] 肖隆平.神州泰岳的飞信劫难.中国经济和信息化，2013-01-10.

[62] 姚忠震.神州泰岳：依附者独立梦.商界（评论），2013-12-25.

[63] 张中琳.神州泰岳从"超募王"到"分红王"——基于投资者利益保护视角的分析.财务与会计（理财版），2011（9）.

[64] 霍楠.我国创业板公司治理问题研究——以北京神州泰岳软件股份有限公司为例.现代商业，2010（20）.

[65] 刘华.神州泰岳转战创业板上市案例分析.财务与会计（理财版），2010（6）.

[66] 夏昱.论创业板公司的治理风险——基于神州泰岳的案例分析.现代商贸工业，2010（9）.

[67] 杨蓉. 败也信息披露，成云信息披露——浅析神州泰岳的两次上市. 上海国资，2010（10）.

[68] 庞博. 神州泰岳：掘金一口井. 当代经理人，2010（6）.

[69] 王瀛. 当小企业傍上大国企，股王神州泰岳的极限. 英寸，2010（11）.

[70] 姜红. 中瑞思创 EAS 行业硬标签全球龙头，2010（18）.

[71] 中瑞思创拓展软标签和 RFID 业务. 中国防伪报道，2010（12）.

[72] 刘朝龙. 中瑞思创 做世界级商用自动识别系统解决方案提供商. 中国商报，2011-11-01.

[73] 江怡曼. 中瑞思创：商业防盗系统供应商"卡位"物联网. 第一财经日报，2010-06-19.

[74] 郝韵. 中瑞思创：设备商的新价值. 中华合作时报，2013-03-22.

[75] 朱方舟. 中瑞思创投入 3.58 亿元建新厂打造 RFID 产业. 上海证券报，2012-02-24.

[76] 李欣. 迈出国际并购第一步中瑞思创拟收购 TBS. 证券时报，2011-01-25.

[77] 赵旭. 中瑞思创拟转型为系统集成商. 上海证券报，2011-04-11.

[78] 卢怡恬. 会拼才会赢——厦门市政协常委美亚柏科总经理滕达访谈. 政协天地，2013（1）.

[79] 林然. 美亚柏科：公安刑侦信息化市场广阔. 股市动态分析，2013（32）.

[80] 王柄根. 美亚柏科：电子数据取证行业龙头. 股市动态分析，2011（13）.

[81] 中达. 美亚柏科 信息安全产品服务供应商. 证券导刊，2011（3）.

[82] 彭飞. 捍卫网络信息安全 美亚柏科"十年磨一剑". 上海证券报，2009-05-13.

[83] 黄宽. 美亚柏科追加云投资，升级业务处理能力. 中国证券报，2012-02-15.

[84] 陈勇. 美亚柏科：电子数据取证行业龙头. 证券时报，2011-03-07.

[85] 有关神州泰岳、中瑞思创、美亚柏科等上市公司公开发表的年报、相关报道和公司网站资料等以及来自百度、腾讯、凤凰网、和讯网等互联网上公开资料.

后　记

　　最早接触 "互联网思维"这个新词汇，是观看了 2013 年 11 月 3 日《新闻联播》头条中播出的《互联网思维带来了什么》。那个时候出于好奇才去关注相关信息。后来，雷军提出了互联网七字诀——"专注、极致、口碑、快"以及马化腾在腾讯"WE 大会"上发表了"马七条"，即连接一切、互联网+创新涌现、开放协作、消费者参与决策、数据成为资源、顺应潮流的勇气、连接一切的风险。再到后来，先后拜读了陈光锋先生的《互联网思维商业颠覆与重构》及赵大伟先生的《互联网思维独孤九剑》，对互联网思维开始有些认知。恍然发现，我们这两三年在做的研究与互联网思维有点不谋而合。

　　据报道，2012 年是云计算的实践年，2013 年是大数据元年，2014 年是物联网的元年。近三年来，我们主要就是研究云计算、物联网和大数据商业模式，可以说就是分析云计算、物联网和大数据是如何帮助企业实现商业价值的。这与互联网思维有异曲同工之妙，实属幸事。为此，在应出版社的要求下，我们特出一本科普类读物，用通俗易懂的方式介绍云计算、物联网和大数据，普及知识的同时以期转变读者的思考方式。同时，我们也想到了云计算、物联网、大数据都是互联网的核心技术，可以说是"三驾马车"，缺一不可。而互联网时代，互联网思维是一种新的商业智慧。如果将互联网思维与云计算、物联网、大数据应用结合起来，为我们的生活带来更多的指导和启发，这就是本书的最大目的。

　　当结束《互联网思维：云计算、物联网、大数据》的写作时，如果说最后成书是一个成果，那么这是一个众人智慧的集合。本书在写作过程中得到了南京大学商学院党委书记陈传明教授，江西理工大学党委书记叶仁荪教授，澳门科技大学研究生院院长、澳门科技大学协理副校长庞川教授等的指导和帮助，特此表示衷心的感谢。感谢夏婷婷、温著彬两位研究生在写作过程中协助我们收集大量有价值的资料及整理书稿。感谢出版社编辑人员在本书出版过程中给予的大力支持。

我们有效利用了以往的研究资料和百度等网上公开资料以及神州泰岳、中瑞思创和美亚柏科三家上市公司的内外部资料、年报、评论等，包括网站资料、相关总结、成功经验、管理智慧和商业实践，这些有价值的资料使本书得以顺利完成，在此对这些成功企业表示感谢。

特别需要说明的是，笔者在写作过程中，学习、借鉴、吸收和参考了国内外众多专家学者的研究成果及大量相关文献资料，并引用了一些书籍、报刊、网站的部分数据和资料内容，尽可能地在参考文献中列出，也有部分由于时间紧迫，未能与有关作者一一联系，敬请见谅！在此，对这些成果的作者深表谢意。

限于研究者的学识水平，书中错漏之处在所难免，恳请各位同仁及读者指正。如您希望与作者进行沟通、交流，扬长补短，发表您的意见，请联系我们：eleven9995@sina.com，jnufzy@126.com。

2014 年 7 月 15 日于深圳